리눅스 시스템

나근식 지음

Linux System

교우사
KYOWOOSA

머 리 말

1991년 리눅스가 처음 시작했을 때에는 운영체제 분야의 전문가들만 사용할 수 있는 특별한 운영체제로 생각되었으나, 이제는 마이크로소프트의 윈도우즈에 못지않은 대중성을 가진 운영체제로 발전하였다. 리눅스는 이제 데스크 탑에서 뿐 아니라 각종 인터넷 서버, 그리고 임베디드 시스템을 위한 운영체제로도 널리 사용되고 있고, 그 개방성과 안정성으로 사용 범위가 더욱 확장될 것으로 예상된다. 이에 따라 리눅스에 관련된 입문과정에서부터 전문가 과정까지 수많은 관련 서적들이 나와 있으나 리눅스의 전체 개념을 일목요연하게 설명하고 있는 서적들은 찾기 어렵다. 그래서 본 저서는 단기간에 리눅스 운영체제에 익숙해져서 활용할 수 있도록 하고 있으며, 특히 대학에서 리눅스 입문 교재로 활용할 수 있도록 기본 개념 이해를 중심으로 내용을 구성하고 있다.

이 책의 주요 내용은 다음과 같다.

제1장에서 제3장까지는 리눅스를 처음 접하는 사용자들이 빨리 리눅스에 익숙해지는데 필수적인 내용들을 소개한다. 제1장에서는 리눅스의 탄생 과정과 리눅스의 특징, 그리고 리눅스의 활용 분야에 대해 소개한다. 리눅스는 유닉스의 특징을 그대로 물려받았지만 운영체제와 응용 프로그램 모두의 소스가 공개되어 있어서 유닉스보다 더 넓은 분야에서 사용되고 있고 앞으로도 무한한 발전 가능성이 있다. 제2장에서는 리눅스에서 필수적인 몇 가지 명령어들을 소개해서 초보자들이 리눅스에 빨리 익숙해질 수 있도록 했다. 그리고 제3장에서는 리눅스에서 가장 많이 사용되는 문서 편집기인 vi의 사용법을 다룬다.

제4장에서는 파일 시스템을 다루고 제5장에서는 프로세스를 다룬다. 파일과 프로세스는 리눅스 운영체제의 핵심 개념으로 이것들을 이해하면 리눅스의 동작원리를 이해할 수 있다. 리눅스의 파일 시스템은 단지 디스크에 있는 파일뿐만 아니라 모든 입출력 장치들까지도 파일처럼 취급하고 이들은 시스템 내의 정적인 요소들이다. 그리고 프로

세스는 시스템의 동적인 요소로 파일들을 이용해서 작업을 수행한다.

제6장에서 제8장까지는 쉘에 관련된 내용을 다룬다. 제6장에서는 쉘의 동작 원리와 입출력 방향전환, 동작환경과 같은 개념들을 이해하도록 하고 있다. 제7장에서는 쉘에서 이용할 수 있는 여러 가지 명령어들의 사용법을 소개하고 대표적인 활용 예를 설명한다. 그리고 제8장은 쉘 프로그램 작성법과 활용 예들을 소개한다. 그리고 제9장에서는 리눅스에서 응용 프로그램을 작성하고 컴파일하는 방법을 설명한다. 여기서는 make의 사용법을 중심으로 설명한다.

제10장에서 제13장까지는 리눅스의 관리에 관련되는 내용을 다룬다. 제10장에서는 리눅스의 부팅과 초기화 과정, 그리고 시스템의 종료 방법을 설명한다. 제11장에서는 사용자 관리에 관련된 내용인데, 사용자의 등록과 제거, 패스워드의 관리와 같은 내용을 설명한다. 제12장은 파일 시스템 관리에 관한 내용으로 파일 시스템의 작성과 검사, 마운트 방법 등을 설명한다. 마지막으로 제13장은 기타 시스템 관리로 로그 관리, 예약 작업 처리, 시스템 백업 등과 같은 문제를 다룬다.

이 책은 리눅스의 초보자들이 빠른 시간 내에 리눅스에 익숙해질 수 있도록 일반적인 응용에서 많이 사용하는 리눅스의 기능들을 설명하고 있다. 주 독자층으로는 대학의 리눅스 입문과정 학생들을 대상으로 하였으며, 한 학기에 리눅스의 전반적인 개념을 이해해서 리눅스 시스템 프로그래밍과 같은 고급과정에 활용할 수 있도록 기본 개념 이해를 중심으로 내용을 구성하였다. 부족하지만 리눅스를 입문하는 학생들에게 많은 도움이 되기를 바란다.

2008년
저자

차 례

CONTENTS

CHAPTER **01**

리눅스 운영체제 소개

리눅스는 운영체제의 이름이다. 운영체제란 컴퓨터 시스템의 자원을 관리하고, 사용자가 컴퓨터를 쉽게 사용할 수 있도록 해주는 시스템 소프트웨어를 말한다. 리눅스 운영체제는 대표적인 공개 소프트웨어로 그 짧은 역사에 비해 괄목할 만한 성장을 하였고, 앞으로도 지속적인 성장이 기대된다. 본 장에서는 리눅스 운영체제의 기본 개념과 역사, 특징, 활용분야 등을 소개한다.

1.1 컴퓨터 시스템

컴퓨터는 사용자의 지시에 따라서 미리 정의된 기능을 수행하는 전자 장치이다. 컴퓨터는 크게 하드웨어(Hardware)와 소프트웨어(Software) 두 부분으로 구성된다. 하드웨어란 CPU, 메모리, 디스크, 기타 입출력 장치와 같은 컴퓨터의 전자장치 부분을 말한다. 소프트웨어는 하드웨어 장치들이 수행해야 할 작업 즉, 프로그램과 그 프로그램을 수행하는데 필요한 입력 자료들, 프로그램의 수행 결과로 나온 출력 자료들을 말한다. 컴퓨터 소프트웨어는 크게 운영체제와 응용 프로그램으로 나누어진다.

하드웨어는 몇 가지 간단한 명령어만 수행할 수 있는 전자 장치이기 때문에 키보드에서 한 글자를 입력받아서 이 글자를 화면에 표시하려고 해도 수백 개 이상의 명령어를 나열해서 프로그램을 작성해야 할 수도 있다. 뿐만 아니라 하드웨어 장치에 관련된 프로그램을 작성하려면 하드웨어에 대한 깊은 지식을 필요로 한다. 또한 복잡한 하드웨어를 효율적으로 관리해야 그 성능을 충분히 활용할 수 있다. 이렇게 하드웨어 장치에 대한 조작과 컴퓨터 시스템의 운영이나 관리를 담당하면서 사용자들이 컴퓨터를 쉽고 효율적으로 사용할 수 있도록 해주는 소프트웨어를 운영체제(operating system)라 한다.

응용 프로그램	특정 목적에 맞는 기능을 수행하는 프로그램들의 집합
운영체제	컴퓨터 시스템의 효율적 운영 및 관리, 하드웨어 조작
하드웨어	명령어 수행, 저장, 입출력 기능을 가진 전자 장치

〈그림 1-1〉 컴퓨터 시스템의 계층구조

응용 프로그램(application program)은 말 그대로 특정 응용의 목적에 맞는 기능만 수행하는 프로그램이다. 예를 들면, 컴파일러는 고급언어로 된 프로그램을 기계어 프로그램으로 변환하는 기능을 수행하고, 워드 프로세서는 문서 작성에 관계된 기능을 수행한다. 사용자들이 컴퓨터를 사용한다는 것은 자신이 필요로 하는 응용 프로그램을 사용하는 것이지만, 응용 프로그램은 운영체제 기능의 도움을 받아 하드웨어에 의해 수행된다.

1.2 운영체제

운영체제는 컴퓨터 시스템의 자원 관리자(resource manager)이다. 컴퓨터 시스템의 자원에는 하드웨어 자원과 소프트웨어 자원이 있다.

- 하드웨어 자원 : CPU, 메모리, 하드 디스크, 네트워크 장치, 입출력 장치들
- 소프트웨어 자원 : 프로세스, 파일 등

사용자 측면에서 본 운영체제의 목표는 사용자들이 시스템 자원들을 쉽고 편하게 사용할 수 있도록 하는 것이며, 시스템 측면에서 본 운영체제의 목표는 시스템 자원들이 효율적으로

이용될 수 있도록 하는 것이다. 그러나 사용의 편의성과 자원의 효율적 이용은 동시에 만족될 수 없는 요구사항들이다. 예를 들어, 시스템이 정교한 그래픽 인터페이스를 제공하면 사용자는 쉽게 사용할 수 있겠지만, 그래픽 정보를 저장하고 처리하기 위해 많은 메모리와 CPU의 처리 시간이 필요하므로 시스템의 성능이 저하되어 효율적이지 못한 시스템이 된다.

마이크로소프트사의 윈도우즈 운영체제는 정교한 그래픽 인터페이스를 제공하기 때문에 누구나 쉽게 사용할 수 있지만, 대신에 강력한 성능의 하드웨어를 요구한다. 반면에 리눅스 운영체제는 윈도우즈 운영체제에 비하면 사용이 다소 불편하지만 동일한 하드웨어 조건에서 윈도우즈 운영체제보다 더 우수한 성능을 나타낸다. 이와 같이 사용의 편리함과 우수한 성능은 동시에 만족시키기는 어렵고 어느 정도 선에서 타협이 이루어진다.

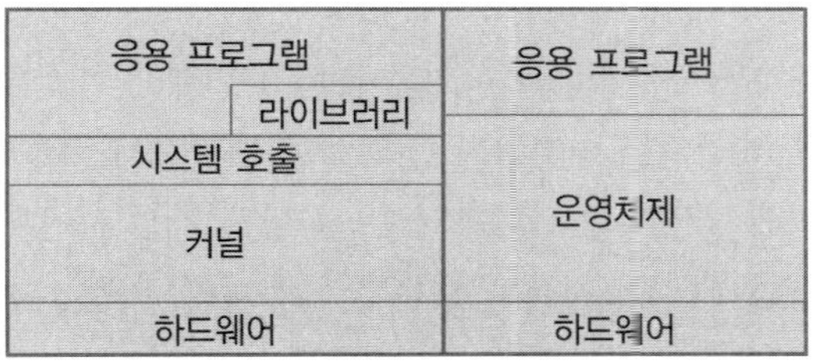

〈그림 1-2〉 컴퓨터 시스템의 전체 구조

운영체제를 포함한 컴퓨터 시스템의 전체 구조는 〈그림 1-2〉와 같다. 운영체제의 핵심 부분을 커널(kernel)이라 하는데, 이 부분이 시스템의 자원 관리와 하드웨어 동작에 관련되는 기능을 담당한다. 커널은 소프트웨어의 다른 부분들과는 달리 시스템이 부팅되어 종료될 때까지 항상 메모리에 존재한다. 사실 부팅(booting)이라는 것은 운영체제의 커널 부분이 디스크에서 메모리로 내려와 동작하기 시작하는 것을 말한다. 그리고 시스템이 동작을 종료한다는 것은 커널이 동작을 멈춘다는 것을 말한다.

반면에 응용 프로그램은 그 프로그램이 수행되는 동안만 메모리에 존재하며 수행이 종료되면 메모리에서 제거된다. 응용 프로그램은 수행 도중에 커널이 제공하는 기능이 필요하면 시스템 호출 인터페이스를 통해 커널에게 서비스를 요청한다. 시스템 호출(system call)이란 응용 프로그램이 커널에게 서비스를 요청하는 것을 말한다.

라이브러리 기능 중에서 운영체제 커널과 밀접한 관련이 있는 부분이나, 응용 프로그램 중에서 시스템 운영에 필수적인 부분은 운영체제의 일부로 분류한다. 예를 들면, 시스템 동작을 초기화시키는 명령어나 현재 시스템의 동작 상태를 조회하는 명령어 등은 운영체제 기능에 포함시키는 것이 일반적이다.

1.3 리눅스의 탄생

리눅스는 1991년 핀란드에 있는 헬싱키 대학의 학생이던 리누스 토발즈(Linus Torvalds)가 주도한 공개 프로젝트의 산물이다. 그는 처음 접하는 유닉스의 탁월한 능력에 감동되어, PC에서 수행되면서 유닉스와 같은 인터페이스와 능력을 가지는 리눅스를 개발하게 된다. 비록 내부구조에 있어서는 차이가 있지만 유닉스에서 발전되어온 많은 개념들을 리눅스는 그대로 물려받았다.

1969년부터 시작된 유닉스는 운영체제 발전에 가장 큰 역할을 했다. 처음 Bell Lab의 Ken Thompson과 Dennis Ritchie는 PDP-7 컴퓨터에서 어셈블리 언어로 유닉스 운영체제를 개발했다. 1973년 이들은 유닉스의 이식성을 높이기 위해 유닉스를 고급언어로 다시 작성하기로 하고, 이를 위해 B 언어를 수정하여 C 언어를 개발하게 되었다. 이렇게 해서 유닉스와 C 언어는 뗄 수 없는 관계가 되었다. 유닉스는 그 당시 다른 운영체제들이 가지지 못한 여러 장점들을 가지고 있었는데 대표적으로 시분할 다중처리, 가상 메모리, 프로세스 간 통신 등의 기능을 운영체제에 새롭게 도입하고 있었다. 그리고 여러 사용자들 사이에 자료와 프로그램을 쉽게 공유할 수 있으면서도 정보 보호 기능도 동시에 제공하여 프로그램 개발 프로젝트 수행에 널리 사용되게 되었다.

유닉스가 크게 발전하게 된 원인은 개방성에 있다고 할 수 있는데, 이 점은 리눅스도 마찬가지이다. 1975년부터 유닉스는 대학에 연구용으로 무료 혹은 아주 싼 가격으로 소스 코드까지 제공되었다. 따라서 전문 사용자층이 넓어져서 대중적인 운영체제로 발전하기에 이르렀다. Berkeley 대학의 CSRG(Computer System Research Group)에서는 Bell 연구소에서 제공한 유닉스에 크게 수정을 가하여 BSD(Berkeley Software Distribution) 유닉스를 만들어 거의 무료로 배포하였다. 한편 AT&T와 Unix System Lab은 초기 유닉스를 계속 발전시켜 상용 제품인 Unix System V를 공급하였다. 이 Unix System V의 시스템 콜 인터페이스인 SVID(Unix System V Interface Definition)는 이후 컴퓨터 업계의 운영체제 인터페이스 표준인 POSIX(Portable Operating System Interface for Computer Environments)가 된다.

한편 리누스 토발즈는 PC에서 유닉스와 같은 환경을 마련하기 위해 Andrew Tannenbaum이 개발한 실험용 운영체제인 Minix를 PC에 포팅해서 사용했지만 Minix가 제한 사항이 많고 유닉스와 많이 다르다는 것을 알고, "유닉스와 유사한 운영체제로서 유닉스와 소스코드가 호환되어 유닉스의 프로그램들을 컴파일하고 실행할 수 있는 새로운 운영체제"인 리눅스를 만들게 되었다. 그는 Minix를 수정하고, POSIX를 Minix에서 구현해 유닉스와 같은 인터페이스를 제공하게 되었다. 이 모든 과정은 인터넷의 뉴스 그룹에 공개되어 진행되었고 전 세계의 많은 전문가들의 도움을 받아 진행되어 왔기 때문에 리눅스는 사실 리누스 토발즈의 개인 작품이 아니라 전 세계 전문가들의 공동작품이라 할 수 있다. 따라서 리눅스의 모든 소스코드, 기술문서 등은 무료로 제공된다.

리눅스 발전에 가장 큰 공헌을 한 단체는 FSF(Free Software Foundation)로, 이 단체는 GNU(GNU is Not Unix의 약자) 프로젝트를 수행하고 있다. GNU에 의해 개발된 많은 소프트웨어들이 리눅스에서 무료로 사용될 수 있다. 또한 BSD 유닉스의 많은 응용 소프트웨어들과 MIT대학의 X-window 시스템도 리눅스에서 무료로 사용할 수 있다.

1.4 리눅스의 특징

리눅스는 짧은 역사에 비해 괄목할 만한 성장을 한 운영체제이다. 리눅스가 유닉스를 모델로 하여 탄생한 운영체제이고, 유닉스와 완벽한 호환성을 가지지만, 유닉스와 차별되는 점도 많다. 여기서는 리눅스의 이러한 특징들을 살펴본다.

(1) 다중처리, 다중 사용자 시스템이다.

리눅스는 최근의 운영체제들이 대부분 그렇듯이 다중처리(multi-processing) 시스템이다. 다중처리란 메모리에 여러 개의 프로그램들을 동시에 두고, 이들이 동시에 실행되는 것처럼 보이게 하는 기능이다. 리눅스는 이를 위해서 완벽한 가상 메모리(virtual memory) 기능을 가지고 있다.

리눅스는 또한 다중 사용자(multi-user) 시스템이다. 즉, 여러 사용자들이 한 시스템에 동시에 로그인해서 사용할 수 있다. 다중 사용자 환경에서 리눅스는 시스템 보호를 위해 사용자 인증 기능을 제공하고, 사용자들 사이의 파일 공유와 보호를 위해 파일 접근 제어 기능도 제공한다.

(2) 다양한 범위의 시스템에 사용된다.

리눅스는 소형 임베디드 시스템에서부터 대형 서버에 이르기까지 어떠한 시스템에서도 사용될 수 있다. 리눅스의 기본 운영체제는 1 MB 이하의 메모리에서도 잘 동작하며, GUI 환경을 포함하더라도 대략 8MB 정도면 충분히 잘 동작한다. 따라서 PDA나 네트워크 장비, 혹은 기계를 제어하는 제어 장치와 같이 한정된 메모리와 속도가 느린 CPU를 가지는 임베디드 시스템용 운영체제로 잘 사용되고 있다.

뿐만 아니라 수 TB 이상의 하드 디스크를 가지고 있으면서 실시간 서비스 요청에 신속하게 응답해야 하는 인터넷 서버에서도 리눅스가 많이 사용되고 있다. 이는 리눅스가 다양한 응용 소프트웨어들을 제공하고 있고, 안정적이며 효율적인 네트워크 소프트웨어들을 지원하기 때문이다. 특히, 여러 대의 PC들을 고속의 네트워크로 연결하여 하나의 강력한 컴퓨터처럼 보이게 하는 클러스터링(clustering) 기술은 인터넷 서버 분야에서 많이 사용되고 있다.

(3) 유닉스와 완벽하게 호환된다.

리눅스 커널은 유닉스와 다른 구조로 되어 있지만 커널과 응용 프로그램 사이의 인터페이스인 시스템 콜 수준에서 리눅스는 유닉스와 호환된다. 이는 유닉스 상에서 개발된 프로그램을 수정하지 않고도 그대로 리눅스에서 사용할 수 있다는 것을 뜻한다. 이로 인해 리눅스가 나오기 이전에 유닉스에서 개발된 수많은 프로그램들이 리눅스로 쉽게 이식될 수 있어서 리눅스는 짧은 시간에 지금과 같은 성공을 거둘 수 있었다.

(4) 동시에 여러 파일 시스템들을 지원한다.

파일 시스템은 데이터를 디스크에 기록하는 방법을 결정한다. 따라서 운영체제가 다르면 파일 시스템도 다르기 때문에 다른 운영체제에서 저장된 데이터를 접근할 수 없는 것이 보통이다. 그러나 리눅스는 VFS(Virtual File System)이라는 기능을 이용해서 현재까지 나와 있는 거의 모든 운영체제들의 파일 시스템을 지원한다. 이것은 리눅스가 마이크로소프트의 윈도우즈 XP에서 저장한 데이터도 읽을 수 있다는 뜻이다.

뿐만 아니라 리눅스 개발자들은 윈도우즈용 에뮬레이터를 개발하고 있어서, 윈도우즈용으로 개발된 많은 상용 프로그램들이 리눅스에서도 실행될 수 있을 것이다.

(5) 안정적인 네트워크 기능을 제공한다.

리눅스의 네트워킹 기능은 인터넷 프로토콜 표준을 가장 잘 준수하면서도 다른 어떤 시스템보다도 안정적인 통신 기능을 제공한다. 또한 네트워크 장비들이 갖추어야 할 거의 모든 기능들을 리눅스 내부에 가지고 있어서, 네트워크 장비 용 운영체제로 리눅스가 가장 많이 사용된다.

리눅스용 아파치 웹 서버는 리눅스를 웹 서버로 널리 사용되게 하고 있다. 리눅스가 가지고 있는 메일 서버와 FTP 서버 기능은 리눅스를 인터넷 서버로 가장 널리 사용되는 운영체제가 되도록 하고 있다.

(6) 리눅스는 공개 소스 소프트웨어이다.

"공개 소스 소프트웨어(open source software)", 줄여서 "공개 소프트웨어"란 "프로그램의 소스 코드를 누구나 자유롭게 내려받고, 수정하고, 재배포할 수 있는 소프트웨어"를 말한다. 공개 소프트웨어는 FSF(Free Software Foundation) 재단의 GNU 프로젝트에 따라 GPL(General Public License) 저작권을 가진다. GPL은 개발자와 사용자들이 모두 소프트웨어에 자유롭게 접근하고, 변경하며, 재배포할 수 있도록 하고 있다.

원래 리누스 토발즈에 의해 개발된 리눅스 운영체제는 리눅스 커널 부분이다. 여기에 GNU의 수많은 공개 소프트웨어와 라이브러리들을 합쳐서 사용 가능한 상태로 만든 것을 리눅스 배포판이라고 한다.

1.5 리눅스의 활용분야

리눅스는 인터넷의 발전과 함께 비약적인 발전을 하고 있는데, 대표적인 활용분야는 데스크탑 워크스테이션(desktop workstation), 인터넷 서버(Internet Server), 임베디드 시스템(Embedded System) 등이 있다.

먼저, 데스크 탑 워크스테이션 분야에서 리눅스는 유닉스가 제공하는 탁월한 프로그램 개발 환경을 그대로 제공하고 있으며, 사용자 인터페이스로는 X-window에 기반을 둔 GUI(Graphic User Interface) 환경인 GNOME과 KDE를 제공하여 마이크로소프트의 윈도우즈 환경에 못지않은 편리한 인터페이스를 제공한다. 아직은 워드프로세서나 스프레드시트와 같은 업무용 응용 소프트웨어가 부족한 편이다. 그러나 많은 소프트웨어 업체들이 그들 제품을 리눅스에서도 사용할 수 있도록 지원하고 있어 이 문제는 곧 해결될 전망이다.

현재 리눅스가 가장 각광을 받고 있는 분야가 인터넷 서버 분야이다. 리눅스는 개발 초기 단계부터 인터넷의 많은 도움을 받았고 사실상 인터넷을 통한 협력의 결과물이기 때문에 내부적으로도 네트워크 기능 지원에 많은 노력을 기울였다. 따라서 유닉스 이상으로 안정적이고 다양한 네트워크 기능을 지원한다. 또한 여러 대의 소형 컴퓨터들을 네트워크로 연결하여 대형 컴퓨터의 성능을 낼 수 있는 클러스터링(Clustering)기능을 제공한다. 무엇보다도 이러한 모든 기능을 갖춘 리눅스를 무료로 사용할 수 있다는 점에서 리눅스는 소형 서버에서부터 중대형 서버까지 광범위한 분야에서 인터넷 서버로 사용되고 있고, 그 사용이 증가되는 추세에 있다.

리눅스의 또 다른 활용분야는 2000년대에 들어와서 주목받기 시작한 임베디드 시스템(embedded aystem)을 위한 운영체제이다. 임베디드 운영체제는 기계 장치에 내장되는 제어장치를 위한 운영체제라는 의미로 기계나 장비 제어를 위한 제어기, 가전 제품을 위한 제어기, PDA(Personal Data Assistance)나 이동전화기와 같은 시스템에 들어가는 운영체제를 의미한다. 그동안 임베디드 시스템들에서는 범용 운영체제를 거의 사용하지 않았지만, 최근에는 임베디드 시스템을 위한 응용 소프트웨어 개발 기간을 단축하기 위해 이들 시스템에도 범용 운영체제를 도입하려고 하는데, 무료로 사용할 수 있고, 네트워크 기능 지원이 우수한 리눅스가 가장 유력한 후보로 꼽히고 있다. 리눅스는 소스 코드가 공개되어 있어 필요하지 않은 부분을 제거하여 특정 활용분야에 맞게 최적화시키기가 쉽다.

1.6 리눅스 배포판

리눅스라 하면 보통은 컴퓨터에 설치되어 사용될 수 있는 패키지 전부를 말한다. 즉, 운영체제 커널뿐만 아니라 그래픽 환경 지원을 위한 X-윈도우 시스템, 명령어, 유틸리티 등, 리눅스를 기반으로 하는 컴퓨터상에 설치하는 모든 것을 말한다. 그러나 엄격히 말하면 리눅스는 리눅스 운영체제 커널만을 의미한다. 리눅스 운영체제 커널만이 리눅스이고, GUI 환경이나 기타 유틸리티들은 필요에 따라서 추가한 것들이다.

이렇게 리눅스 운영체제 커널에 GUI 환경과 유틸리티 프로그램들, 그리고 설치 소프트웨어를 추가하여, 손쉽게 설치하고 편리하게 사용할 수 있도록 한 리눅스 소프트웨어 패키지를 리눅스 배포판(linux distribution)이라고 한다. 이러한 배포판은 여러 기업 혹은 단체에서 만들어서 배포한다. 배포판에 포함되는 유틸리티의 대부분은 GNU에서 개발된 소프트웨어들이고, 배포판 제공업체에서 개발하여 추가하기도 한다. 세계적으로 수많은 리눅스 배포판 업체들이 있는데, 대표적인 리눅스 배포판은 〈표 1-1〉과 같은 것들이 있다.

〈표 1-1〉 대표적인 리눅스 배포판

리눅스 배포판	공식 웹 사이트	구분
Haansoft Linux	www.haansoftlinux.com	국내
Ubuntu Linux	www.ubuntulinux.org	국외
Mandriva	www.mandrivalinux.com	국외
openSUSE	www.opensuse.org	국외
Fedora	fedoraproject.org	국외
Debian GNU/Linux	www.debian.org	국외
Slackware linux	www.slackware.com	국외
Gentoo Linux	www.gentoo.org	국외

연 습 문 제

A. 다음 괄호안에 적절한 용어를 쓰시오.

1. 컴퓨터 시스템은 하드웨어와 소프트웨어로 구성되는데, 소프트웨어 부분은 크게 보면 (   )와 (   ) 부분으로 구성된다.
2. 운영체제란 한 마디로 말하면 (   )이다.
3. 응용 프로그램이 운영체제에게 서비스를 요청하는 것을 (   )이라 한다.
4. 사용자들에게 제공하기 위해 리눅스 운영체제 커널에 각종 유틸리티들을 추가하여 사용 가능한 상태로 만들어둔 것을 리눅스의 (   )이라 한다.
5. 운영체제의 표준 인터페이스에 대한 규정을 (   )라 한다.
6. 운영체제 중에서 핵심 부분을 (   )이라 한다.
7. 동시에 여러 개의 프로그램을 메모리에 올려 두고, 이들이 동시에 실행되는 것처럼 보이게 하는 것을 (   )라 한다.
8. 여러 대의 소형 컴퓨터들을 고속 네트워크로 연결하여 대형 컴퓨터처럼 보이게 하는 것을 (   )이라 한다.
9. (   ) 저작권을 가진 소프트웨어는 개발자와 사용자들이 모두 소프트웨어를 자유롭게 사용하고, 변경하며, 재배포할 수 있다.
10. 여러 사용자들이 한 시스템에 동시에 로그인해서 사용할 수 있도록 하는 시스템을 (   ) 시스템이라 한다.
11. 리눅스에 가장 많은 영향을 준 운영체제는 (   )이다.
12. 기계 장치에 내장되는 제어장치를 위한 운영체제를 (   )라 한다.
13. 리눅스는 (   )라는 기능을 이용해서 현재까지 나와 있는 거의 모든 파일 시스템을 하나의 시스템에서 제공한다.

B. 다음 물음에 답하시오.

1. 리눅스 시스템의 특징을 설명하시오.
2. 리눅스의 세 가지 활용 분야를 말하고, 리눅스가 각 분야에서 어떤 장점이 있는지 설명하시오.
3. 운영체제와 응용프로그램, 그리고 하드웨어를 포함한 컴퓨터 시스템의 전체적인 구조를 그리고 각 부분의 기능을 설명하시오.
4. 공개 소프트웨어란 무엇인지 설명하시오.
5. 리눅스에서 VFS 개념을 사용함으로써 어떤 장점이 있는가?

6. 멀티타스킹 시스템와 멀티유저 시스템에 대해서 설명하고, 이들은 어떤 관계에 있는가 설명하시오.
7. 〈표 1-1〉의 리눅스 배포판들의 특징을 조사해서 요약하시오.

CHAPTER **02**

리눅스 시작하기

리눅스는 여러 사용자들이 동시에 사용할 수 있는 다중 사용자 시스템이기 때문에 사용하기 전에 반드시 사용자 확인 절차를 통과해야 한다. 또한 리눅스 시스템은 아직도 GUI 화면에서 아이콘을 클릭하는 방식보다는, 명령어 창에서 텍스트 형태의 명령어를 입력하는 방식으로 더 많이 사용되고 있다.

본 장에서는 리눅스를 처음 사용하는 사용자들이 필수적으로 알아야 할 사항들과 기본 명령어들을 설명한다. 또한 온라인 매뉴얼의 구성과 사용법도 설명한다.

2.1 사용자 계정

리눅스는 여러 사용자가 동시에 사용할 수 있는 다중 사용자 시스템이다. 다중 사용자 시스템에서는 각 사용자들이 사용하는 파일이나 프로세스의 보호를 위해 시스템을 사용하는 사용자들을 식별할 필요가 있다. 이를 위해 리눅스 시스템은 계정(account)을 등록한 사용자만 시스템을 사용하도록 하고 있다. 등록된 계정의 이름은 로그인 이름(login name)이라 한다. 리눅스 시스템에는 시스템에 대해 모든 권한을 행사할 수 있는 하나의 시스템 관리자 계정이 있는데, 관리자 계정의 로그인 이름은 보통 root이다. 관리자의 로그인 이름을 반드시 root로 해야 하는 것은 아니지만, 이것은 하나의 관례이다.

사용자가 시스템을 사용하기 위해서는 그 사용자가 시스템에 등록된 사용자인가를 확인하는 로그인(login) 과정을 거쳐야 한다. 로그인 과정에서는 사용자의 로그인 이름을 확인하는데, 로그인 이름이 도용된 것인가를 확인하기 위해 암호(password)까지 확인한다. 즉, 로그인 이름과 그에 따른 암호를 알아야 시스템에 로그인해서 사용할 수 있다.

사용자의 로그인 이름은 로그인 과정에서만 사용되고, 일단 로그인되고 나면 시스템은 그 사용자를 사용자 번호 uid(user identifier)로 식별한다. 따라서 모든 로그인 이름에는 그에 일대일로 대응되는 uid가 있는데, 관리자인 root의 uid는 0번이다. 사용자 계정에 관한 모든 정보는 /etc/passwd 파일에 저장되어 있다.

사용자 계정의 등록은 관리자만이 할 수 있다. 등록 방법은 다음과 같은 세 가지 방법이 있다.

- /etc/passwd 파일을 직접 수정하는 방법
- 쉘 명령 adduser를 사용하는 방법
- GUI 형태의 명령을 이용하는 방법

2.9절에 사용자 계정을 등록하는 방법이 설명되어 있다. 시스템에 익숙하지 않은 사용자가 관리자인 root의 계정으로 로그인하여 사용하면 위험하므로 반드시 자신의 사용자 계정을 만들어 사용하는 것이 안전하다.

2.2 로그인과 로그아웃

사용자가 자신의 계정으로 시스템을 사용하기 시작해서 종료할 때까지의 과정을 로그인 세션(login session)이라 한다. 하나의 로그인 세션은 로그인으로 시작해서 로그아웃으로 끝난다.

로그인 과정에서는 먼저 로그인 이름과 암호를 확인하는데, 로그인에 성공하면 쉘이 수행된다. X-Window가 수행되도록 설정된 경우에는 미리 설정된대로 KDE나 GNOME과 같은 윈도우 인터페이스가 수행된다. 또한 다른 컴퓨터에서 TELNET 등의 통신 응용 프로그램을 이용하여 원격 로그인할 수 있는데, 이때에는 쉘이 수행된다.

시스템의 사용이 완료되면 반드시 로그아웃(logout)해야 한다. 로그아웃 하지 않으면 현관문을 열어두고 집을 비우는 것과 마찬가지이다. 다른 사용자가 자신이 만든 파일을 파괴할 수도 있고, 심지어 암호를 바꿀 수도 있다. 로그아웃하는 방법에는 셸에서 logout, ^D, 혹은 exit를 입력하면 된다. 그러나 GUI 환경의 경우에는 이렇게 하면 단지 셸만 중지하는 것이 되고 로그인 상태는 그대로 유지되므로 반드시 전체를 로그아웃해야 한다.

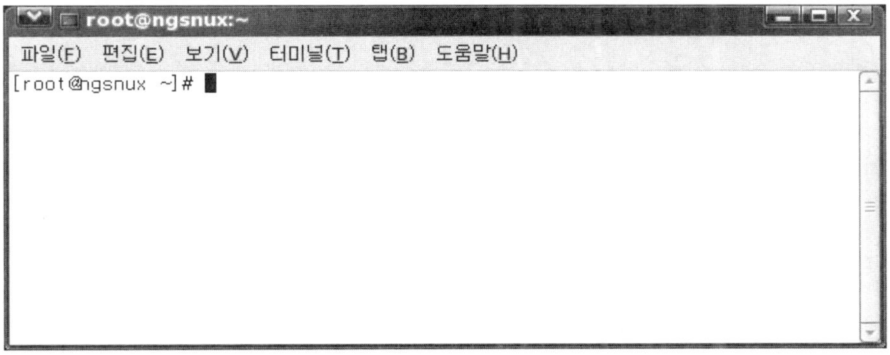

〈그림 2-1〉 셸이 수행되고 있는 터미널 창

2.3 명령 실행

시스템에 로그인하면 자동으로 셸이 수행된다. GUI 환경에서는 자동으로 셸이 수행되지 않기 때문에 셸이 수행되는 터미널 창을 수행시켜 주어야 하며, 동시에 여러 개의 터미널 창을 수행시킬 수도 있다. 셸(shell)은 사용자가 키보드로 입력하는 명령어들을 해석하고 실행시켜 준다.

셸은 명령 수행이 가능하다는 것을 사용자에게 알리기 위해 프롬프트(prompt)를 보여준다. 프롬프트는 셸의 종류에 따라 다르지만 보통 %, $, # 등을 많이 사용하며, 이는 사용자가 바꿀 수도 있다.

리눅스의 명령어는 셸 프롬프트 상태에서 명령어 이름을 입력하면 수행된다. 명령어의 일반적인 형식은 다음과 같다.

```
$ 명령어 -옵션 인수
```

여기서 $는 프롬프트를 나타내는 것으로 키보드에서 입력하는 것이 아니라 쉘이 보여주는 것이다. 명령어(command)는 명령어 이름을 나타낸다. 옵션(option)은 명령어 수행에 대한 부가적인 요구사항이므로 필요한 경우에만 사용한다. 옵션은 한 글자로 되어 있으며 옵션 앞에 항상 '–'를 붙여 이것이 옵션 문자임을 나타낸다. 인수(argument)는 명령 수행에 필요한 부가적인 정보로 필요한 경우에만 사용한다. 옵션과 인수는 동시에 있을 수도 있으며 명령어에 따라서는 여러 개의 옵션과 인수를 동시에 사용하는 것들도 있다.

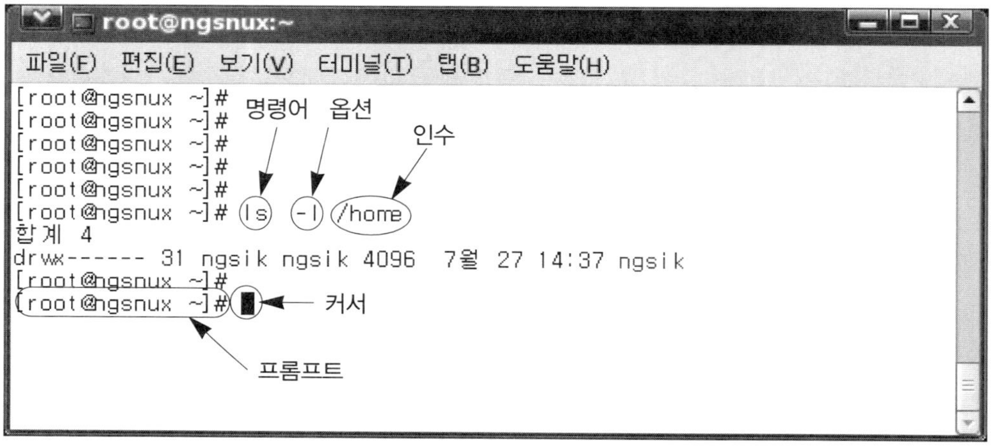

〈그림 2-2〉 명령어 형식

리눅스의 명령어는 사실 실행 파일의 이름을 나타낸다. 그래서 명령을 수행시킨다는 것은 명령어 이름에 해당하는 실행파일을 실행시키는 것이다. 명령어 실행파일들은 주로 /bin, /sbin, /usr/bin, /usr/sbin과 같은 디렉토리 아래에 저장되어 있다. 명령어가 입력되면 쉘은 이들 디렉토리에서 명령어 이름에 해당하는 실행파일을 찾아서 실행시킨다. 그러므로 우리가 어떤 유용한 프로그램을 작성하였고, 이것을 명령어처럼 사용하고자 한다면 단순히 그 실행 파일을 위의 디렉토리들 중의 하나에 복사해 두기만 하면 된다.

쉘의 몇 가지 명령어들은 쉘 자신에게 직접 영향을 미치는 것이기 때문에 실행파일 형태로 존재하는 것이 아니라 쉘 자신이 직접 처리하는 내장 명령 형식으로 되어 있다. 대표적인 것이 cd, pwd 등이다. 따라서 시스템의 어디에도 이와 같은 이름을 가진 실행파일은 없다.

2.4 기본 명령어들

이 절에서는 리눅스 시스템 사용에 익숙해지기 위해 리눅스에서 많이 사용하는 몇 가지 기본 명령어들의 사용 방법을 소개한다.

〈표 2-1〉 기본 명령어

명령어	기 능
ls	파일이나 디렉토리 이름들을 나열한다.
pwd	현재 작업 디렉토리 이름을 보여준다.
cd	작업 디렉토리를 이동한다.
mkdir	디렉토리를 생성한다.
more	파일 내용을 한 화면 단위로 보여준다.
passwd	자신의 암호를 변경한다.

아마도 리눅스에서 가장 많이 사용되는 명령어는 ls 명령어일 것이다. 이것은 어떤 이름의 파일이나 디렉토리가 존재하는가를 확인하기 위해서, 혹은 파일이나 디렉토리의 주인이나 접근권한을 확인하기 위해 사용한다.

▸▸▸ 예 2-1 현재 자신이 위치하고 있는 디렉토리 아래에 어떤 파일이나 디렉토리들이 있는가 확인하기 위해서 ls 명령을 사용한다.

```
[ngsik@ngsnux ~]$ ls
Desktop  ch1   ch11 ch13 ch2 ch4 ch6 ch8
Pictures  ch10 ch12 ch14 ch3 ch5 ch7 ch9
[ngsik@ngsnux ~]$ ls Pictures
[ngsik@ngsnux ~]$
```

ls 명령은 인수로 디렉토리나 파일 이름을 준다. 인수를 주지 않으면 현재 디렉토리의 내용을 보여준다. [예 2-1]에서 첫 번째 ls 명령은 인수가 없으므로 현재 디렉토리 아래에 있는 파일이나 디렉토리 이름을 보여주고 있고, 두 번째 ls 명령은 인수로 Pictures가 주어졌는데, Pictures 디렉토리 아래에는 디렉토리나 파일이 없으므로 아무런 이름도 보여주지 않았다.

리눅스는 트리 형태의 계층적 디렉토리 구조를 가지고 있는데, 사용자는 자신에게 허용된 디렉토리에서 새로운 파일이나 디렉토리를 생성할 수 있으며, 또한 다른 디렉토리로 이동할 수도 있다. pwd, cd, mkdir 등은 이러한 작업에 필요한 명령어들이다.

▸▸▸ 예 2-2 pwd는 현재 작업 디렉토리를 보여주는 명령이다.

```
[ngsik@ngsnux ~]$ pwd
/home/ngsik
[ngsik@ngsnux ~]$
```

[예 2-2]에서 pwd 명령은 현재의 작업 디렉토리가 /home/ngsik임을 보여주고 있다.

▸▸▸ 예 2-3 cd 명령을 이용하면 작업 디렉토리를 이동할 수 있다.

```
[ngsik@ngsnux ~]$ pwd
/home/ngsik
[ngsik@ngsnux ~]$ cd ch2
[ngsik@ngsnux ch2]$
[ngsik@ngsnux ch2]$ pwd
/home/ngsik/ch2
[ngsik@ngsnux ch2]$
```

[예 2-3]에서 "cd ch2"에 의해 작업 디렉토리가 ch2로 이동하였는데, 그 아래에 있는 pwd 명령은 이동 결과를 보여주고 있다.

▸▸▸ 예 2-4 mkdir 명령을 사용해서 새로운 디렉토리를 생성해 보자.

```
[ngsik@ngsnux ch2]$ ls
[ngsik@ngsnux ch2]$
[ngsik@ngsnux ch2]$ mkdir newdir
```

```
[ngsik@ngsnux ch2]$ ls
newdir
[ngsik@ngsnux ch2]$
[ngsik@ngsnux ch2]$ cd newdir
[ngsik@ngsnux newdir]$ pwd
/home/ngsik/ch2/newdir
[ngsik@ngsnux newdir]$
```

[예 2-4]에서 보면 "mkdir newdir" 명령으로 이름이 newdir인 디렉토리를 생성했다. 첫 번째 ls와 두 번째 ls의 결과를 비교해 보면 새로운 디렉토리가 생성되었음을 알 수 있다. cd 명령으로 새로 생성된 디렉토리로 이동할 수도 있다. .. 은 상위 디렉토리를 의미하는 것인데, 여기서는 ch2를 뜻한다.

파일의 내용을 볼 때는 more, less, cat 등의 명령어를 이용하는데, 여기에서는 일단 more 명령어의 사용법만 설명한다. more는 파일 내용을 화면에 보여줄 때 한 화면 분량을 보여주고 화면을 멈춘다. 이때 다음 키들을 사용해서 화면을 제어한다.

- 엔터 키 : 화면을 한 줄 스크롤 시킨다.
- 스페이스바 : 화면을 한 화면만큼 스크롤 시킨다.
- q : more 프로그램을 종료한다.

▸▸▸ **예 2-5** more 명령을 사용해서 /etc/passwd 파일 내용을 보여준 예이다. 위에서 설명한 세 개의 키 중의 하나를 입력해서 결과를 관찰해 보자.

```
ngsik@ngsnux:~/ch2
파일(F) 편집(E) 보기(V) 터미널(T) 탭(B) 도움말(H)
[ngsik@ngsnux ch2]$ more /etc/passwd
root:x:0:0:root:/root:/bin/bash
bin:x:1:1:bin:/bin:/sbin/nologin
daemon:x:2:2:daemon:/sbin:/sbin/nologin
adm:x:3:4:adm:/var/adm:/sbin/nologin
lp:x:4:7:lp:/var/spool/lpd:/sbin/nologin
sync:x:5:0:sync:/sbin:/bin/sync
shutdown:x:6:0:shutdown:/sbin:/sbin/shutdown
halt:x:7:0:halt:/sbin:/sbin/halt
mail:x:8:12:mail:/var/spool/mail:/sbin/nologin
news:x:9:13:news:/etc/news:
uucp:x:10:14:uucp:/var/spool/uucp:/sbin/nologin
operator:x:11:0:operator:/root:/sbin/nologin
games:x:12:100:games:/usr/games:/sbin/nologin
gopher:x:13:30:gopher:/var/gopher:/sbin/nologin
ftp:x:14:50:FTP User:/var/ftp:/sbin/nologin
--More--(32%)
```

이 상태에서 스페이스바 키를 입력하면

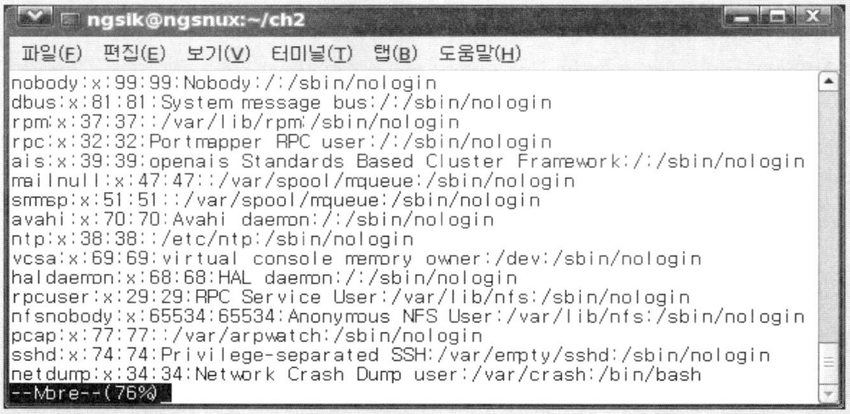

다시 스페이스바 키를 입력하면

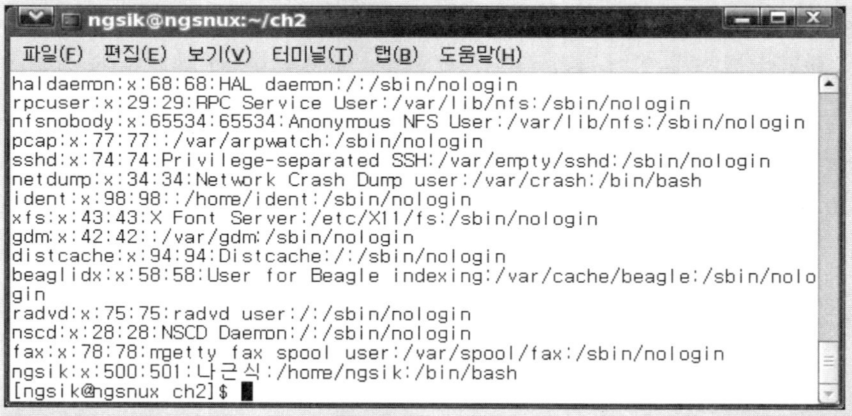

파일의 끝에 이르면 more가 자동으로 종료된다.

한 가지 암호를 오랫동안 사용하면 다른 사람들에게 노출될 수 있으므로 수시로 바꾸어 주는 것이 좋다. 암호를 바꿀 때는 passwd 명령을 사용한다.

▸▸▸ 예 2-6 passwd 명령을 사용해서 암호를 바꾸는 예이다.

```
[ngsik@ngsnux ~]$ passwd
Changing password for user ngsik.
Changing password for ngsik
(Current) UNIX password:
New UNIX password:
Retype new UNIX password:
passwd: all authentication tokens updated successfully.
[ngsik@ngsnux ~]$
```

암호를 바꾸려는 사용자가 본인인가를 확인하기 위해 이전 암호를 물어본다. 또한 변경할 암호를 바르게 입력했는지 확인하기 위해 새로운 암호는 두 번 입력하게 한다. 키보드로 입력하는 암호는 화면에 보이지는 않지만 시스템에는 입력된다.

2.5 키보드와 터미널 사용

최근의 리눅스는 윈도우즈와 마찬가지로 GUI 형태의 인터페이스를 제공하지만, 리눅스의 사용 목적에 따라서는 여전히 쉘 인터페이스가 더 편리할 때가 많다. 이는 마이크로소프트의 윈도우즈 시스템은 주로 단순한 문서 작성이나 인터넷 탐색, 게임을 위한 도구로 사용되는 반면, 리눅스 시스템은 주로 인터넷 서버나 프로그램 개발 도구로 활용되기 때문이다. 따라서 리눅스 사용자는 키보드를 이용한 명령 실행에 익숙해져야 한다.

리눅스에서는 항상 대문자와 소문자가 구분된다. 즉 ls라는 명령어를 실행하기 위해 실수로 LS 라고 입력하면 “command not found” 라는 오류 메시지가 나온다.

▸▸▸ 예 2-7 명령어를 입력할 때에는 대문자와 소문자를 반드시 구분해야 한다.

```
[ngsik@ngsnux ~]$ LS
bash: LS: command not found
[ngsik@ngsnux ~]$
```

쉘에서 터미널의 동작을 제어할 수 있는 몇 가지 특수 문자들이 정의되어 있다.

〈표 2-2〉 터미널 제어문자

특수문자 이름	키	기 능
intr	^c	실행중인 프로세스를 중지시킴
quit	^\	실행중인 프로세스를 중지시킴 (core 파일 생성)
erase	^h	마지막 한 글자 삭제 (backspace)
kill	^u	한 줄 전체 삭제
werase	^w	마지막 한 단어 삭제
eof	^d	파일의 끝 (더 이상 입력 자료가 없음)
susp	^z	프로세스의 중단

특수문자나 터미널 설정에 관한 정보는 stty 명령으로 보거나 변경할 수 있다.

▸▸▸ 예 2-8 터미널 설정 정보를 보기 위해 stty 명령을 사용할 수 있다.

```
[ngsik@ngsnux ~]$ stty -a
speed 38400 baud; rows 17; columns 75; line = 0;
intr = ^C; quit = ^\; erase = ^?; kill = ^U; eof = ^D; eol = M-^?;
eol2 = M-^?; swtch = M-^?; start = ^Q; stop = ^S; susp = ^Z; rprnt = ^R;
werase = ^W; lnext = ^V; flush = ^O; min = 1; time = 0;
-parenb -parodd cs8 hupcl -cstopb cread -clocal -crtscts
-ignbrk brkint -ignpar -parmrk -inpck -istrip -inlcr -igncr icrnl ixon
-ixoff -iuclc ixany imaxbel iutf8
opost -olcuc -ocrnl onlcr -onocr -onlret -ofill -ofdel nl0 cr0 tab0 bs0 vt0 ff0
isig icanon iexten echo echoe echok -echonl -noflsh -xcase -tostop -echoprt
echoctl echoke
[ngsik@ngsnux ~]$
```

[예 2-8]에서 "erase= ^?"로 되어 있는데, 이것은 한 글자를 삭제하는 데에는 ^? 키를 사용한다는 것을 의미한다. ^? 는 ⇐를 나타내는 제어문자이다.

▸▸▸ 예 2-9 stty 명령을 이용하면 터미널 설정을 변경할 수도 있다.

```
[ngsik@ngsnux ~]$
[ngsik@ngsnux ~]$ stty erase d
[ngsik@ngsnux ~]$
[ngsik@ngsnux ~]$ p
bash: p: command not found
[ngsik@ngsnux ~]$
[ngsik@ngsnux ~]$ stty erase ^?
[ngsik@ngsnux ~]$
```

[예 2-9]에서 먼저 erase 문자로 'd' 자를 사용하도록 설정했다. 이렇게 설정하면 이제 'd' 자는 입력된 한 글자를 지우는 역할을 하게 된다. 예를 들어, 위에서는 pwd 명령을 실행하려고 키보드에서 pwd 세 글자를 입력하고 엔터키를 입력했다. 그러나 pw까지 입력되고 그 다음에 d자가 입력되면 d자는 erase 기능을 수행하므로 앞의 w자를 지우고 p자만 남게 되었다. 마지막에 erase 문자를 다시 ^? 즉 ⇐문자로 바꾸어 두었다.

2.6 원격 로그인

리눅스는 다른 컴퓨터로부터 인터넷을 통해 로그인해서도 사용할 수 있다. 단, 이때는 GUI 기능들은 제공되지 않고 텍스트 인터페이스의 쉘만 사용할 수 있다. 원격 로그인에 가장 많이 사용되는 프로그램은 텔넷(telent)이다.

▸▸▸ 예 2-10 마이크로소프트의 윈도우즈에서 [시작] → [실행] 메뉴를 선택해서 다음과 같이 telnet을 실행시킨다. 여기서 192.168.1.5는 리눅스 서버의 IP 주소이다.

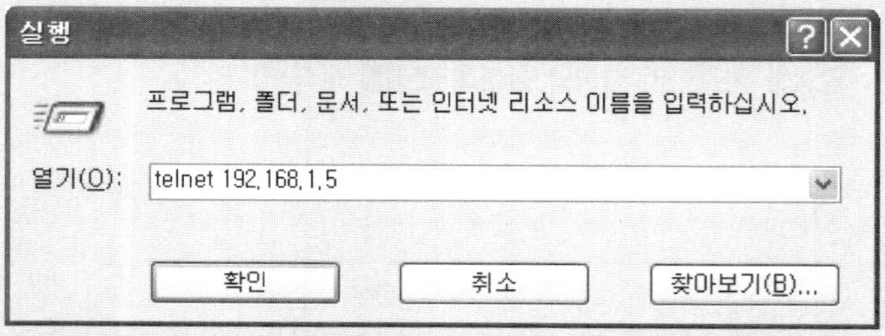

여기서 확인 버튼을 누르면 telnet이 실행되어 리눅스와 연결을 시도할 것이다. 연결이 이루어지면 로그인 화면이 나타나는데 로그인 이름과 암호를 차례로 입력하면 쉘이 실행된다.

▸▸▸ 예 2-11 윈도우즈에서 telnet이 실행되면 리눅스 콘솔에서 사용하는 것과 동일한 방법으로 리눅스를 사용할 수 있다.

2.7 온라인 매뉴얼 : man

리눅스에서는 리눅스에서 제공하는 명령어, 라이브러리, 시스템 콜, 파일 형식 등에 대한 온라인 매뉴얼 기능 man 명령어를 제공한다.

man 명령은 more 명령과 비슷하게 한 화면 분량씩 화면에 내용을 보여준다. 이때 화면을 제어하는 키는 다음과 같은 것들이 있다.

- 엔터 키 : 화면을 한 줄 스크롤 시킨다.
- 스페이스바 : 화면을 한 화면만큼 스크롤 시킨다.
- q : 프로그램을 종료한다.

예 2-12 man 명령어는 리눅스의 온라인 매뉴얼이다. 마지막 라인 (END)에서는 반드시 'q'를 입력해야 종료된다.

```
[ngsik@ngsnux ~]$ man pwd
PWD(1)                User Commands              PWD(1)

NAME
pwd - print name of current/working directory

SYNOPSIS
pwd [OPTION]

DESCRIPTION
Print the full filename of the current working directory.

--help display this help and exit

--version
output version information and exit

:
NOTE: your shell may have its own version of pwd, which usu-
ally supersedes the version described here.  Please refer to
your  shell? documentation for details about the options it
supports.

AUTHOR
Written by Jim Meyering.

REPORTING BUGS
Report bugs to <bug-coreutils@gnu.org>.

COPYRIGHT
Copyright wrf 2006 Free Software Foundation, Inc.
```

```
This is free software. You may redistribute copies of it
under the terms of the GNU General Public License
<http://www.gnu.org/licenses/gpl.html>. There is NO WAR-
:
RANTY, to the extent permitted by law.

SEE ALSO
The full documentation for pwd is maintained as a Texinfo
manual. If the info and pwd programs are properly installed
at your site, the command

info pwd

should give you access to the complete manual.

pwd 5.97            February 2007            PWD(1)
(END)
```

전체 매뉴얼은 각 주제별로 8개의 절로 구성되는데 각 절에는 다음 내용들이 포함된다.

(1) 명령어
(2) 시스템 호출
(3) 라이브러리 함수
(4) 특수 파일
(5) 파일 형식
(6) 게임
(7) 기타 정보
(8) 유지보수 명령어

예를 들면 파일에서 자료를 읽는 시스템 호출 read()는 (2)절에서 설명된다. 그러나 이름이 같으면서 표준입력에서 문자열을 읽는 명령어 read가 (1)절에 있다. 이렇게 같은 이름의 매뉴얼 항목이 두 개 이상 있을 때 man 명령은 앞 절의 항목에 대한 설명을 보여준다. 따라서 시스템 호출 read()에 대한 설명을 보려면 다음과 같이 절 번호를 인수로 주어야 한다.

```
$ man 2 read
```

매뉴얼은 다음과 같은 순서로 구성된다.

- Name – 항목의 이름과 간단한 설명
- Synopsis – 사용법
- Description – 내용 설명
- Files – 관계된 파일
- See Also – 관련 사항
- Diagnostics – 프로그램의 문제점
- Bugs – 버그

2.8 온라인 문서 보기 : info

리눅스는 시스템의 중요한 명령어나 개념, 장치들에 대한 문서 정보를 내장하고 있다. 이 문서를 읽는 명령어로 info가 있다. 온라인 문서를 읽는 방법은 온라인 매뉴얼을 읽는 방법과 유사하다.

온라인 문서는 하이퍼텍스트 형식으로 되어 있어서 (TAB) 키를 사용하면 하이라이트된 링크를 이동할 수 있고, Enter키를 이용해 해당 문서로 이동할 수도 있다.

〈그림 2-3〉은 info 화면의 예인데, 이 명령은 다음과 같이 수행시킨 것이다.

```
$ info gcc
```

그림에서 별표(*)로 표시된 것은 하이퍼링크에 해당하는데, TAB 키를 누를 때마다 커서가 다음 링크로 이동하고, Enter키를 누르면 링크된 화면으로 전환된다.

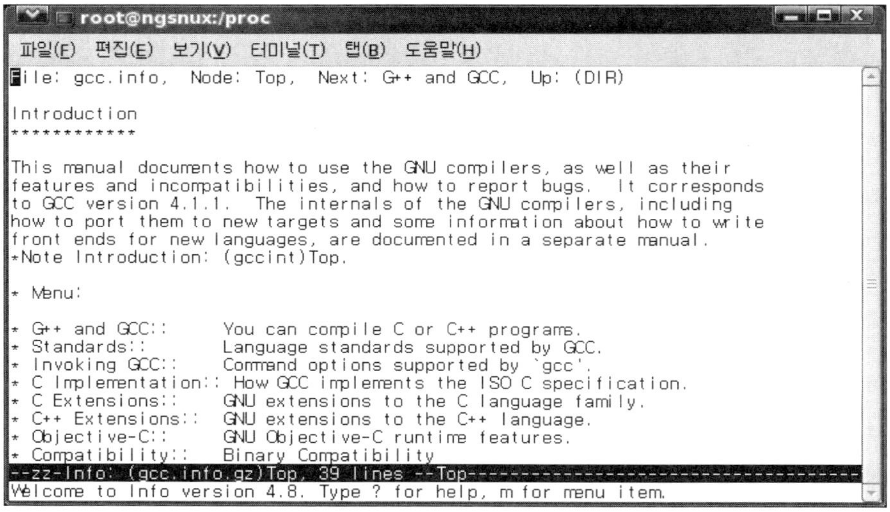

〈그림 2-3〉 gcc에 대한 info 화면

2.9 사용자 등록 방법

리눅스에서 사용자 계정을 등록하는 방법은 여러 가지가 있지만, 여기서는 GUI 방식의 툴을 사용하는 방법을 설명한다.

(1) [설정] → [시스템 설정] → [사용자와 그룹] 메뉴를 선택한다. 이렇게 하면 〈그림 2-4〉와 같은 화면이 나타난다.

(2) [사용자 추가] 메뉴를 선택한다. 그러면 〈그림 2-5〉와 같은 화면이 나타난다.

(3) 〈그림 2-5〉에서 빈 칸을 적절히 채우고 [확인] 버튼을 누르면 사용자가 등록된다.

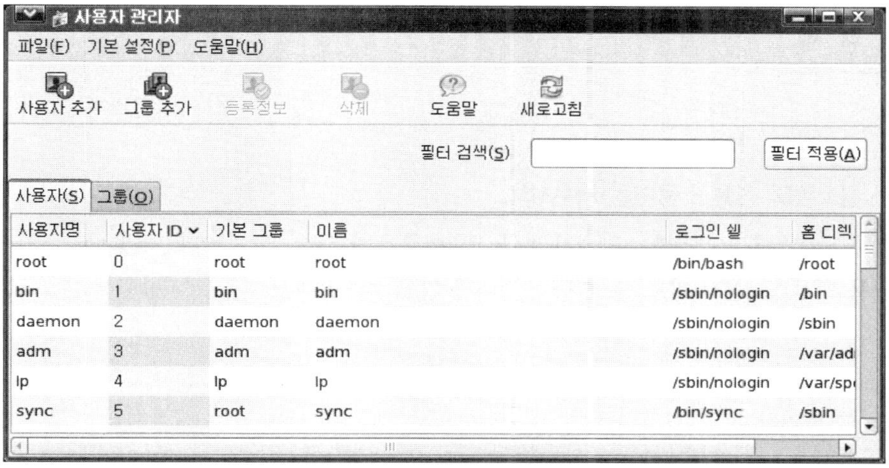

〈그림 2-4〉 사용자 관리자

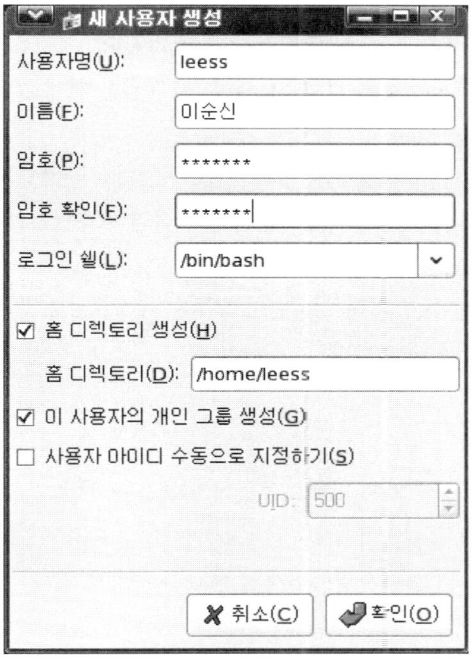

〈그림 2-5〉 사용자 추가

연 습 문 제

A. 다음 괄호안을 적절한 용어로 체우시오.

1. 리눅스 시스템을 관리하는 관리자의 로그인 이름은 보통 (   )이고, uid는 (   )이다.
2. 리눅스 시스템에서 키보드로부터 명령어를 입력받아 실행시켜 주는 역할을 하는 프로그램을 (   )(이)라 한다.
3. (   )은 명령어 수행에 대한 부가적인 요구 사항으로 보통 한 글자로 되어 있고 그 앞에 '–' 를 붙인다.
4. 명령 수행에 필요한 부가적인 정보를 (   )라 한다.
5. 쉘이 사용자에게 명령을 입력 받을 수 있다는 것을 알리기 위해 보여주는 것을 (   )(이)라 하는데, 보통 %, $, # 등이 사용된다.
6. 리눅스는 트리 형태의 (   )디렉토리 구조를 가진다.
7. 다른 컴퓨터에서 인터넷을 통해 리눅스로 원격 로그인할 때에는 (   ) 프로그램을 주로 사용한다.
8. 리눅스의 명령어들은 주로 실행 가능한 (   ) 형태로 존재한다.
9. 리눅스의 명령어 중에서 (   ) 은 쉘 자신이 직접 처리하는데, cd나 pwd와 같은 명령들이 그 예이다.
10. 리눅스 시스템을 사용하기 위해서는 먼저 등록된 계정으로 (   ) 해야 하고, 사용을 종료할 때에는 (   ) 해야 한다.

B. 다음 물음에 답하시오.

1. 리눅스의 명령어들이 주로 있는 디렉토리들의 이름을 쓰시오.
2. 리눅스 명령어의 구조를 설명하시오.
3. 리눅스의 온라인 매뉴얼은 주제별로 8개의 절로 나누어져 있다. 각 절에는 어떤 내용이 포함되는가?
4. 온라인 매뉴얼 페이지에는 어떤 영역들이 있는가? 각 영역에 들어 있는 내용을 설명하시오.
5. bash 쉘의 내장 명령에는 어떤 것들이 있는지 조사해서 각각의 기능을 설명하시오.
6. 온라인 매뉴얼을 사용할 때 존재하지 않는 항목에 대해 매뉴얼을 조회하면 어떤 현상이 나타나는가?
7. 소문자로 된 명령어인 ls를 실수로 대문자로 LS라고 입력하면 어떤 결과가 나오는가?
8. 키보드로부터 숫자를 입력받아 정렬하는 프로그램이 있다. 이 프로그램은 C 언어로 작성되

어 있고 End of File 문자가 입력될 때까지 숫자를 입력받아서 정렬한 후에 결과를 출력하고 종료한다. 입력을 종료하려면 어떻게 해야 하는가?

C. 다음 명령어의 기능을 설명하시오.

(1) ls

(2) pwd

(3) cd

(4) mkdir

(5) more

(6) passwd

(7) stty

(8) man

(9) info

CHAPTER **03**

vi 편집기

vi는 유닉스에서 사용하던 문서 편집기인데, 아직도 유닉스나 리눅스 전문가들이 가장 많이 사용하는 문서 편집기이다. vi는 문서 편집기이기 때문에 글자 크기나 색상, 폰트와 같은 문서의 서식을 제어하는 기능은 없다. 따라서 요즘에는 복잡한 문서 작성에는 사용하지 않고, 프로그램 작성에만 사용한다.

vi는 문서 편집을 위한 다양한 기능들을 가지고 있지만, 실제 vi로 프로그램을 작성할 때에는 자신에게 익숙한 몇 가지 기능들만 주로 사용한다. 따라서 본 장에서는 프로그램 작성에 편리하게 사용될 수 있는 기능들을 중심으로 설명한다.

3.1 vi 소개

vi는 유닉스의 초기에 개발된 편집기이기 때문에 사용하기 불편한 점이 많은데, 이를 어느 정도 개선한 elvis, ni, vim 등이 있다. 이러한 프로그램들도 최근에 윈도우즈에서 사용되는 문서 편집기들에 비하면 불편한 점이 많이 있지만, 아직도 유닉스나 리눅스 세계에서는 vi가 가장 많이 사용되고 있으므로 그 사용법을 프로그램 작성에 필요한 기능을 중심으로 설명한다.

```
$ vi testfile.c
```

vi를 시작하려면 위와 같이 파일 이름을 인수로 주고 vi를 실행하면 된다. 실행할 때 파일 이름을 주지 않으면 vi를 사용하는 도중에, 혹은 종료할 때 저장할 파일 이름을 지정해 주어야 한다. vi를 실행시키면 화면이 〈그림 3-1〉과 같이 된다. 이 상태에서 문서를 편집할 수 있는데, 이에 관한 내용은 다음 절부터 설명한다.

어떤 경우에는 vi의 실행 화면이 〈그림 3-1〉과는 달리 글자들이 겹치거나 줄 바꿈 기호 등이 바르게 동작하지 않는 것처럼 보일 때도 있다. 이는 현재 쉘에 설정되어 있는 터미널 타입이 맞지 않기 때문인데, 이때는 다음과 같이 터미널 타입을 올바르게 설정해 주면 된다.

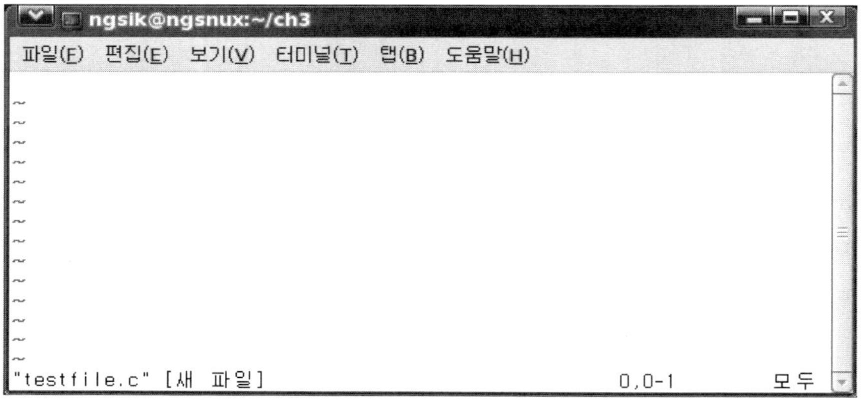

〈그림 3-1〉 vi 실행 화면

```
$ TERM=ansi
$ export TERM
```

원격 로그인을 한 경우에 터미널 타입은 보통 ansi, GUI 형태의 인터페이스일 경우에는 xterm으로 설정해 주면 된다.

vi를 종료하려면 위와 같은 명령 모드에서 "ZZ" (대문자임)를 입력하거나 ":wq"를 입력한다. 이렇게 하면 편집된 내용이 저장된 후에 vi 프로그램이 종료된다. 여기서 ZZ는 대문자이기 때문에 Shift Z Z라고 입력해야 하는데, 실수로 Ctrl Z Z라고 입력하게 되면, vi가 종료된 것이 아니라 잠시 중단한 것이므로 주의해서 사용해야 한다. 만약 이러한 일이 발생하면 fg 명령으로 다시 vi를 동작시킨 다음에 정상적으로 종료해야 한다.

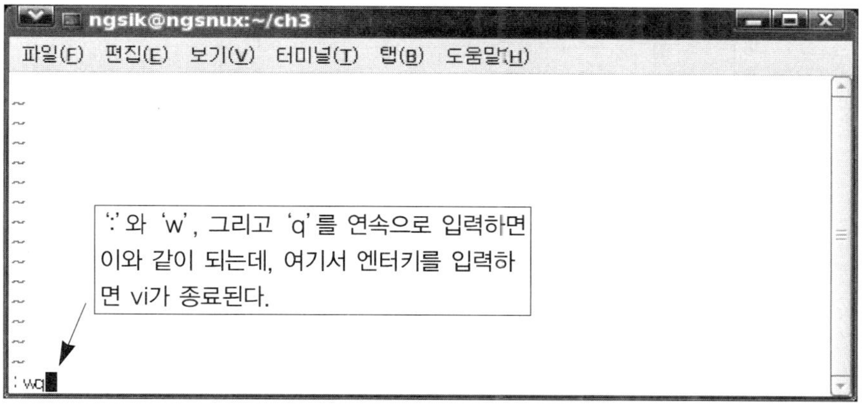

〈그림 3-2〉 vi 종료 방법

3.2 동작 모드

vi는 최근의 문서 편집기와는 달리 동작 모드라는 것이 있다. 이는 vi가 현재와는 달리 단순한 형태의 터미널 환경에서 사용할 수 있도록 개발된 프로그램이기 때문이다. 예를 들면, vi는 화살표 키나 PgUp, PgDn 키, 혹은 기능키들이 없는 환경에서도 잘 사용할 수 있다. vi에는 다음 세 가지 동작 모드가 있다.

- 입력 모드 : 문자를 입력하는 모드이다. 이 모드에서 입력하는 문자들은 모두 화면에 표시되며 또한 화면에 보이는 대로 문서에 저장된다.
- 명령 모드 : 모든 키들이 명령어로 동작한다. 이 모드에서 입력되는 문자는 화면에 보이지도 않고 저장되지도 않는다. 예를 들면, 이 모드에서 'x' 키를 누르면 커서가 있는 위치의 문자가 삭제된다.
- ex 모드 : 화면 하단 왼쪽에 ':' 나 '/' 혹은 '?' 가 표시되며, 이 모드에서 입력되는 것들은 명령어로 동작한다.

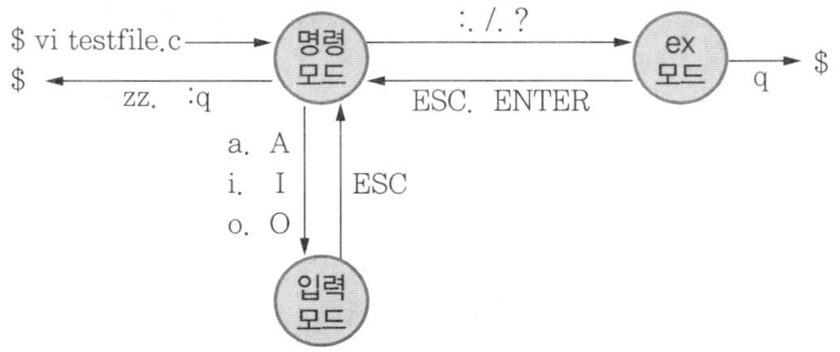

〈그림 3-3〉 vi의 동작 모드

3.3 텍스트 입력

텍스트 입력은 입력 모드에서만 할 수 있다. 명령 모드에서 입력 모드로 전환하는 방법은 여러 가지가 있는데, 앞으로 작업할 내용과 현재 커서의 위치에 따라 적절한 방법을 선택해서 사용하면 된다.

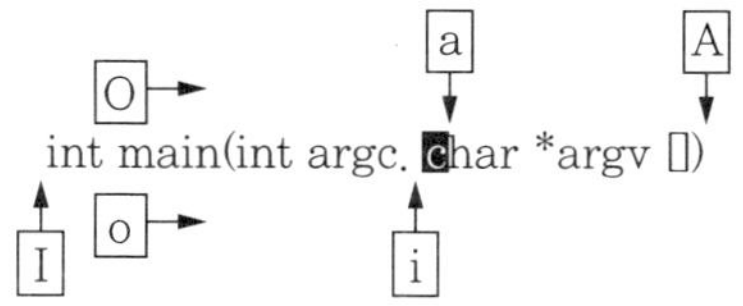

〈표 3-1〉 입력모드 전환 명령

명령 문자	기　능
a	현재 커서가 있는 문자의 뒤에서부터 추가된다.
A	현재 커서가 있는 라인의 끝에서부터 추가된다.
i	현재 커서가 있는 문자의 앞에서부터 삽입된다.
I	현재 커서가 있는 라인의 시작에서부터 삽입된다.
o	현재 커서가 있는 라인의 아래 라인에 추가된다.
O	현재 커서가 있는 라인의 윗 라인에 추가된다.

입력 모드로 전환된 후에 문자가 입력되기 시작하는 위치는 현재 커서 위치와 모드 전환에 사용된 명령에 따라 다르다.

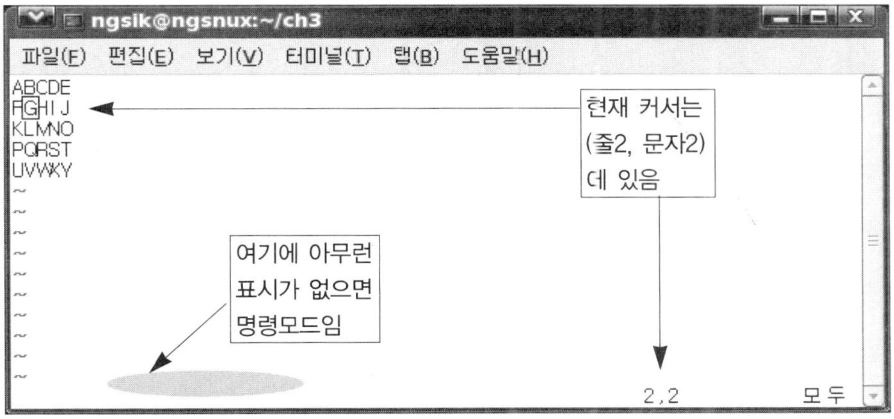

〈그림 3-4〉 입력모드 전환키의 기능

〈그림 3-4〉는 입력모드로 전환하는 모드 전환 키들의 차이를 설명하기 위한 화면이다. 현재 커서는 (줄 2, 문자 2) 위치인 문자 'G' 위에 있고, 명령 코드 상태이다.

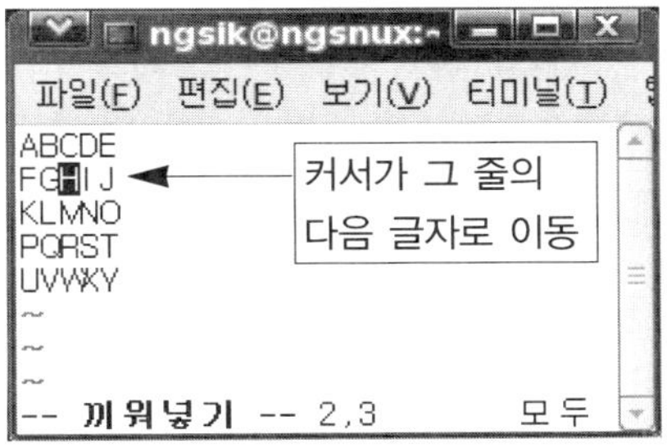

〈그림 3-5〉 ⓐ키에 의한 전환

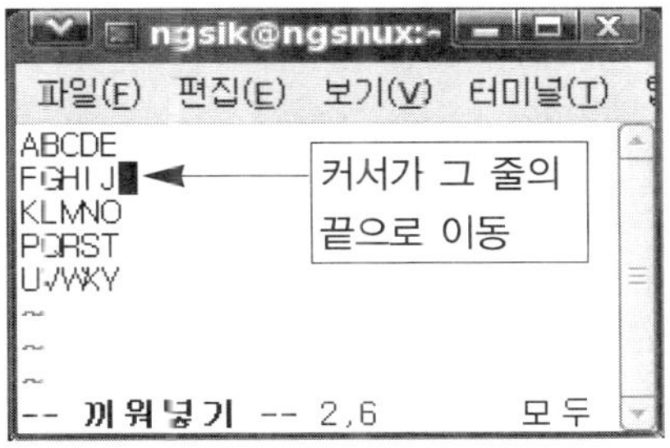

〈그림 3-6〉 Ⓐ키에 의한 전환

〈그림 3-5〉는 ⓐ키를 이용해 모드 전환을 한 예이다. 현재 모드는 〈그림 3-5〉에서 보듯이 입력모드(화면 아래에 "--끼워넣기--" 라고 되어 있음)로 전환되었고, 앞으로 입력되는 문자는 현재 커서가 있는 위치(줄 2, 문자 3)이다. 〈그림 3-6〉은 Ⓐ키를 이용해 모드 전환을 한 예인데, 모드 전환 후 커서는 그 줄의 마지막(줄 2, 문자 6)으로 이동해 있는 것을 볼 수 있다.

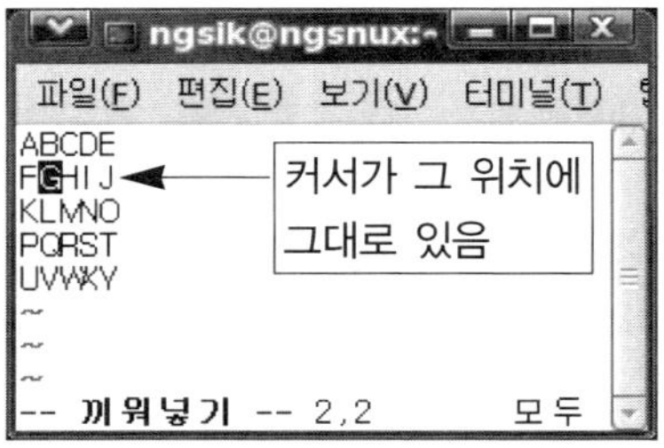

〈그림 3-7〉 ⓘ키에 의한 전환

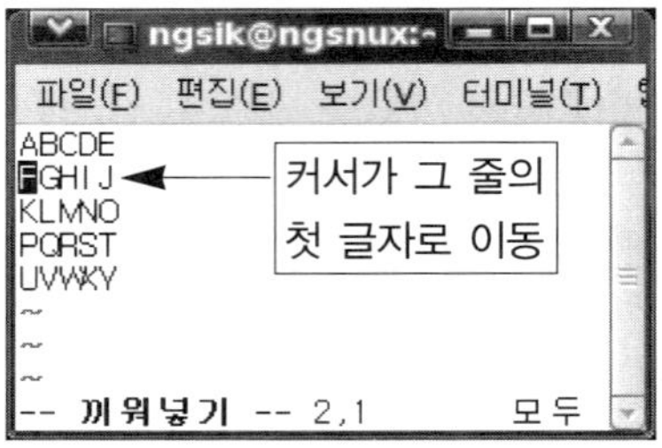

〈그림 3-8〉 Ⓘ키에 의한 전환

〈그림 3-7〉과 같이 ⓘ키로 모드 전환하면 커서가 처음 위치에 그대로 있으면서 모드만 입력모드로 전환된 것을 볼 수 있다. 그리고 〈그림 3-8〉처럼 Ⓘ키를 사용해서 모드를 전환하면 커서가 처음 위치에서 그 줄의 첫 번째 문자로 이동한다.

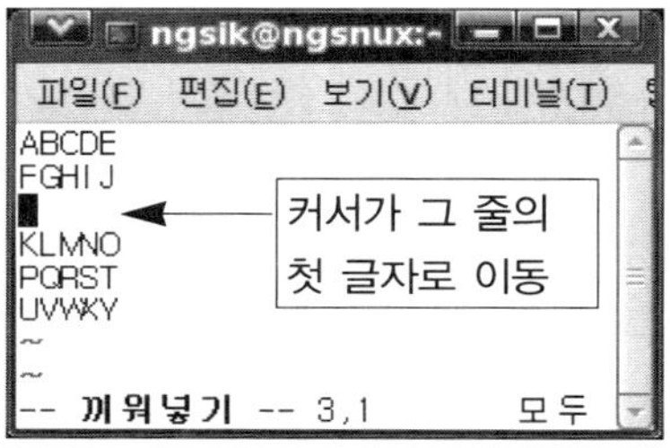

〈그림 3-9〉 ⓞ키에 의한 전환

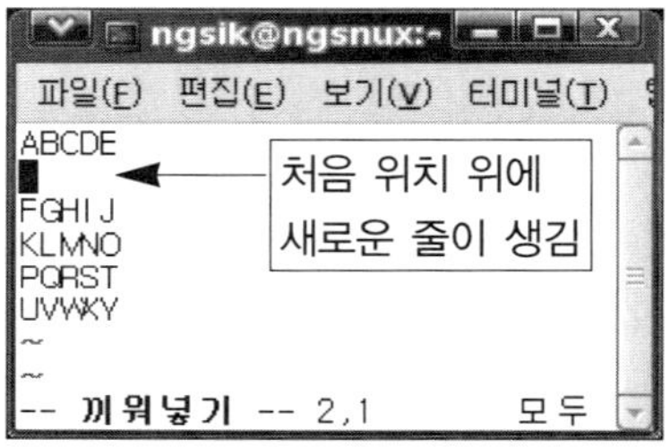

〈그림 3-10〉 Ⓞ키에 의한 전환

소문자 ⓞ키는 처음 커서가 있던 줄의 다음에 새로운 줄이 생겨나게 하고 모드가 입력 모드로 전환된다. 반대로 대문자 Ⓞ키는 처음 커서가 있던 줄의 위에 새로운 줄이 생겨나게 하고 모드가 입력 모드로 전환된다.

3.4 커서의 이동

vi는 키보드에 화살표 키가 없던 시절에 개발된 화면 편집기이기 때문에 화살표 키와 특수 기능키들을 사용하지 않고도 커서나 화면을 이동할 수 있도록 만들어졌다. [표 3-2]는 커서와 화면을 이동할 수 있는 키들에 대한 요약이다. 이 문자들은 vi의 동작 모드는 명령모드로 유지하면서 단지 커서만 이동시키는 명령문자들이다. 반면 앞 절에서 설명한 a, A, i, I, o, O 문자는 동작모드를 입력모드로 전환시킨다.

〈표 3-2〉 커서 및 화면 이동 명령

명령 문자	기 능	기능키
h	커서를 왼쪽으로 이동	←
l	커서를 오른쪽으로 이동	→
j	커서를 아랫줄로 이동	↓
k	커서를 윗줄로 이동	↑
$	커서를 현재 줄의 끝 문자로 이동	End
Enter	커서를 다음 줄의 첫 문자로 이동	
b	커서를 현재 단어의 첫 문자로 이동	
B	커서를 현재 단어의 첫 문자로 이동	
w	커서를 다음 단어의 첫 문자로 이동	
W	커서를 다음 단어의 첫 문자로 이동	
^F	화면을 한 화면 앞으로 이동	Page Up
^B	화면을 한 화면 뒤로 이동	Page Down
^D	화면을 반 화면 앞으로 이동	
^U	화면을 반 화면 뒤로 이동	
^L	화면 전체를 다시 표시	

먼저 커서를 한 글자 이동시키는 명령은 h, l, j, k가 있다. 이 명령은 일반적인 편집기에서 각각 기능키 ←, →, ↓, ↑에 해당하고, 〈그림 3-11〉과 같다. 단어 이동 명령은 커서를 현재 위치에서 단어 단위로 이동시킨다.

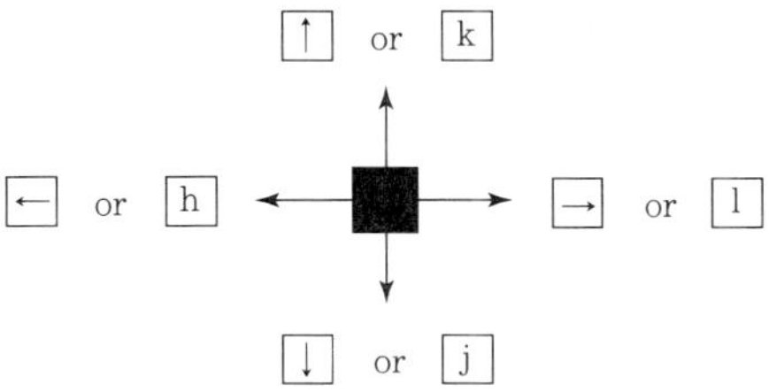

〈그림 3-11〉 커서의 글자단위 0 동명령

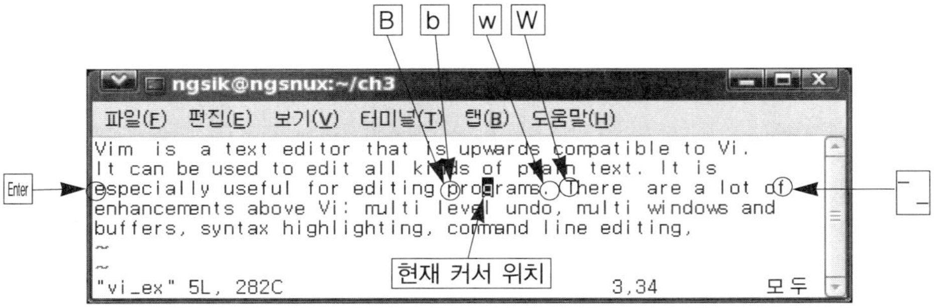

〈그림 3-12〉 커서의 단어단위 이동명령

화면 이동 명령은 전체 화면을 스크롤시키는 Ctrl F, Ctrl B가 있다. 이 키들은 각각 Page Up, Page Down키와 같은 기능을 한다. 반화면 단위로 화면을 스크롤시키는 기능으로는 Ctrl D, Ctrl U가 있다.

Ctrl L은 화면 전체를 다시 표시하는 기능인데, 다른 윈도우 화면이 겹쳐져서 vi 화면의 일부가 깨어져서 보이는 경우나 vi의 터미널 타입이 맞지 않게 설정되어 글자가 깨어지거나 줄이 맞지 않게 나타나는 경우에 사용한다.

3.5 삭제

입력 모드에서는 역 스페이스 키(←)를 이용해서 한 글자를 지울 수 있다. 대부분의 경우에는 이 키 하나면 되지만, 라인 전체를 지우는 것과 같은 경우에는 별도의 명령이 필요하다. 명령 모드에서는 다양한 삭제 기능을 사용할 수 있다. vi는 삭제와 관련된 많은 명령들을 제공하지만 주로 사용하는 것은 〈표 3-3〉과 같다.

여기서 x, dw, dd와 같이 글자, 단어, 라인에 관련된 삭제 명령 앞에 숫자를 붙이면 그 숫자만큼의 글자, 단어, 라인이 삭제된다. 예를 들어, 5x는 5 글자를 삭제하고, 3dd는 3 라인을 삭제한다. 삭제된 글자는 vi 내부의 레지스터에 저장되어 있기 때문에 이후에 복구할 수도 있고, 붙여넣기에 사용될 수도 있다.

〈표 3-3〉 삭제 명령

명령 문자	기 능
x, dl	커서가 있는 위치의 한 문자 삭제
dw	커서가 있는 위치의 한 단어 삭제
d0	커서가 있는 위치에서 라인의 시작까지 삭제
d$, D	커서가 있는 위치에서 라인의 끝까지 삭제
dd	커서가 있는 라인 삭제

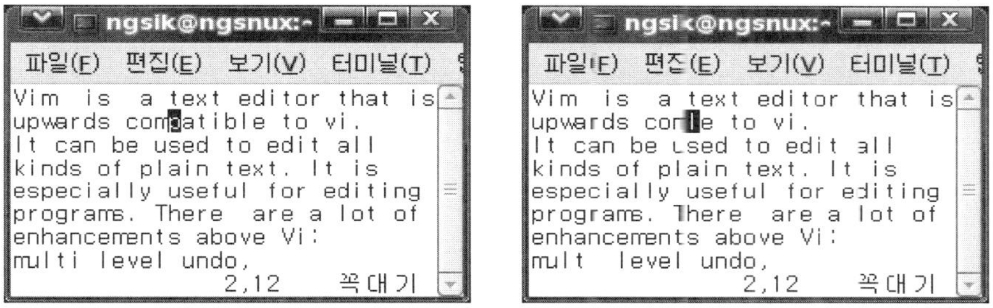

〈그림 3-13〉 5x로 5글자 삭제

〈그림 3-13〉은 5x를 이용해 5글자를 삭제하는 방법을 보여준다. 왼쪽이 원본이고 오른쪽이 삭제한 다음의 화면인데, 현재 커서가 있는 글자(2, 12)부터 5 글자가 삭제되고, 삭제된 후에도 커서는 같은 위치(2, 12)에 있음을 알 수 있다.

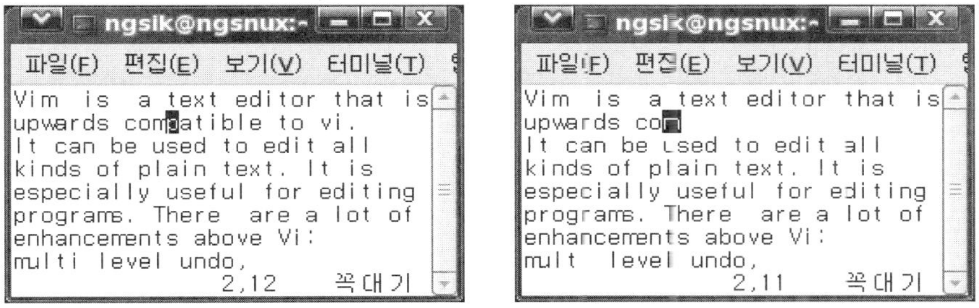

〈그림 3-14〉 d$로 라인 끝까지 삭제

〈그림 3-14〉는 d$를 이용해 라인의 끝까지를 삭제하는 화면이다. 현재 커서가 있는 글자(2, 12)부터 라인의 끝까지가 삭제되고, 삭제 후에 커서는 삭제된 라인의 끝 글자(2, 11)에 위치해 있다.

라인의 앞부분을 삭제하는 명령은 d0이다. 여기에서는 예를 보여주지 않지만 d0는 현재 커서가 있는 글자에서부터 라인의 앞부분이 모두 삭제되고, 삭제 이후에 커서는 그 라인의 첫 글자에 있게 된다.

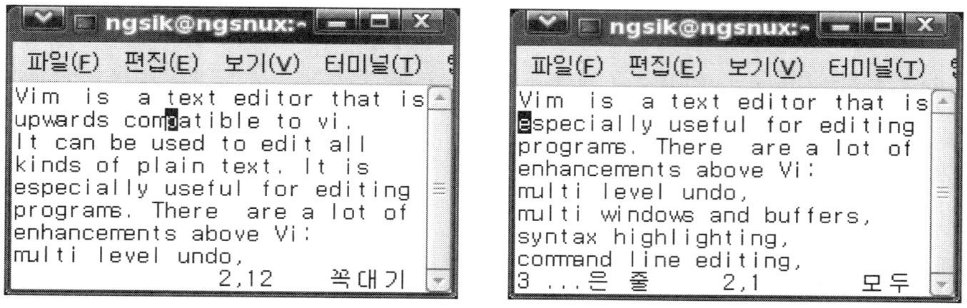

〈그림 3-15〉 3dd로 3라인 삭제

〈그림 3-15〉는 3dd로 3 라인을 삭제한 화면이다. 현재 커서가 있는 라인부터 3라인이 삭제되고, 삭제 이후에 커서는 같은 라인의 첫 번째 글자(2, 1)로 이동했다.

3.6 변경

변경 명령은 현재 있는 글자 혹은 단어를 다른 것으로 바꾸는 기능이다. 보통 이 기능들은 잘 사용하지 않고, 대신에 글자나 단어를 삭제한 다음 다시 입력하는 방법을 사용한다. 그러나 프로그램 작성에 이 기능들을 사용하면, 잘못 입력한 변수나 함수 이름을 손쉽게 수정할 수 있다.

〈표 3-4〉 변경 명령

명령 문자	기 능
r	한 문자 변경
R	여러 문자 변경 (ESC 키를 누를 때까지)
cw	단어 변경 (ESC 키를 누를 때까지)
cc, S	커서가 있는 라인을 삭제하고 입력 모드로 전환

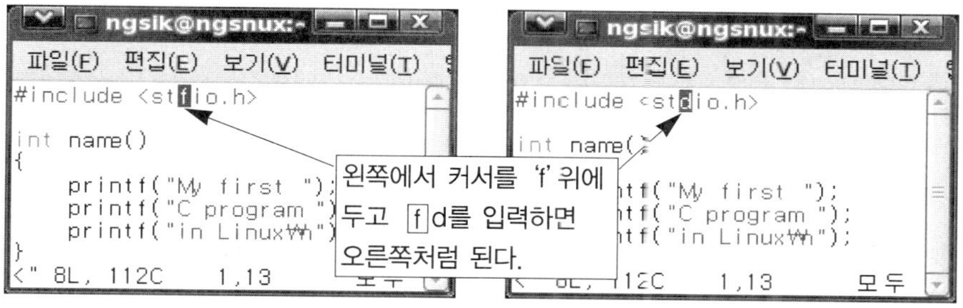

〈그림 3-16〉 ⓡ로 한 문자 변경

〈그림 3-16〉은 한 문자를 변경하는 예인데, 변경하고자 하는 글자 위에 커서를 두고 ⓡ 키를 입력하면 그 글자가 변경될 준비가 되고, 그 다음에 입력하는 글자로 변경된다. 변경된 후에는 자동으로 명령모드로 돌아간다.

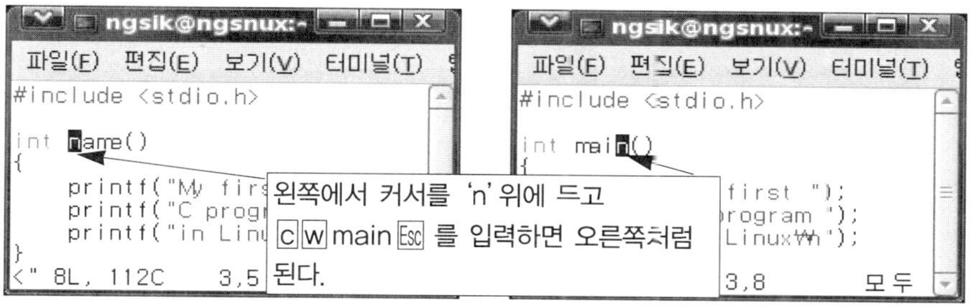

〈그림 3-17〉 cw로 한 단어 변경

〈그림 3-17〉은 cw 명령으로 한 단어를 변경하는 예이다. 변경하고자 하는 단어 위에 커서를 두고 ⓒⓦ키를 누르면 커서가 있는 위치에서 그 단어의 끝까지 문자들이 지워지고 자동으로 입력모드로 전환된다. 그 다음에 입력하는 글자는 모두 화면에 나타난다. 글자를 입력하는 동안은 계속 입력모드가 유지되므로 입력모드를 종료하려면 Esc키를 입력해야 한다.

3.7 복구 명령

삭제 또는 변경 명령에 의해 삭제되거나 변경된 내용을 복구하려면 u를 사용한다. u는 이전에 실행한 명령을 역순으로 복구해 나간다. 즉, 가장 최근에 삭제되거나 변경된 것이 가장 먼저 복구된다.

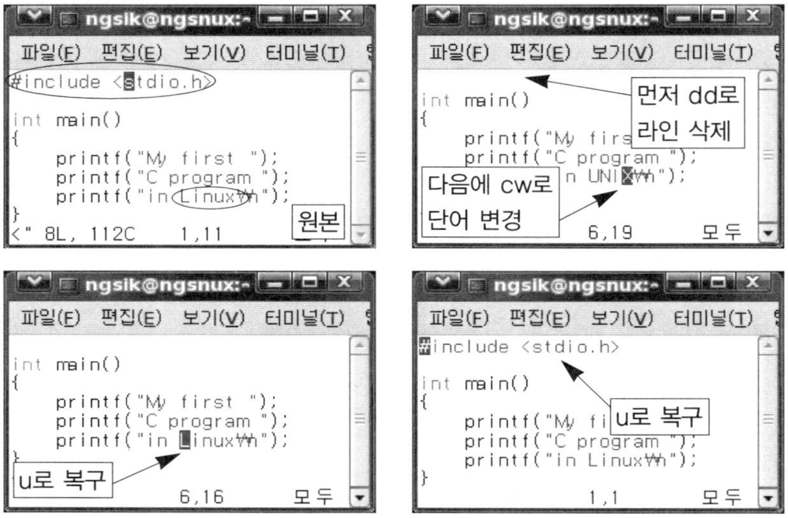

〈그림 3-18〉 cw로 한 단어 변경

〈그림 3-18〉에서 먼저 dd로 라인을 삭제한 다음에 cw로 단어를 변경했다. 따라서 u로 복구할 때는 최근에 사용한 cw 명령이 취소되어 단어가 복구된 다음에, dd가 취소되어 라인이 복구된다.

3.8 복사와 붙여넣기

vi는 내부적으로 17개의 버퍼라는 것을 가지고 있다. 그 중에서 1 ~ 9까지 9개는 큐 방식으로 사용되는데, 최근에 삭제했거나 복사한 9개의 내용이 차례로 저장되어 있다.

〈표 3-5〉 복사와 붙여넣기 명령

명령 문자	기 능
yw	단어를 복사
yy	라인을 복사
p	복사된 내용을 현재 커서 위치에 붙여넣기

vi에서 복사 명령은 y인데, 이를 이용해서 단어와 라인을 복사할 수 있다. 여기서도 앞에 숫자를 붙이면 개수를 의미한다. 즉, 3yy는 3 라인을 복사해서 버퍼에 저장하라는 뜻이다.

붙여넣기 명령 p는 최근에 삭제했거나 복사한 것 즉, 1번 버퍼에 있는 내용을 커서가 있는 위치에 붙이는 것이다.

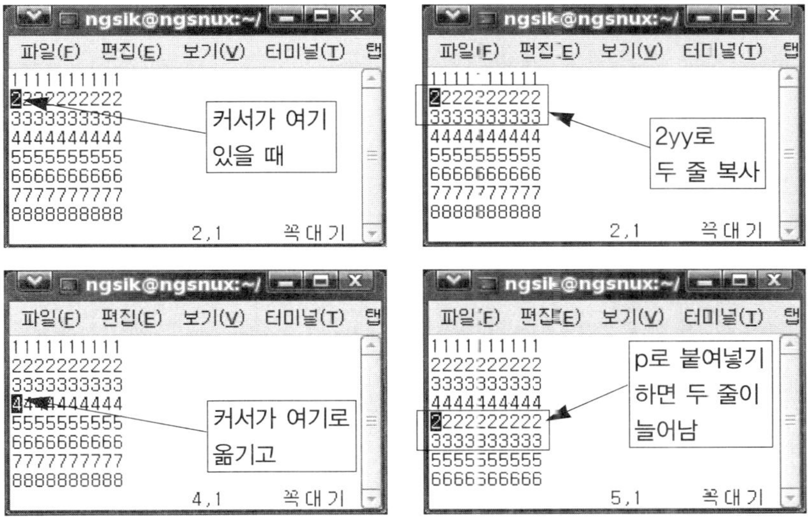

〈그림 3-19〉 yy와 p를 이용한 복사-붙여넣기

가끔은 이 기능을 이용해서 라인 전체를 다른 위치로 이동시키기도 한다. 라인을 이동시키려면 dd를 이용해 라인을 지우고, 원하는 위치에 가서 p로 붙여 넣으면 된다.

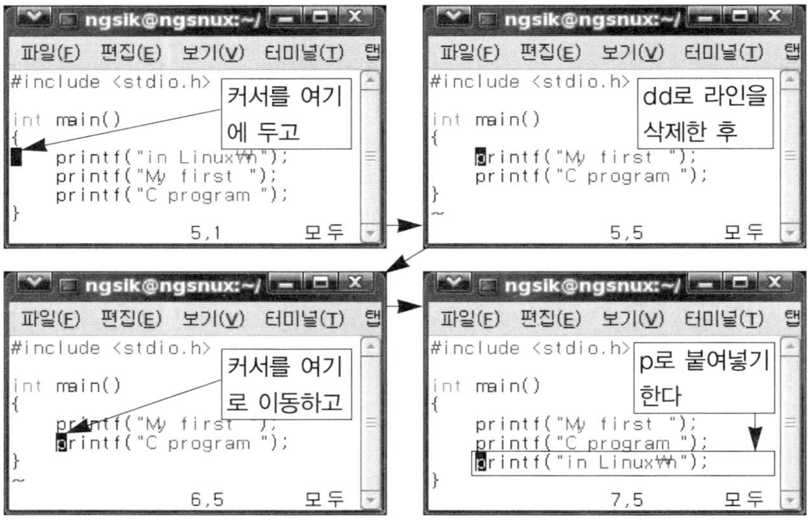

〈그림 3-20〉 dd와 p를 이용한 라인 이동

3.9 블록 지정

여러 라인이나 여러 컬럼에 대해 어떤 작업을 하려고 하면 원하는 영역에 대해 블록을 지정한 다음 작업을 한다. 블록에 대해 수행하는 작업은 주로 삭제와 복사이다. 블록에는 라인 블록과 컬럼 블록이 있다.

〈표 3-6〉 블록 명령

명령 문자	기 능
v	블록 지정
CTRL-v	사각형 블록 지정 (컬럼)
d	블록 삭제
y	블록 복사
ESC	블록 해제

라인 블록은 현재 커서 위치에서 여러 라인에 걸쳐 블록을 지정하는 것이다. 블록의 범위는 커서 위치에서 라인의 끝까지, 그 다음 라인들 전체, 마지막 라인의 특정 위치까지가 포함될 수 있다.

컬럼 블록은 여러 라인의 특정 컬럼 만을 블록으로 지정하는 것으로 사각형 모양을 가진다.

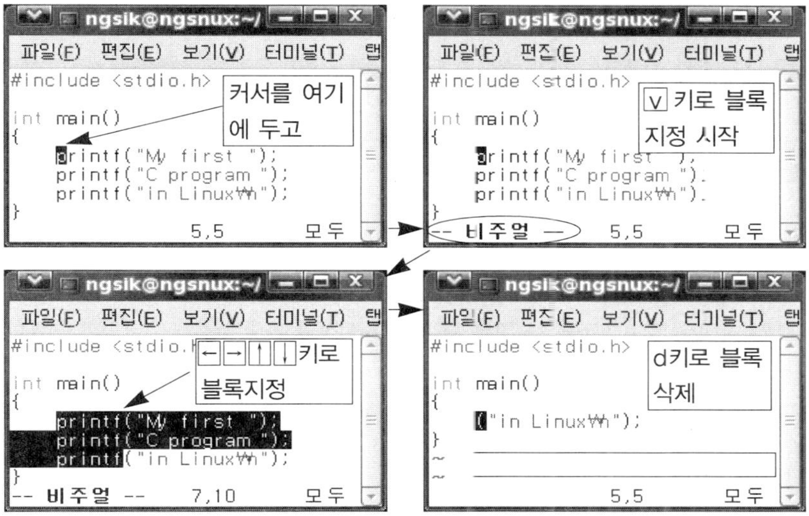

〈그림 3-21〉 블록 지정과 블록 삭제

ⓥ명령으로 블록 지정을 시작한 다음, 화살표 키나 h, j, k, l 키를 이용해서 블록 영역을 선택하면, 선택된 블록은 역상으로 표시된다. 지정된 블록에 대해서는 y 키로 복사를 할 수도 있고, d 키로 삭제를 할 수도 있다. 복사되거나 삭제된 내용은 버퍼에 저장되어 있기 때문에 p를 이용해 원하는 위치에서 붙여넣기를 할 수도 있다.

Ctrl ⓥ명령을 이용하면 사각 블록을 지정할 수 있다. 사각 영역에 대해서도 y키로 복사를 할 수 있고, d 키로는 삭제를 할 수 있다. 복사나 삭제된 사각 영역의 내용은 레지스터에 저장되어 있으므로 p 키로 붙여넣기 할 수 있다. 블록 선택을 해제하려면 Esc 키를 사용하면 된다.

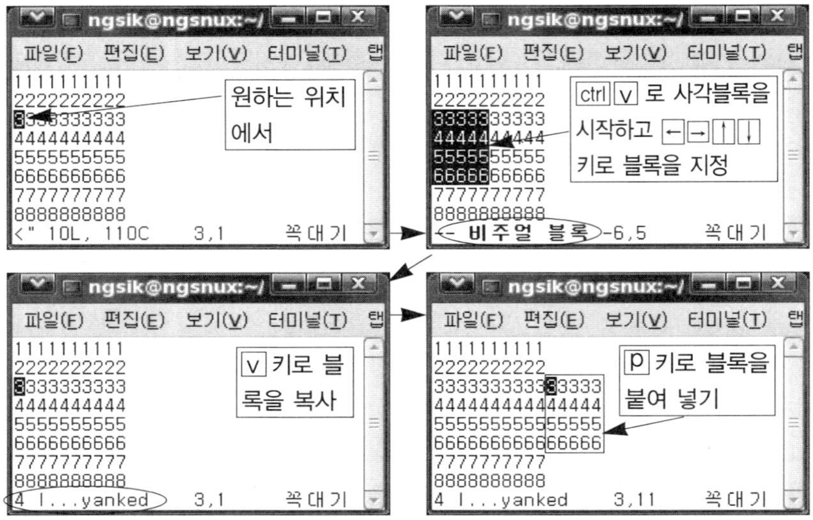

〈그림 3-22〉 사각 블록 지정과 블록 복사

〈그림 3-25〉에서는 사각 영역을 지정해서 y 키로 영역을 복사한 다음에 커서를 원하는 위치로 이동시키고 p 키를 이용해서 복사한다.

3.10 찾기와 바꾸기

찾기는 문서 중에서 특정 패턴의 문자열을 찾는 것이다. vi에서는 문서 전체에서 문자열을 찾는데, 찾은 문자열의 글자 배경색이 변하며, 커서가 찾은 문자열 위로 이동한다.

바꾸기는 특정 문자열을 찾아 다른 문자열로 자동으로 변경하는 것이다. 바꾸기는 발견되는 첫 번째 문자열만 바꾸거나, 지정된 라인 범위 내의 모든 문자열을 바꾸거나, 문서 전체에 있는 문자열을 바꿀 수도 있다.

문자열 찾기는 / 키를 사용하는데, /는 현재 커서 위치에서 아래 방향으로 문자열을 찾는다. 문서의 끝까지 찾았으면 다시 문서의 처음으로 가서 현재 커서 직전까지 찾는다. 반면 ?는 현재 커서 위치에서 시작해서 문서의 앞쪽 방향으로 찾고, 문서의 처음에 이르면 다시 끝으로 가서 현재 커서 위치까지 찾는다. 결국 문서 전체를 찾기 때문에 결과는 같지만 찾는 방향이 다르고, 최종적으로 커서가 위치하는 곳이 다르다.

〈표 3-7〉 찾기와 바꾸기 명령

명령 문자	기 능
/문자열	문서 전체에서 "문자열"을 찾음 (현재 커서 위치에서 아래로)
?문자열	문서 전체에서 "문자열"을 찾음 (현재 커서 위치에서 위로)
n	찾은 문자열 중 다음 문자열로 커서를 이동
N	찾은 문자열 중 이전 문자열로 커서를 이동
:s/s1/s2/	문자열 s1을 문자열 s2로 바꿈

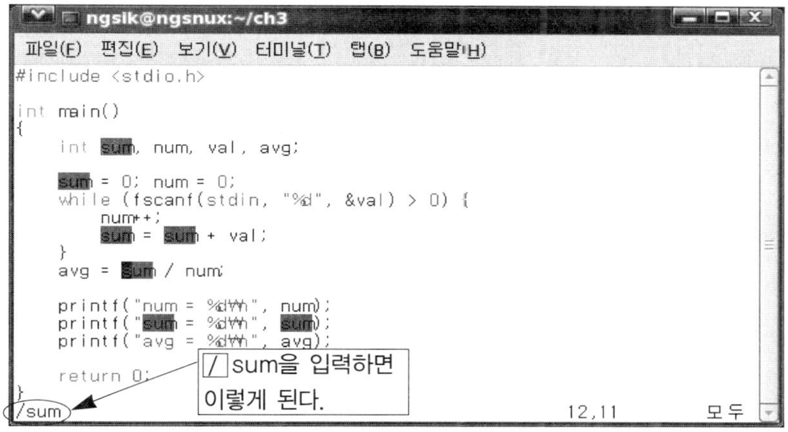

〈그림 3-23〉 /를 이용한 문자열 찾기

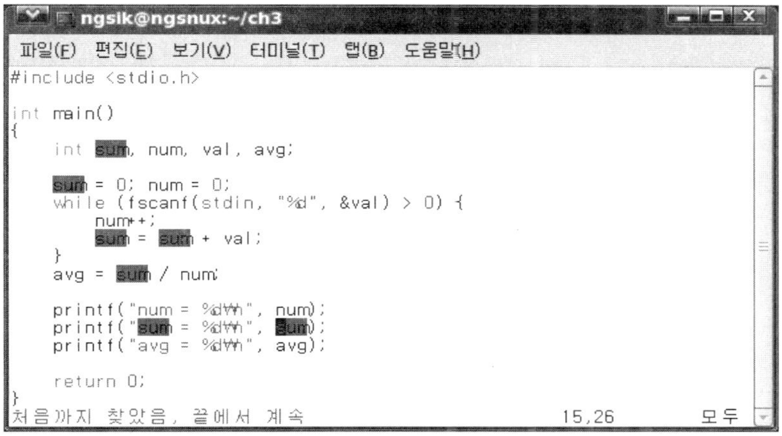

〈그림 3-24〉 ?를 이용한 문자열 찾기

문자열을 찾으면 커서는 처음으로 찾은 문자열 위에 오게 된다. 이때 n 키나 N 키를 이용하면 커서를 다음 문자열로 이동시킨다. 여기서 "다음"이라는 말은 문자열을 찾을 때 어떤 방식으로 찾았느냐에 따라 다르다. 즉, /로 찾은 경우에 n 키는 문서의 아래 방향을 의미하고, N 키는 문서의 윗 방향을 의미한다. 반면 ?로 찾았으면 n 키는 문서의 윗 방향을 의미하고, N 키는 문서의 아래 방향을 의미한다.

문자열 바꾸기 명령의 기본 형식은 다음과 같다.

```
:s/s1/s2
```

그러나 이 명령은 커서가 있는 줄의 첫 번째 s1 문자열만 s2로 바꾼다. 만약 커서가 있는 줄에 있는 s1 모두를 s2로 바꾸려면 다음과 같이 한다. 여기서 g는 해당하는 모든 문자열을 바꾸도록 한다.

```
:s/s1/s2/g
```

여러 라인에 걸쳐서 바꾸기를 하려면 해당하는 줄 번호를 주어야 한다. 〈그림 3-24〉의 라인 1에서 라인 10 사이의 모든 "sum"을 "total"로 바꾸어 〈그림 3-25〉와 같이 되게 하려면 다음과 같은 명령을 준다.

```
:1,10s/sum/total/g
```

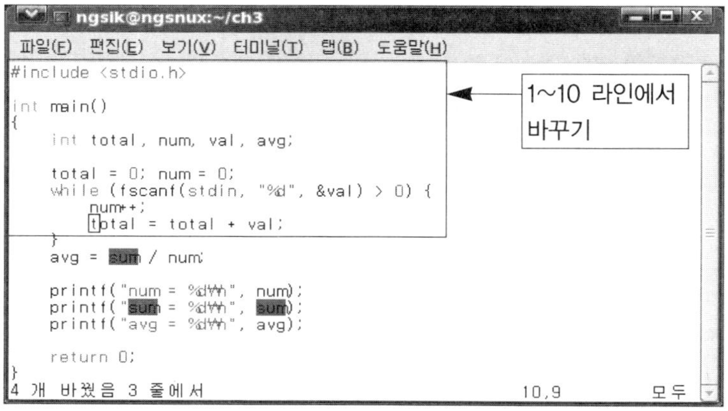

〈그림 3-25〉 1~10라인에서 바꾸기(:1.10s/sum/total/g)

범위를 나타낼 때 %는 문서 전체를 의미한다. 따라서 문서 전체에 있는 sum을 total로 바꾸려면 다음과 같이 한다.

```
:%s/sum/total/g
```

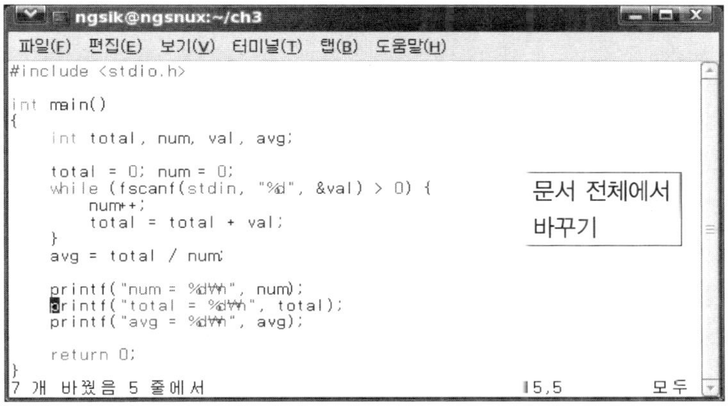

〈그림 3-26〉 문서 전체에서 바꾸기(:%s/sum/total/g)

3.11 파일 저장과 종료

vi에서 파일을 편집할 때 키보드로 입력하는 내용들은 그 파일에 즉시 저장되지 않고 먼저 임시 파일에 저장된다. 임시 파일은 .swp 확장자를 가진다. 예를 들어, prog3.c의 임시 파일 이름은 .prog3.c.swp이다. 저장 명령을 내리거나 vi를 종료할 때 임시 파일 내용이 대상 파일에 저장된다.

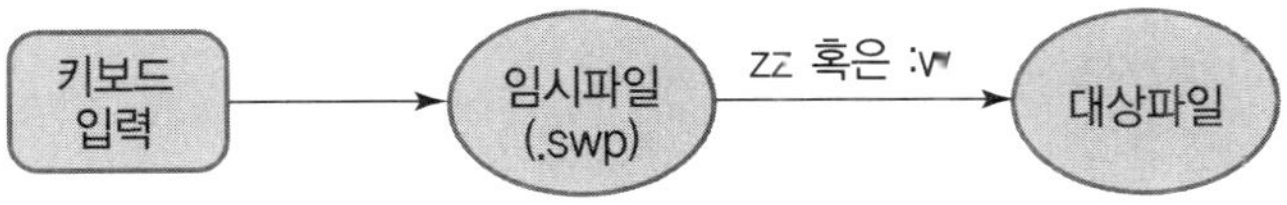

〈그림 3-27〉 임시 파일과 대상 파일

내용의 저장은 ex 모드에서 w 명령으로 한다. 따라서 Shift : W를 입력해야 한다. w 명령은 다음과 같이 여러 가지 응용이 가능하다.

:w	내용을 현재 파일에 저장함
:w file3	내용을 file3에 저장함
:w >> file4	내용을 file4 뒤에 덧붙임 (append)
:w!	쓰기 권한이 없어도 강제로 저장함

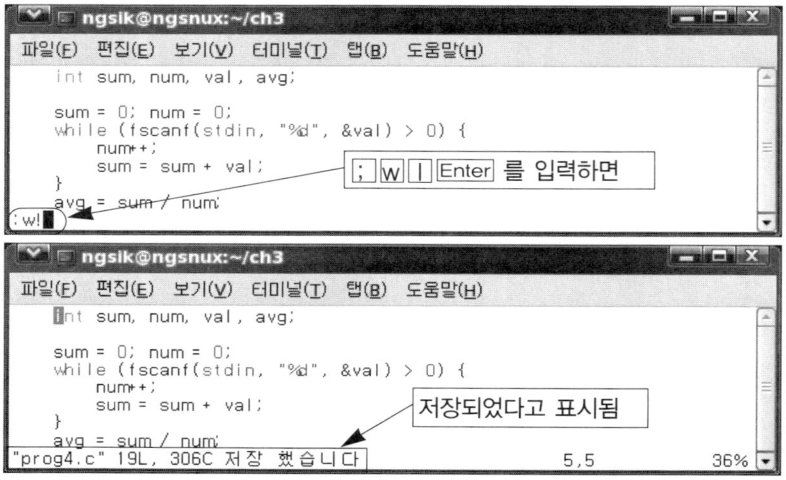

〈그림 3-28〉 :w!에 의한 강제 저장

여기서 ":w!" 는 현재 파일에 대해 사용자가 쓰기 권한이 없어도 강제로 저장하게 한다. 그러나 그 파일이 자신이 소유한 파일이어야 한다.

vi에서 종료 명령은 명령 모드의 ZZ나 ex 모드의 :q 이다.

ZZ	내용을 현재 파일에 저장하고 종료
:q	저장하지 않고 종료
:wq	내용을 현재 파일에 저장하고 종료
:q!	저장하지 않고 강제 종료

파일의 내용이 수정되면 :q에 의해서는 종료되지 않는다. 이때는 :q!를 사용해서 수정된 내용을 포기하고 강제 종료할 수 있다.

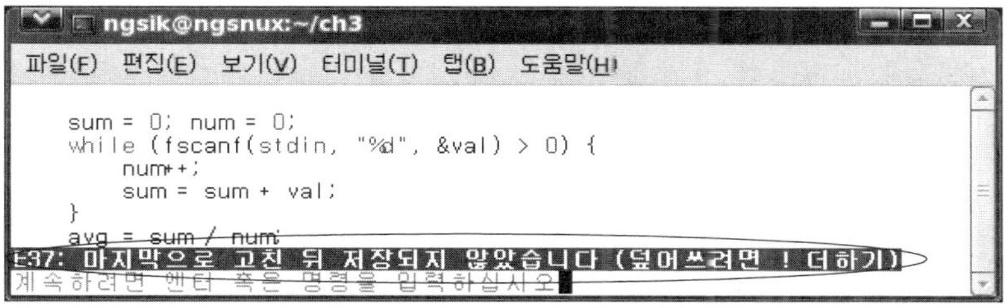

〈그림 3-29〉 :수정된 파일에 대한 :q

3.12 파일 복구

vi 사용 중에 예상치 못한 사건이 발행하여 비정상적인 종료를 하게 되면 최근에 저장된 이후에 변경된 내용은 파일에 저장되지 않는다. 이러한 현상은 정전으로 인한 시스템의 종료, 창 닫기에 의한 vi의 비정상적인 종료, 혹은 kill 명령에 의한 종료 때에 발생한다.

비정상적인 종료를 한 경우에라도 편집 내용이 대상 파일에는 저장되어 있지 않지만 임시 파일인 .swp 파일에는 남아 있다. 그래서 이러한 파일을 열려고 하면 〈그림 3-30〉과 같이 주의 메시지가 나온다. 이때 R을 선택하면 비정상적인 종료 이전 상태로 돌아가서 내용이 복구된다.

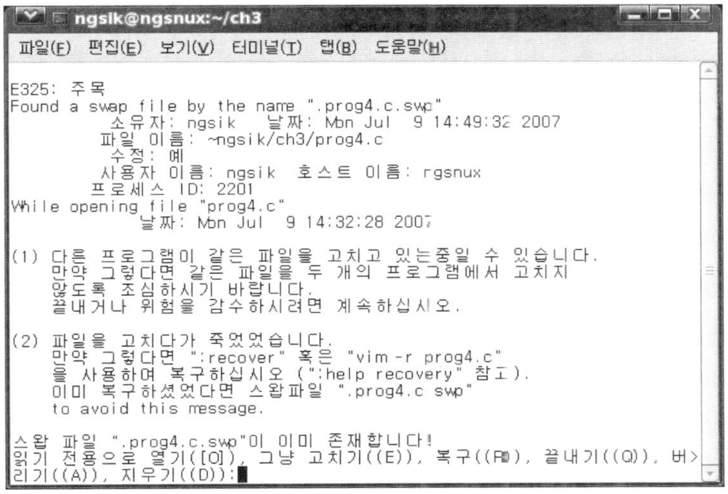

〈그림 3-30〉 비정상적 종료 파일의 열기

그러나 내용이 복구되더라도 .swp 파일이 남아 있으면 파일을 열 때마다 주의 메시지가 나오고, 실수로 R을 선택하면 첫 번째 복구 후에 편집한 내용들을 모두 잃어 버릴 수가 있다. 이러한 문제가 생기지 않게 하려면 복구 후에는 반드시 임시 파일을 제거해야 한다.

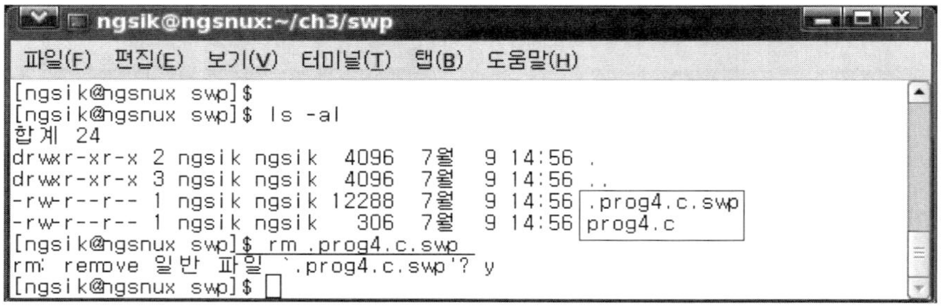

〈그림 3-31〉 임시 파일의 제거

3.13 파일 읽어오기

파일 읽어오기는 다른 파일의 내용을 읽어 와서 현재 파일과 합치는 것이다. 이때는 ex 모드 명령 r을 이용한다.

```
:r fiename
```

이렇게 하면 이름이 filename인 파일의 내용이 현재 커서가 있는 위치로 읽혀 와서 삽입된다.

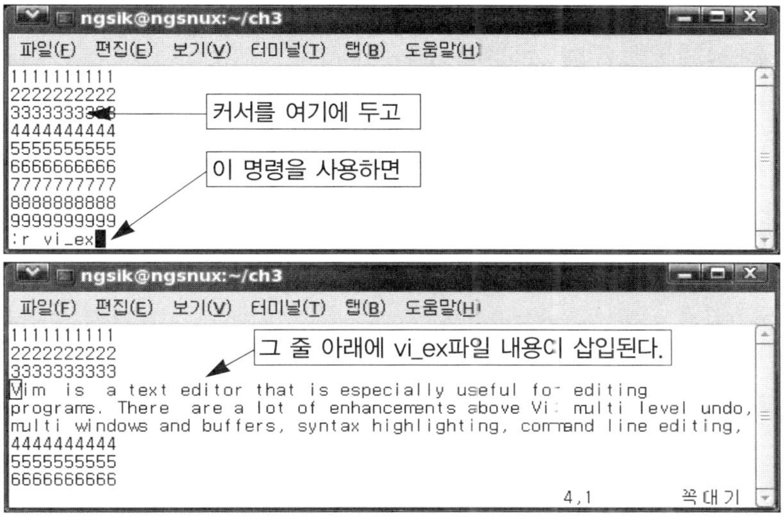

〈그림 3-32〉 파일 읽어오기

3.14 기타 유용한 기능들

지금까지 설명한 내용 외에도 vi는 파일 편집을 위한 수많은 기능들을 제공한다. 여기서는 유용하게 사용할 수 있는 몇 가지 기능들을 추가로 설명한다.

3.14.1 줄 번호 넣기

편집중인 문서에 줄 번호를 부여할 수 있다. 그러나 이 번호는 화면상에만 나타나고 실제로 파일에 저장되는 것은 아니다.

```
:se nu
```

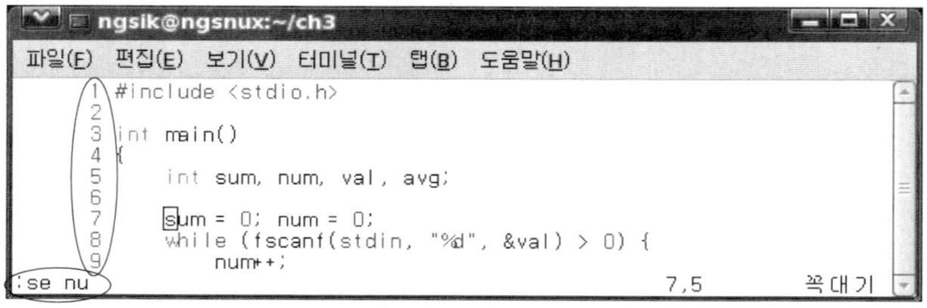

〈그림 3-33〉 줄 번호 넣기

"se nu"의 반대 명령은 "se nonu"인데, 화면에 보이는 줄 번호를 보이지 않게 한다.

3.14.2 줄 합치기

Enter키로 분리된 연속된 줄을 합쳐서 하나의 줄로 만들 때에는 'J' 명령을 사용한다. 대문자이므로 원하는 위치에 커서를 두고 Shift J를 입력해야 한다.

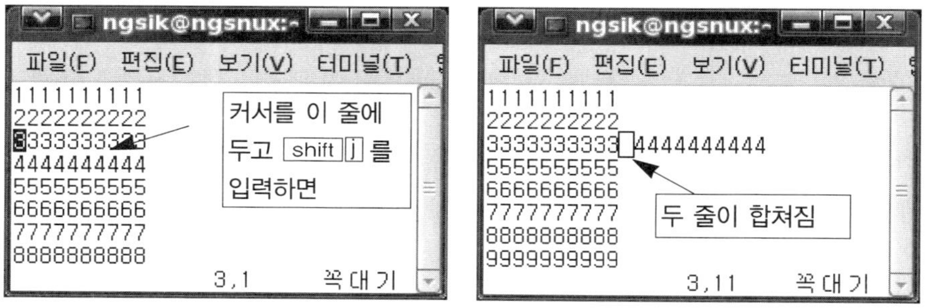

〈그림 3-34〉 줄 합치기

3.14.3 명령 반복

직전에 수행한 명령을 반복할 때에는 '.' 명령을 사용한다. 이 기능은 글자나 라인을 지우거나 변경하는 명령, 혹은 줄 합치기 명령을 반복할 때 사용한다.

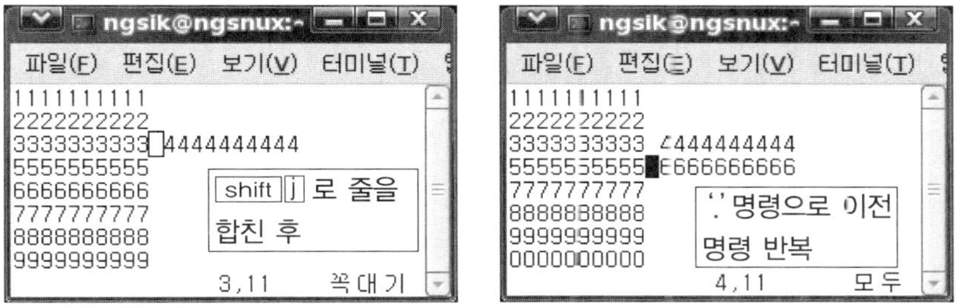

〈그림 3-35〉 명령 반복

3.14.4 쉘 명령 실행

문서를 편집하는 중에 쉘 명령을 실행시키려면 ex 모드 명령인 ":!"를 사용한다. 쉘 명령의 결과는 편집되고 있는 화면에 나타나며 어떤 키를 누르면 화면이 편집 문서로 되돌아온다.

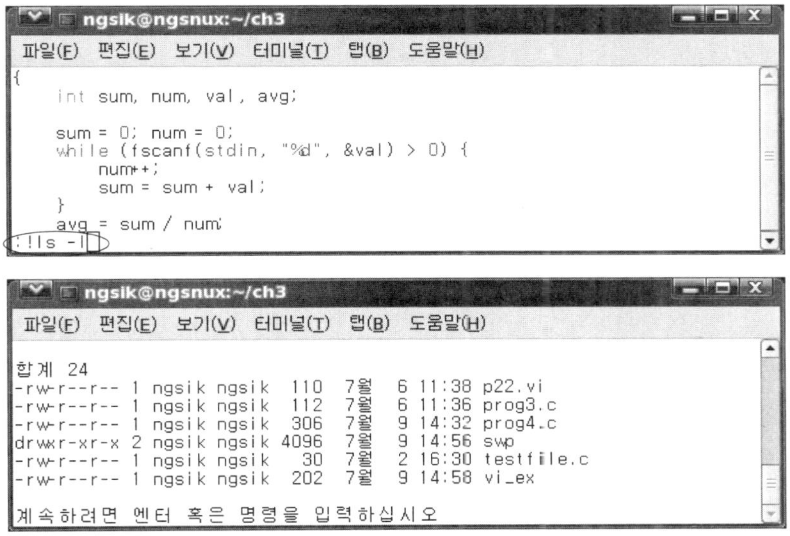

〈그림 3-36〉 쉘 명령 실행

연 습 문 제

A. 다음 빈 칸을 적절한 용어로 채우시오.

1. vi 편집기에서 'x' 가 한 글자를 지우는 의미로 사용되는 모드는 ( ) 모드이다.
2. 한 라인을 지우려면 ( )를 사용하고, 지운 라인을 어떤 위치에 붙여넣으려면 ( ) 키를 사용한다.
3. 입력 모드에서 명령 모드로 전환하려면 ( ) 를 사용한다.
4. ex 모드로 전환할 때에는 ( ), ( ) 또는 ( ) 키를 사용한다.
5. 라인을 복사할 때에는 ( ) 키를 사용한다.
6. vi를 종료하는 방법은 두 가지가 있는데 ( ) 혹은 ( )이다.
7. 두 줄을 한 줄로 합치려면 ( )를 사용한다.
8. 직전 명령을 반복할 때에는 ( )를 사용한다.
9. vi 내에서 쉘 명령을 사용하려면 ( ) 를 사용한다.
10. 다른 파일의 내용을 읽어 오려면 ( )를 사용한다.

B. 다음 물음에 답하시오.

1. vi에는 3가지 동작 모드가 있다. 각 모드의 기능과 모드 사이를 이동하는 명령을 설명하시오.
2. C 언어로 작성한 프로그램 파일에서 변수 "tmp" 를 모두 "temp" 로 바꾸려고 한다. 이 때에 필요한 vi 명령을 쓰시오.
3. C 소스 파일에 5 라인으로 된 함수가 파일의 1 라인부터 있다. 이 함수를 파일의 끝 부분으로 옮기려고 한다. 어떻게 하는 것이 좋겠는가?
4. C 소스 파일의 앞부분에 다음과 같이 되어 있다.

```
#include "myheader.h"

main(int argc, char *argv[])
{
```

여기에서 1번 라인을 지우고, 대신에 파일 myheader.h 의 내용을 직접 이 위치에 가져다 놓으려 한다. 어떻게 하면 되는가?

5. vi를 종료하기 위해 ZZ를 입력하려 하다가 실수르 CTRL-Z를 입력했다. 어떤 일이 일어나며, 이 문제는 어떻게 해결할 수 있는가?
6. vi로 어떤 파일을 열 때에 복구 모드로 들어갔다. 왜 이렇게 되었으며, 어떻게 해야 하는가?

C. vi 사용법 연습

1. 다음 프로그램을 ex_vi.c 파일에 저장한다.

```
/* ex_vi.c */

#include <stdio.h>
#include <fcntl.h>

int main(int argc, char *argv[])
{
  int cnt_char = 0, cnt_word = 0, cnt_line = 0;
  int in_word = 0;
  int i, fd;
  char buf[4];

  if (argc != 2) {
          fprintf(stderr, "Usage : %s file\n", argv[0]);
          exit(1);
  }

  if ((fd = open(argv[1], O_RDONLY)) < 0) {
          printf("can't open file : %s\n", argv[1]);
          exit(2);
  }

  while (read(fd, buf, 1) > 0) {
          cnt_char++;
          if (buf[0] == '\n') cnt_line++;
          if (in_word) {
                  if (isspace(buf[0])) {
                          in_word = !in_word;
                  }
```

```
            } else {
                    if (!isspace(buf[0])) {
                            in_word = !in_word;
                            cnt_word++;
                    }
            }
    }
    close(fd);

    printf("file name : %s\n", argv[1]);
    printf("character : %d\n", cnt_char);
    printf("word : %d\n", cnt_word);
    printf("line : %d\n", cnt_line);
}
```

2. 다음과 같이 컴파일한다.

   $ gcc ex_vi.c

3. 만약 오류 메시지가 출력되면 잘못 입력한 것이므로, 잘못된 부분을 찾아 오류를 수정하여 다시 컴파일 한다.
4. 오류 없이 컴파일되면 다음과 같이 실행시켜 본다.

   $ ./a.out vi_ex.c

CHAPTER

04 파일과 디렉토리

본 장에서는 리눅스에서 정보를 저장하는 기능을 담당하는 파일과 디렉토리에 관련된 명령어들의 기능과 사용법을 설명한다. 파일과 디렉토리 개념은 최근의 운영체제에서 모두 비슷하기 때문에 다른 어떤 운영체제에 익숙하다면 리눅스 운영체제의 파일과 디렉토리 개념도 쉽게 이해할 수 있을 것이다.

리눅스 시스템은 계층적 디렉토리 구조를 가지며, 시스템 내의 모든 장치들도 파일과 동일한 방법으로 접근한다. 또한 VFS(Virtual File System) 개념을 사용하여 리눅스 고유의 EXT 파일 시스템뿐만 아니라, 다른 운영체제의 파일 시스템들도 EXT 파일 시스템과 동일한 방법으로 접근할 수 있다.

4.1 파일 시스템

파일 시스템(file system)이란 파일에 이름을 붙이고 파일을 저장 장치에 적절히 배치하는 기능을 담당하는 운영체제의 한 부분을 말한다. 파일(file)은 자료나 프로그램과 같은 정보를 저장하기 위한 공간 혹은 그 공간에 저장된 정보를 의미한다. 실행되고 있는 프로그램은 수시로 파일에 접근하여 파일에 정보를 저장하거나 저장된 정보를 꺼내오기 때문에 파일 접근 속도는 컴퓨터의 성능에 큰 영향을 미친다. 따라서 파일 시스템은 프로그램의 파일 접근 시간을 최소화할 수 있도록 효율적으로 만들어져야 한다.

운영체제가 다르다는 것은 거기에 포함된 파일 시스템도 다르다는 뜻이다. 파일 시스템이 다르면 파일을 저장장치에 저장하는 방법이 다르기 때문에 서로 다른 파일 시스템 사이에는 호환성이 없다. 예를 들면 리눅스는 현재 EXT3 파일 시스템을 사용하고 있고, 마이크로소프트의 윈도우즈는 NTFS 파일 시스템을 사용한다. 그래서 리눅스에서 이동식 디스크에 저장한 파일을 윈도우즈에서는 읽을 수 없다.

그러나 리눅스는 리눅스 고유의 EXT 파일 시스템뿐만 아니라 현재까지 알려진 대부분의 운영체제의 파일 시스템들을 모두 지원한다. 따라서 윈도우즈에서 이동식 디스크에 저장한 파일도 리눅스에서는 읽을 수 있다. 사실 우리가 알고 있는 거의 모든 운영체제에서 저장한 파일도 리눅스에서는 읽을 수 있다.

리눅스는 디스크 공간만 허용한다면 거의 무한개의 파일을 저장할 수 있는데, 사용자가 파일들을 체계적으로 관리할 수 있도록 계층적 디렉토리 구조(hierachical directory structure)를 제공한다. 파일 시스템의 이름 구조는 계층적으로 구성되는데 각 이름 사이는 '/' 로 구분된다. 계층 구조에서 중간 노드에 해당하는 것을 디렉토리(directory)라 하고, 마지막 노드에 해당하는 것을 파일이라 한다. 그래서 디렉토리 아래에는 다른 디렉토리나 파일이 올 수 있지만 파일 아래에는 아무것도 올 수 없고, 파일은 단지 정보를 저장할 뿐이다. 또한 디렉토리 아래에 아무것도 없다고 해도 이것이 파일은 아니며, 디렉토리 아래에는 필요하다면 파일이나 디렉토리를 둘 수 있다.

4.2 파일

리눅스 파일 시스템의 특징 중의 하나는 시스템의 모든 정적인 요소를 파일로 취급한다는 것이다. 예를 들면 COM 포트나 USB 포트, 이더넷 장치까지도 파일로 취급한다.

4.2.1 파일의 종류

리눅스에서는 자료를 저장하는 저장 공간뿐만 아니라 모든 입출력 장치, 통신 장치까지도 파일로 취급하기 때문에 여러 가지 타입의 파일이 있다. 통상적인 의미에서 파일은 데이터나 프로그램을 저장하는 기능을 하는데, 리눅스에서 이와 같은 기능을 하는 것은 정규파일(regular file)뿐이고 다른 것들은 모두 자료 저장 목적이 아닌 특수 목적의 파일들이다.

〈표 4-1〉은 리눅스가 제공하는 파일 타입들이다. 정규 파일(일반 파일)은 데이터나 프로그램을 저장하는 파일을 말한다. 따라서 다른 운영체제에서 파일이라고 하는 것은 리눅스의 정규 파일에 해당한다. 디렉토리는 계층적인 이름 구조를 유지하는 수단이 된다. 이 둘을 제외한 다른 타입의 파일들은 데이터나 프로그램을 저장하기 위한 것이 아니라 단지 물리적인 장치나 논리적인 장치에 이름을 부여할 목적으로 만든 것이다.

〈표 4-1〉 리눅스의 파일 타입

파일 타입	표시문자	의 미
정규파일	-	데이터나 프로그램을 저장하는 파일
디렉토리파일	d	그 아래에 다른 디렉토리나 파일을 가질 수 있음
문자장치파일	c	문자 단위로 입출력을 하는 장치
블록장치파일	b	일정 크기의 블록 단위로 입출력을 하는 장치
파이프	p	프로세스 사이에 통신을 하기 위한 파일
소켓파일	s	유닉스 도메인 소켓의 주소 생성을 위한 파일
심볼릭링크	l	다른 파일이나 디렉토리에 대한 이름을 가짐

4.2.2 파일의 속성 정보

파일의 속성 정보란 파일의 성질을 나타내는 정보를 뜻하는 것으로 "ls -l" 명령으로 알아볼 수 있다.

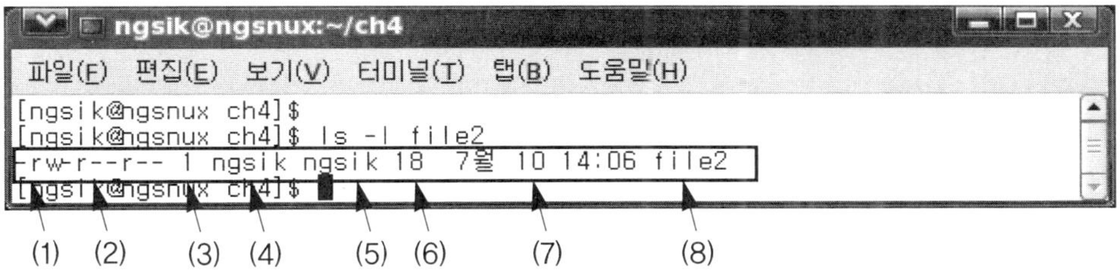

〈그림 4-1〉 파일의 속성

(1) 파일 타입

파일의 종류를 나타내는 것으로 '-' 는 정규 파일을 나타낸다. 이 위치에 올 수 있는 기호는 〈표 4-1〉의 "표시문자" 필드에 있는 것들이다.

(2) 접근 권한

사용자 집단별 접근 권한을 나타내는데, 이 파일의 경우에는 소유자는 읽기(r)/쓰기(w)가 가능하고, 그룹 사용자와 기타 사용자는 읽기(r)만 가능하다. 여기에 관한 자세한 내용은 4.5절에서 설명된다.

(3) 링크 수

이 파일에 붙여진 이름의 수인데, 현재 한 개의 링크가 있다. 여기에 관한 자세한 내용은 4.6절에서 설명된다.

(4) 소유자

파일의 주인으로, 현재는 ngsik이다.

(5) 그룹 사용자

파일이 속한 그룹으로 ngsik 그룹에 속한다.

(6) 파일의 크기

현재 18 바이트가 저장되어 있다.

(7) 갱신 일시

2007년 7월 10일 14시 06분에 최종적으로 갱신되었다. 올해가 아니면 년도가 직접 표시된다.

(8) 이름

파일 이름이 file2이다.

4.2.3 파일 관련 명령

파일에 관련된 수없이 많은 명령어들이 있지만 여기서는 가장 기본적인 몇 가지 명령어만 소개하고 나머지는 관련된 장들에서 설명한다.

4.2.3.1 파일이나 디렉토리 이름 나열 : ls

ls는 리눅스 명령어 중에서 가장 많이 사용하는 명령어일 것이다. ls는 단순히 파일이나 디렉토리 이름을 나열하는 기능에서부터 다양한 옵션을 이용하면 파일이나 디렉토리의 많은 속성 정보들을 보여주기도 한다.

형식	ls [option] [files]
기능	파일이나 디렉토리 이름 나열
옵션	-C : 이름을 여러 개의 컬럼으로 출력 -F : 파일의 종류에 따라 파일명 뒤에 기호표시를 함 -L : 심볼릭 링크의 연결된 파일 정보 출력 -R : 하위 디렉토리까지 재귀적으로 모두 출력 -a : 숨겨진 파일이나 디렉토리 이름까지 출력 -i : inode 번호까지 출력 -l : 상세한 속성 정보까지 출력

위에서 제시한 ls의 다양한 옵션들은 자주 사용되므로 잘 알아두는 것이 좋다. 먼저 F 옵션은 파일의 종류를 구분하기 좋게 파일 이름 뒤에 기호를 표시해 주는 기능인데, 파일 종류에 따라 표시 기호는 다음과 같다.

표시기호	파일 종류
/	디렉트리
*	실행파일
=	소켓파일
@	심볼릭 링크
|	파이프

▸▸▸ 예 4-1 파일 종류에 따른 표시를 해주는 -F 옵션은 일반적으로 -C 옵션과 함께 사용한다.

```
[ngsik@ngsnux ch4]$ ls -l
합계 28
drwxr-xr-x 2 ngsik ngsik 4096   7월 10 11:37 dir1
drwxr-xr-x 2 ngsik ngsik 4096   7월 10 11:41 dir2
-rw-r--r-- 1 ngsik ngsik   18   7월 10 14:06 file2
-rw-r--r-- 1 ngsik ngsik   41   7월 12 10:12 file5
lrwxrwxrwx 1 ngsik ngsik    5   7월 12 15:46 file7 -> file2
-rwxr-xr-x 1 ngsik ngsik 4971   8월 13 13:46 prog4
-rw-r--r-- 1 ngsik ngsik  306   7월 12 11:58 prog4.c
[ngsik@ngsnux ch4]$
[ngsik@ngsnux ch4]$ ls -CF
dir1/  dir2/  file2  file5  file7@  prog4*  prog4.c
[ngsik@ngsnux ch4]$
```

[예 4-1]에서 보면 "ls -l"은 파일이나 디렉토리에 대한 자세한 속성 정보를 보여준다. 그리고 "ls -CF"는 파일 타입을 나타내기 위해 이름 뒤에 기호를 붙여서 표시하고 있다. 두 명령의 실행 결과를 비교해 보면 어떤 타입에 어떤 기호를 붙였는지 알 수 있다.

ls 명령은 기본적으로는 숨겨진 파일이나 디렉토리 즉, '.'으로 시작하는 파일이나 디렉토리 이름들은 보여주지 않는다. 이러한 이름들을 보려면 -a 옵션을 사용해야 한다.

▸▸▸ 예 4-2 숨겨진 파일이나 디렉토리 이름은 -a 옵션을 주면 볼 수 있다.

```
[ngsik@ngsnux ch4]$ ls /home/ngsik
Desktop   ScreenShot  ch10   ch12  ch14  ch3  ch5  ch7  ch9
Pictures  ch1         ch11   ch13  ch2   ch4  ch6  ch8  home
[ngsik@ngsnux ch4]$
[ngsik@ngsnux ch4]$ ls -a /home/ngsik
.               .dmrc             .gtkrc                .viminfo    ch13  ch8
..              .esd_auth         .gtkrc-1.2-gnome2     Desktop     ch14  ch9
.ICEauthority   .gconf            .kde                  Pictures    ch2   home
.bash_history   .gconfd           .lesshst              ScreenShot  ch3
.bash_logout    .gnome            .metacity             ch1         ch4
.bash_profile   .gnome2           .nautilus             ch10        ch5
.bashrc         .gnome2_private   .recently-used.xbel   ch11        ch6
.config         .gstreamer-0.10   .scim                 ch12        ch7
[ngsik@ngsnux ch4]$
```

[예 4-2]에서 ngsik의 홈 디렉토리 내용을 표시할 때에 ls 명령에 -a 옵션을 주지 않았을 때와 옵션을 주었을 때 내용을 비교해 보면, -a 옵션이 있으면 첫 글자가 '.'으로 시작하는 이름까지도 표시됨을 알 수 있다.

어떤 디렉토리의 하위 디렉토리 내용까지 전체를 모두 보려면 -R 옵션을 사용한다.

▸▸▸ 예 4-3 -R 옵션은 하위 디렉토리 내용까지 재귀적으로 보여준다.

```
[ngsik@ngsnux ch4]$ ls -R
.:
dir1  dir2  file2  file5  file7  prog4  prog4.c

./dir1:
file1  file2  file3

./dir2:
file2
[ngsik@ngsnux ch4]$
```

4.2.3.2 파일 복사 : cp

파일 복사는 이미 존재하는 파일과 동일한 내용을 가지는 새로운 파일을 생성하는 것을 말하며 cp 명령어를 사용한다. 이때 새로 생겨나는 파일의 접근 권한은 기존의 파일과 동일하며 cp 명령을 수행시킨 사용자를 파일 주인으로 하며, 그 사용자가 속한 그룹을 파일의 그룹으로 한다.

형식	cp [option] files destination
기능	파일이나 디렉토리 복사
옵션	-i : 대상 파일이 이미 존재할 때에는 처리 방식을 물어봄 -p : 원본 파일의 소유자, 그룹, 권한, 시간 정보를 그대로 복사 -r : 모든 하위 디렉토리의 내용까지 복사

files는 복사할 파일 이름을 말하고 destination은 새로 생겨날 이름을 말한다. destination이 파일 이름이면 이 이름의 파일이 새로 생겨나고, 디렉토리 이름이면 그 디렉토리 아래에 원본 파일과 같은 이름의 파일이 생성된다.

▸▸▸ **예 4-4 cp 명령은 파일을 복사하는데 사용된다.**

```
[ngsik@ngsnux ch4]$ ls
[ngsik@ngsnux ch4]$
[ngsik@ngsnux ch4]$ vi file1
[ngsik@ngsnux ch4]$
[ngsik@ngsnux ch4]$ cp file1 file2
[ngsik@ngsnux ch4]$ cp file1 file3
[ngsik@ngsnux ch4]$ ls
file1  file2  file3
[ngsik@ngsnux ch4]$
```

[예 4-4]에서 처음에는 ch4 디렉토리 아래에 아무 것도 존재하지 않으므로, vi에디터로 file1을 만들었다. 첫 번째 cp 명령에 의해 file2가 생성되었고, 두 번째 cp 명령에 의해 file3가 생성되었는데, 이들 세 파일의 내용은 모두 같다.

▸▸▸ **예 4-5 cp 명령은 다음과 같이 다양하게 사용할 수 있다.**

```
[ngsik@ngsnux ch4]$ mkdir dir1
[ngsik@ngsnux ch4]$ cp file1 dir1
[ngsik@ngsnux ch4]$ cp file2 file3 dir1
[ngsik@ngsnux ch4]$
[ngsik@ngsnux ch4]$ ls dir1
file1  file2  file3
[ngsik@ngsnux ch4]$
```

[예 4-5]에서는 파일을 다른 디렉토리로 복사하는 기능을 알아보기 위해 먼저 mkdir로 디렉토리 dir1을 만들었다. 첫 번째 cp는 file1을 디렉토리 dir1으로 복사했는데, dir1에는 같은 이름의 파일 즉, file1이 생성된다. 두 번째 cp는 인수가 세 개인데, 인수가 세 개 이상인 경우에 마지막 인수는 반드시 디렉토리 이름이어야 한다. 이 명령은 file2와 file3 파일을 디렉토리 dir1 아래에 같은 이름으로 복사한다.

만약 목적지 파일 이름이 이미 존재하면 그 파일의 내용은 지워지고 대신 원본 파일의 내용으로 채워진다. 이때 -i 옵션을 사용하면 목적지 파일을 지우기 전에 물어본다.

▸▸▸ 예 **4-6** -i 옵션은 목적 파일이 존재할 때 복사 여부를 물어보고 복사한다.

```
[ngsik@ngsnux ch4]$ ls
dir1  file1  file2  file3
[ngsik@ngsnux ch4]$ cp -i file1 file2
cp: overwrite 'file2' ? y
[ngsik@ngsnux ch4]$
```

[예 4-6]에서는 file2가 이미 존재하므로 -i 옵션에 의해 덮어쓸 것인가를 물어본다. 이때에 'y'로 응답했으므로 덮어쓰게 된다.

-r 옵션을 사용하면 디렉토리 전체가 복사된다. 만약 원본 디렉토리 아래에 하위 디렉토리들이 있었다면 이들까지도 모두 복사된다.

▸▸▸ 예 **4-7** -r 옵션은 디렉토리 전체를 복사한다.

```
[ngsik@ngsnux ch4]$ cp -r dir1 dir2
[ngsik@ngsnux ch4]$ ls
dir1  dir2  file1  file2  file3
[ngsik@ngsnux ch4]$ ls dir2
file1  file2  file3
[ngsik@ngsnux ch4]$
```

4.2.3.3 파일 제거 : rm

파일을 제거할 때는 rm(remove) 명령을 사용한다.

형식	rm [option] file
기능	파일이나 디렉토리 제거
옵션	-i : 지우는 각 파일에 대해 제거할 것인가 물어봄 -r : 파일뿐만 아니라 디렉토리와 그 아래의 하위 디렉토리까지 제거함

▸▸▸ 예 4-8 rm은 파일을 삭제하는데 사용한다.

```
[ngsik@ngsnux ch4]$ ls
dir1  dir2  file1  file2  file3
[ngsik@ngsnux ch4]$
[ngsik@ngsnux ch4]$ rm file2
[ngsik@ngsnux ch4]$ ls
dir1  dir2  file1  file3
[ngsik@ngsnux ch4]$
```

[예 4-8]에서 rm 명령은 file2 파일을 제거한다. 리눅스에서는 제거된 파일은 복구가 되지 않으므로 제거하기 전에 신중하게 생각해야 한다. 실수로 원하지 않은 파일을 제거하는 것을 방지하기 위해 -i 옵션을 사용하기도 한다. 이 옵션은 파일을 제거하기 전에 실제 제거할 것인지 확인하고 제거한다.

▸▸▸ 예 4-9 -i 옵션은 파일을 실제 제거할 것인지 확인하는 기능으로 y가 입력되면 제거하고 n이 입력되면 제거하지 않는다.

```
[ngsik@ngsnux ch4]$ ls
dir1  dir2  file1  file3
[ngsik@ngsnux ch4]$
[ngsik@ngsnux ch4]$ rm -i file1
rm: remove 일반 파일 file1'? y
[ngsik@ngsnux ch4]$ ls
dir1  dir2  file3
[ngsik@ngsnux ch4]$
```

-r 옵션은 파일뿐만 아니라 디렉토리까지 제거할 수 있고, 디렉토리를 제거할 경우에는 그 하위에 있는 모든 파일과 디렉토리가 제거되므로 주의해서 사용해야 한다.

▸▸▸ **예 4-10** -r 옵션은 파일이나 디렉토리를 모두 삭제한다. 디렉토리의 경우에는 그 하위 내용들까지 모두 삭제된다.

```
[ngsik@ngsnux ch4]$ ls
dir1  dir2  file3
[ngsik@ngsnux ch4]$
[ngsik@ngsnux ch4]$ rm -r dir2
rm: descend into directory dir2'? y
rm: remove 일반 파일 dir2/file2'? y
rm: remove 일반 파일 dir2/file1'? y
rm: remove 일반 파일 dir2/file3'? y
rm: remove 디렉토리 dir2'? y
[ngsik@ngsnux ch4]$
[ngsik@ngsnux ch4]$ ls
dir1  file3
[ngsik@ngsnux ch4]$
```

4.2.3.4 이름 변경 : mv

mv(move)는 파일 이름을 변경하거나 파일의 위치를 다른 디렉토리로 이동시킬 때 사용한다.

형식	mv [option] oldfile newfile
기능	파일이나 디렉토리 이동 (이름 변경)
옵션	-i : 대상 파일이 있는 경우에 어떻게 처리할 것인지 사용자에게 문의 -f : 대상 파일이 있어도 문의하지 않고 덮어씀

oldfile이라는 파일의 이름이 newfile이라는 이름으로 바뀐다. 만약 newfile이 디렉토리 이름이면 oldfile이 newfile 디렉토리 아래로 이동한다. cp 명령은 원본 파일을 보존하면서 새로운 파일이 생성되어 결과적으로 같은 내용의 파일이 두 개가 존재하게 되지만, mv 명령은 원본 파일의 이름이 변경되거나 위치가 이동하는 것이므로 파일은 하나만 존재하게 된다.

▸▸▸ 예 4-11 cp는 원본을 유지하면서 새로운 파일을 생성하지만, mv는 원본의 이름만 바꾼다.

```
[ngsik@ngsnux ch4]$ ls
dir1  file3
[ngsik@ngsnux ch4]$ cp file3 file1
[ngsik@ngsnux ch4]$ ls
dir1  file1  file3
[ngsik@ngsnux ch4]$ mv file3 file4
[ngsik@ngsnux ch4]$ ls
dir1  file1  file4
[ngsik@ngsnux ch4]$
```

[예 4-11]에서 cp 명령에 의해서 file1이 생성되었고, 원본 파일 file3도 그대로 유지되어 있다. 그러나 mv는 file4를 생성하면서 file3는 없어진다. 즉, file3의 이름이 file4로 바뀐 것이다.

▸▸▸ 예 4-12 대상 파일 이름으로 디렉토리 이름을 주면 파일이 그 디렉토리로 이동한다.

```
[ngsik@ngsnux ch4]$ ls
dir1  file1  file4
[ngsik@ngsnux ch4]$
[ngsik@ngsnux ch4]$ ls dir1
file1  file2  file3
[ngsik@ngsnux ch4]$ mv file4  dir1
[ngsik@ngsnux ch4]$ ls dir1
file1  file2  file3  file4
[ngsik@ngsnux ch4]$ ls
dir1  file1
[ngsik@ngsnux ch4]$
```

[예 4-12]에서 mv의 두 번째 인수가 디렉토리 이름인 dir1이므로 file4는 dir1으로 이동해서 현재 디렉토리에서는 없어진다.

newfile이라는 이름의 대상 파일이 이미 있으면 mv 명령은 실패한다. 이러한 경우에도 mv 명령을 성공하게 하려면 즉, 존재하는 대상 파일의 내용을 제거하고 oldfile로 덮어 쓰려면 -i 옵션이나 -f 옵션을 사용한다. -i 옵션은 대상 파일이 있는 경우에 사용자에게 계속 진행할 것인지 이동을 중단할 것인지 문의한다. 그러나 -f 옵션은 바로 대상 파일의 내용을 제거하고 덮어쓴다.

예 4-13 mv에서 -i 옵션은 계속 진행 여부를 문의하지만, -f 옵션은 문의하지 않고 무조건 진행한다.

```
[ngsik@ngsnux ch4]$ cp file1 file2
[ngsik@ngsnux ch4]$ ls
dir1  file1  file2
[ngsik@ngsnux ch4]$ mv -i file1  file2
mv: overwrite 'file2'? n
[ngsik@ngsnux ch4]$ ls
dir1  file1  file2
[ngsik@ngsnux ch4]$ mv -f file1 file2
[ngsik@ngsnux ch4]$ ls
dir1  file2
[ngsik@ngsnux ch4]$ ls
```

"mv -i"에서 file2가 존재하므로 덮어쓸 것인가(overwrite) 사용자에게 물어보는데 n이라고 응답했으므로 mv가 진행되지 않고 중단되었다. 따라서 file1도 그대로 존재한다. 두 번째 "mv -f"는 무조건 이동하므로 file1이 사라진다.

4.3 디렉토리

디렉토리는 그 하위에 다른 디렉토리나 파일들의 이름 정보를 가지고 있으며, 계층적 이름 구조를 유지하기 위한 수단으로 사용된다. 계층 구조는 마치 나무와 같은 구조를 가진다. 즉, 하나의 뿌리에서 시작해서 줄기가 나오고, 줄기에서 여러 가지들이 나오고, 가지들에서 또 다른 가지들이 나오며, 최종적으로 가지의 끝에 나뭇잎이 있다. 파일 시스템에서는 가지에 해당하는 것을 디렉토리라 하며, 마지막의 잎에 해당하는 것을 파일이라 한다.

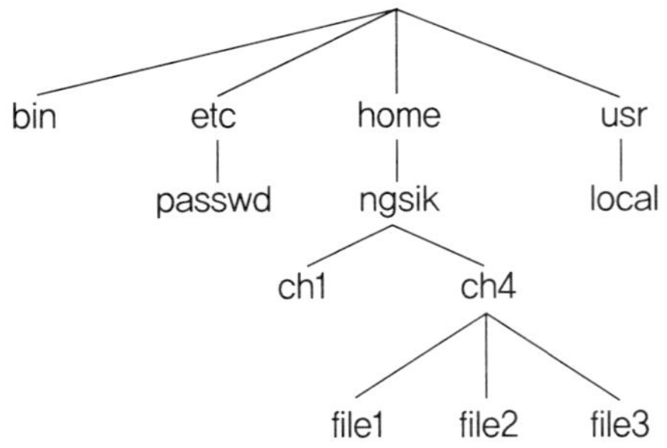

〈그림 4-2〉 계층적 디렉토리 구조

〈그림 4-2〉에서 file1, file2, file3, passwd는 파일이므로 마지막 노드에 있다. 나머지 노드들은 모두 디렉토리들이므로 그 아래에 파일이나 디렉토리들을 가질 수 있다.

4.3.1 중요한 디렉토리들

계층적 디렉토리 구조는 하나의 디렉토리에서 시작하는데, 시작점이 되는 최상위 디렉토리를 루트 디렉토리(root directory)라 한다. 리눅스에서 루트 디렉토리의 이름은 항상 "/"이다.

사용자는 로그인 한 상태에서 필요에 따라 디렉토리를 이동하며 시스템을 사용하게 되는데, 어떤 사용자의 쉘이 현재 위치하고 있는 디렉토리를 현재 디렉토리(current directory) 혹은 작업 디렉토리(working directory)라 한다.

홈 디렉토리(home directory)는 어떤 사용자에게 할당된 디렉토리로서 그 사용자의 이름으로 로그인하면 쉘이 처음으로 위치하는 디렉토리이다. 예를 들어, 사용자 ngsik의 홈 디렉토리가 /home/ngsik이라면, ngsik로 로그인하면 쉘의 최초의 현재 디렉토리는 /home/ngsik가 된다. 물론 사용중에는 현재 디렉토리를 이동할 수 있다.

4.3.2 경로명

디렉토리나 파일의 이름을 경로명(path name)이라 한다. 경로명에는 절대 경로명(absolute pathname)과 상대 경로명(relative pathname)이 있다. 절대 경로명은 어떤 디렉토리나 파일의 이름을 나타낼 때에 루트 디렉토리를 기준으로 그 디렉토리나 파일에 이르는 경로상의 모든 이름을 "/"로 구분해서 표시하는 경로명이다. 예를 들어 〈그림 4-2〉에서 file3의 절대 경로명은 /home/ngsik/ch4/file3이다.

상대 경로명은 현재 디렉토리를 기준으로 디렉토리나 파일의 이름을 표현하는 방법이다. 예를 들어 〈그림 4-2〉에서 현재 디렉토리를 /home/ngsik/ch4라 할 때 file3의 상대 경로명은 file3이다. 만약 현재 디렉토리가 /home/ngsik라면 file3의 상대 경로명은 ch4/file3이다.

어떤 디렉토리나 파일에 대한 상대 경로명은 현재 디렉토리의 위치에 따라서 달라지지만 절대 경로명은 어떠한 경우라도 항상 유일한 값을 가지게 된다. 그러므로 표현의 모호함을 없애기 위해서는 절대 경로명을 사용하는 것이 좋다. 그러나 절대 경로명은 많은 디렉토리 이름들을 나열해야 하므로 복잡할 수 있다. 반면, 상대 경로명은 현재 디렉토리를 기준으로 하므로 간단하게 이름을 표현할 수 있지만 다른 디렉토리에 있는 같은 이름의 파일이나 디렉토리와 혼돈이 생길 수 있으므로 주의해야 한다.

가끔 사용하는 표현 방식으로 홈 상대 경로명이 있다. 홈 상대 경로명(home relative pathname)은 파일이나 디렉토리 이름을 어떤 사용자의 홈 디렉토리를 기준으로 그 디렉토리나 파일에 이르는 경로를 표시하는 방법이다. 어떤 사용자의 로그인 이름이 ngsik이고 그 사용자의 홈 디렉토리가 /home/ngsik일 때 file2의 홈 상대 경로명은 ~ngsik/ch4/file2이다. 또한 사용자 로그인 이름없이 '~' 만 사용하면 자기 자신의 홈 디렉토리를 나타낸다. 예를 들어, 사용자 ngsik는 홈 상대 경로명으로 file2를 나타낼 때에 ~ngsik/ch4/file2 혹은 ~/ch4/file2 로 나타낼 수 있다.

4.3.3 cd와 pwd 명령

현재 디렉토리를 확인하는 명령어는 pwd(print working directory)이다. pwd는 인수가 없다.

형식	pwd
기능	현재 작업 디렉토리 확인
옵션	없음

▸▸▸ 예 4-14 pwd는 현재 디렉토리를 알려준다.

```
[ngsik@ngsnux ch4]$ pwd
/home/ngsik/ch4
[ngsik@ngsnux ch4]$
```

pwd 명령어는 현재 디렉토리 이름을 절대 경로명 표현 방식으로 출력한다. [예 4-14]의 결과는 현재 디렉토리가 /home/ngsik/ch4임을 나타낸다.

형식	cd [dir]
기능	작업 디렉토리 이동
옵션	옵션이 있지만 거의 모든 경우에 옵션 없이 사용함

디렉토리를 이동하는 명령어는 cd(change directory)이다. cd는 쉘의 내장명령이다. 인수로 디렉토리 이름을 주면 그 디렉토리로 이동하고, 인수가 없으면 사용자의 홈 디렉토리로 이동한다.

▸▸▸ 예 4-15 cd는 현재 디렉토리를 인수로 주어진 디렉토리로 이동한다.

```
[ngsik@ngsnux ch4]$ pwd
/home/ngsik/ch4
[ngsik@ngsnux ch4]$ cd /etc
[ngsik@ngsnux etc]$ pwd
/etc
[ngsik@ngsnux etc]$ cd ~/ch4
[ngsik@ngsnux ch4]$ pwd
/home/ngsik/ch4
[ngsik@ngsnux ch4]$
```

cd는 현재 디렉토리를 이동하는 명령이다. [예 4-15]의 첫 번째 cd의 결과를 보면 "cd /etc"에 의해 현재 디렉토리가 /etc로 이동했음을 알 수 있다. 두 번째 cd 명령에서는 홈 상대 경로명의 사용법을 설명하고 있다.

cd 명령에 인수를 주지 않으면 쉘의 현재 디렉토리가 어디든 상관없이 사용자의 홈 디렉토리로 이동한다.

예 4-16 cd 명령에 인수를 주지 않으면 홈 디렉토리로 이동한다.

```
[ngsik@ngsnux ch4]$ cd /etc
[ngsik@ngsnux etc]$ pwd
/etc
[ngsik@ngsnux etc]$ cd
[ngsik@ngsnux ~]$ pwd
/home/ngsik
[ngsik@ngsnux ~]$
```

디렉토리 이름에는 다음과 같은 두 개의 특수 이름이 있다.

. : 어떤 디렉토리 자신을 나타내는 이름
.. : 어떤 디렉토리의 상위 디렉토리를 나타내는 이름

예 4-17 "."은 현재 디렉토리, ".."은 상위 디렉토리를 나타낸다.

```
[ngsik@ngsnux ch4]$ cd ~/ch4
[ngsik@ngsnux ch4]$ pwd
/home/ngsik/ch4
[ngsik@ngsnux ch4]$ cd .
[ngsik@ngsnux ch4]$ pwd
/home/ngsik/ch4
[ngsik@ngsnux ch4]$ cd ..
[ngsik@ngsnux ~]$ pwd
/home/ngsik
[ngsik@ngsnux ~]$
```

[예 4-17]의 결과를 보면 "."은 자신을 나타내므로 현재 디렉토리가 이동하지 않았고, ".."은 자신의 바로 위를 나타내므로 현재 디렉토리가 하나 위로 올라갔음을 알 수 있다. 현재 디렉토리가 어디든 ".."은 무조건 그 상위 디렉토리를 나타낸다.

4.3.4 디렉토리의 생성과 제거

디렉토리를 생성하는 명령어는 mkdir(make directory)이다. 쓰기 권한을 가진 디렉토리 아래에서는 언제든지 디렉토리를 생성할 수 있다.

▸▸▸ 예 4-18 mkdir은 디렉토리를 생성하는 명령이다.

```
[ngsik@ngsnux ch4]$ cd ~/ch4
[ngsik@ngsnux ch4]$ ls
dir1  file2
[ngsik@ngsnux ch4]$ mkdir dir2
[ngsik@ngsnux ch4]$ ls
dir1  dir2  file2
[ngsik@ngsnux ch4]$
```

디렉토리를 제거하는 명령어는 rmdir(remove directory)인데, 빈 디렉토리만 제거할 수 있다. 그러므로 디렉토리를 제거할 때에는 제거하는 디렉토리 아래에 있는 파일이나 디렉토리들을 먼저 제거한 다음에 빈 디렉토리를 제거해야 한다.

▸▸▸ 예 4-19 rmdir은 빈 디렉토리를 제거한다.

```
[ngsik@ngsnux ch4]$ ls
dir1  dir2  file2
[ngsik@ngsnux ch4]$ cp file2 dir2
[ngsik@ngsnux ch4]$ ls dir2
file2
[ngsik@ngsnux ch4]$ rmdir dir2
rmdir: dir2: 디렉토리가 비어있지 않음
[ngsik@ngsnux ch4]$ rm dir2/file2
[ngsik@ngsnux ch4]$ rmdir dir2
[ngsik@ngsnux ch4]$ ls
dir1  file2
[ngsik@ngsnux ch4]$
```

[예 4-19]에서 디렉토리 dir2 아래에 파일 file2가 있으므로 디렉토리 dir2를 제거할 수 없다. 따라서 dir2를 제거하려면 먼저 file2를 제거해야 한다.

디렉토리를 제거할 때 항상 이렇게 하위 디렉토리로 들어가서 모든 파일과 디렉토리들을 제거한다는 것은 상당히 복잡한 일이다. 특히 하위 디렉토리의 계층구조가 복잡하게 되어 있을 때에는 더욱 더 그렇다. 이런 경우에는 rm 명령어에 -r 옵션을 사용하면 편리하다. -r 옵션은 어떤 디렉토리 아래의 모든 파일이나 디렉토리를 차례로 제거한 다음에 그 디렉토리까지 제거하도록 한다. [예 4-20]의 한 줄의 명령은 위의 dir2 디렉토리 아러의 모든 파일이나 디렉토리를 포함해서 dir2까지 제거한다.

▸▸▸ 예 4-20 "rm -r"은 디렉토리를 포함해서 그 하위의 모든 파일이나 디렉토리를 제거한다.

```
[ngsik@ngsnux ch4]$ ls
dir1  file2
[ngsik@ngsnux ch4]$ mkdir dir2
[ngsik@ngsnux ch4]$ ls
dir1  dir2  file2
[ngsik@ngsnux ch4]$ cp file2 dir2
[ngsik@ngsnux ch4]$ ls dir2
file2
[ngsik@ngsnux ch4]$ rm -r dir2
[ngsik@ngsnux ch4]$ ls
dir1  file2
[ngsik@ngsnux ch4]$
```

4.4 소유자와 그룹

리눅스는 다중 사용자 시스템이기 때문에 하나의 시스템을 여러 사용자가 사용할 수 있다. 따라서 여러 사용자들이 만든 파일이나 디렉토리들이 시스켐에 동시에 존재하게 된다. 이때 사용자들의 파일이나 디렉토리에 대한 접근 권한을 적절히 제어하기 위해 파일이나 디렉토리에 대한 소유자와 그룹이라는 개념을 사용한다.

4.4.1 파일의 사용자 구분

리눅스에서는 어떤 파일을 기준으로 볼 때 시스템의 전체 사용자를 다음과 같은 세 종류로 구분한다.

- 소유자(user) – 파일의 주인으로 현재 파일에 대한 소유권을 가짐
- 그룹 사용자(group) – 파일이 속한 그룹과 같은 그룹에 속하는 사용자
- 기타 사용자(other) – 소유자도 아니고 그룹 사용자도 아닌 나머지 사용자들

▸▸▸ 예 4-21 "ls –l"로 파일의 주인과 그룹을 알 수 있다.

```
[ngsik@ngsnux ch4]$ ls -l
합계 16
drwxr-xr-x 2 ngsik ngsik 4096   7월 10 11:37 dir1
-rw-r--r-- 1 ngsik ngsik   18   7월 10 14:06 file2
-rw-r--r-- 1 root  ngsik   41   7월 12 10:12 file5
[ngsik@ngsnux ch4]$
```

[예 4-21]에서 현재 시스템을 사용하고 있는 사용자의 로그인 이름이 ngsik이고 이 사용자가 속한 그룹은 ngsik 그룹이다. 파일 file2의 소유자는 ngsik이고 이 파일이 소속된 그룹은 ngsik이다. 또 파일 file5의 소유자는 root이고 이 파일이 속한 그룹은 ngsik이다. 따라서 ngsik는 file2에 대해서는 소유자이지만 file5에 대해서는 그룹 사용자에 해당한다.

4.4.2 소유자 변경 명령

파일 소유자를 변경할 때에는 chown(change owner) 명령을 사용하는데, 이 명령은 수퍼유저(super user)만 사용할 수 있다. 그룹 변경 명령으로 chgrp가 있지만 chown으로도 그룹을 변경할 수 있다.

형식	chown [owner] [:group] filename
기능	파일 소유자 및 그룹 변경 (수퍼 유저만 사용)
옵션	–R : 디렉토리의 경우 그 하위 파일이나 디렉토리 모두에 대해 적용

여기서 filename은 소유자나 그룹을 변경할 파일이나 디렉토리의 이름이고, owner는 새로운 소유자의 로그인 이름이며, group은 새로운 그룹의 이름이다.

▸▸▸ 예 4-22 chown은 소유자와 그룹을 변경한다.

```
[root@ngsnux ch4]# ls -l file2
-rw-r--r-- 1 ngsik ngsik   18    7월 10 14:06 file2
[root@ngsnux ch4]# chown root:root file2
[root@ngsnux ch4]# ls -l file2
-rw-r--r-- 1 root  root    18    7월 10 14:06 file2
[root@ngsnux ch4]#
```

[예 4-22]의 chown 명령을 실행시키려면 반드시 root로 로그인해야 한다. 혹은 su 명령을 사용해서 일시적으로 root로 로그인할 수 있다.

chown을 이용해서 소유자만 변경시키거나 그룹만 변경시키려면 [예 4-23]과 같이 한다.

▸▸▸ 예 4-23 chown은 소유자나 그룹 하나만을 변경할 수도 있다.

```
[root@ngsnux ch4]# ls -l file2
-rw-r--r-- 1 root root 18  7월 10 14:06 file2
[root@ngsnux ch4]# chown ngsik file2
[root@ngsnux ch4]# ls -l file2
-rw-r--r-- 1 ngsik root 18  7월 10 14:06 file2
[root@ngsnux ch4]# chown :ngsik file2
[root@ngsnux ch4]# ls -l file2
-rw-r--r-- 1 ngsik ngsik 18  7월 10 14:06 file2
[root@ngsnux ch4]#
```

[예 4-23]의 첫 번째 chown에서는 인수에 소유자의 로그인 이름만 주었기 때문에 파일의 소유자만 변경되었다. 두 번째에서는 :ngsik와 같이 앞에 ':'를 붙였기 때문에 소유자 이름은 생략되고 그룹 이름만 주어진 것으로 판단하여 파일 그룹이 변경되었다.

4.4.3 그룹 변경 명령

파일이나 디렉토리의 그룹을 변경하려면 chgrp(change group) 명령을 사용한다.

형식	chgrp group filename
기능	파일이나 디렉토리의 그룹 사용자 변경
옵션	-R : 디렉토리의 경우 그 하위 파일이나 디렉토리 모두에 대해 적용

▸▸▸ 예 4-24 chgrp는 파일 그룹을 변경한다.

```
[root@ngsnux ch4]# ls -l file2
-rw-r--r-- 1 ngsik ngsik 18  7월 10 14:06 file2
[root@ngsnux ch4]# chgrp root file2
[root@ngsnux ch4]# ls -l file2
-rw-r--r-- 1 ngsik root  18  7월 10 14:06 file2
[root@ngsnux ch4]#
[root@ngsnux ch4]# chgrp ngsik file2
[root@ngsnux ch4]#
```

4.5 접근 권한

접근 권한(permission)이란 프로세스가 파일이나 디렉토리에 대해 어떤 동작을 가할 수 있는 권한을 말한다. 이것은 다른 사용자들이 내가 만든 파일이나 디렉토리에 어떤 동작을 가할 수 있는가를 결정하기 때문에 자신의 정보 보호를 위해 대단히 중요한 개념이다.

4.5.1 접근 권한의 표현 방법

리눅스에서는 파일이나 디렉토리에 대한 접근을 읽기(read), 쓰기(write), 실행(execute)으로 구분한다. 각 접근 권한의 의미는 〈표 4-3〉과 같다.

〈표 4-3〉 접근권한의 종류

접근권한	파일	디렉토리
읽기(read)	파일의 내용을 읽어올 수 있음	ls 명령으로 디렉토리에 있는 파일이나 디렉토리 이름을 나열할 수 있음
쓰기(write)	파일에 내용을 추가하거나 파일 내용을 수정할 수 있음	디렉토리에 새 파일을 생성하거나 있는 파일을 제거할 수 있음
실행(execute)	저장된 프로그램을 실행할 수 있음	cd 명령으로 디렉토리 안으로 들어갈 수 있음

접근 권한의 존재여부는 문자 혹은 이진수, 8진수 등으로 나타낸다. 파일이나 디렉토리의 세 가지 접근 권한은 세 종류의 사용자 집단별로 즉, 소유자, 그룹 사용자, 기타 사용자에 대해서 별도로 나타내야 하기 때문에 전체적으로 9 종류의 접근 권한이 있다.

〈표 4-4〉 접근 권한의 표시

사용자	소유자				그룹 사용자				기타 사용자			
접근 권한	읽기	쓰기	실행	없음	읽기	쓰기	실행	없음	읽기	쓰기	실행	없음
문자표시	r	w	x	–	r	w	x	–	r	w	x	–
2진수표시	100	010	001	000	100	010	001	000	100	010	001	000
8진수표시	4	2	1	0	4	2	1	0	4	2	1	0

"ls -l" 명령은 파일이나 디렉토리에 대한 상세한 정보를 보여준다. 그 중에서 첫 번째 글자는 파일의 종류를 나타내고, 그 다음 9 글자는 접근 권한을 나타낸다. 9 글자 중에서 앞의 3 글자는 소유자의 권한, 가운데 3 글자는 그룹사용자의 권한, 마지막 3 글자는 기타 사용자의 권한을 나타낸다.

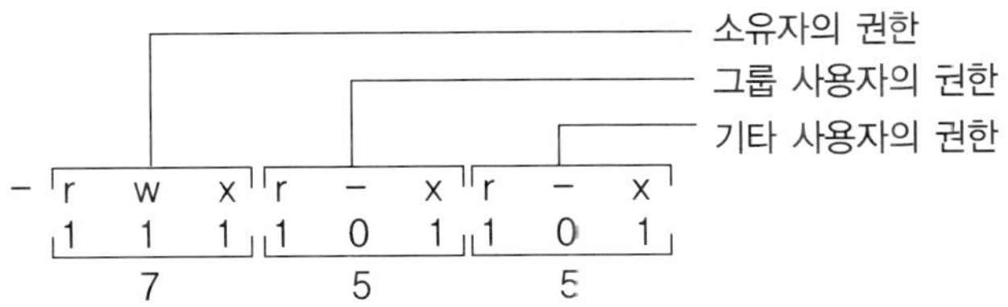

위 그림의 파일은 소유자에게는 읽기, 쓰기, 실행 권한이 있고, 그룹 사용자와 기타 사용자

는 읽기와 실행 권한이 있다. 이 접근 권한은 이진수 표시 방법으로는 111101101이고 8 진수 표시 방법으로는 755이다. 문자 표현 방법에서 권한이 있는 위치에는 1, 권한이 없는 위치에는 0으로 표시하면 2진수 표현 방법이 된다. 2진수 3비트를 모아서 8진수로 표시하면 8진수 표현 방법이 된다.

▸▸▸ **예 4-25** "ls -l"로 파일과 디렉토리의 접근 권한을 알아보자.

```
[ngsik@ngsnux ch4]$ ls -l
합계 16
drwxr-xr-x 2 ngsik ngsik 4096  7월 10 11:37 dir1
-rw-r--r-- 1 ngsik ngsik  306  7월 12 10:06 prog4.c
-rwxr-xr-x 1 ngsik ngsik 4971  7월 12 10:12 prog4
[ngsik@ngsnux ch4]$
```

[예 4-25]의 결과에서 각 파일의 접근 권한은 다음과 같이 해석된다.

파일	접근 권한	2진수	8진수	의미
prog4.c	-rw-r--r--	110100100	644	소유자 : 읽기, 쓰기 그룹 사용자 : 읽기 기타 사용자 : 읽기
prog4	-rwxr-xr-x	111101101	755	소유자 : 읽기, 쓰기, 실행 그룹 사용자 : 읽기, 실행 기타 사용자 : 읽기, 실행
dir1	drwxr-xr-x	111101101	755	소유자 : ls와 cd 가능, 파일 생성/제거 가능 그룹 사용자 : ls와 cd 가능 기타 사용자 : ls와 cd 가능

4.5.2 접근 권한 변경

파일이나 디렉토리의 소유자는 파일이나 디렉토리의 접근 권한을 변경할 수 있다. 접근 권한 변경에는 chmod(change mode) 명령어를 사용하는데, 기호를 이용하여 접근 권한을 표시하는 방법과 숫자를 이용하는 방법이 있다.

형식	chmod mode filename
기능	접근 권한 변경
옵션	-R : 디렉토리의 경우 그 하위 파일이나 디렉토리 모두에 대해 적용

기호를 이용하는 방법은 접근 권한 변경 대상과 추가 혹은 제거할 접근 권한을 기호로 표현하는 방법으로 다음과 같은 형식을 취한다.

chmod {u, g, o, a} {+, -} {r, w, x} filename

filename : 권한을 변경할 파일이나 디렉토리의 이름
u, g, o : 소유자(user), 그룹 사용자(group), 기타 사용자(other)
a (all) : 모든 사용자 (u, g, o 전체)
+ : 권한 추가
- : 권한 제거
r, w, x : 읽기(read), 쓰기(write), 실행(execute) 권한

이 방법은 파일이나 디렉토리가 현재 가지고 있는 권한에 새로운 권한을 추가하거나 일부 권한을 제거하는데 편리하게 사용할 수 있다.

▸▸▸ **예 4-26** chmod로 접근 권한을 변경한다. 이때 기호를 사용하면 현재 권한에 새로운 권한을 추가하거나 제거할 수 있다.

```
[ngsik@ngsnux ch4]$ ls -l file2
-rw-r--r-- 1 ngsik ngsik 18  7월 10 14:06 file2
[ngsik@ngsnux ch4]$ chmod go+w file2
[ngsik@ngsnux ch4]$ ls -l file2
-rw-rw-rw- 1 ngsik ngsik 18  7월 10 14:06 file2
[ngsik@ngsnux ch4]$ chmod o-w file2
[ngsik@ngsnux ch4]$ ls -l file2
-rw-rw-r-- 1 ngsik ngsik 18  7월 10 14:06 file2
[ngsik@ngsnux ch4]$
```

[예 4-26]의 첫 번째 chmod에서는 "go+w"로 현재 권한에서 그룹 사용자(g)와 기타 사용자(o)에게 쓰기(w) 권한을 추가(+)하였다. 따라서 (rw-r--r--)이던 권한이 (rw-rw-rw-)로 변경되었다. 두 번째 chmod에서는 기타 사용자(o)의 쓰기(w) 권한을 제거(-)하였다.

숫자를 이용하는 방법은 권한을 추가하거나 제거하는 것이 아니라, 이전의 권한과 무관하게 새로운 권한을 설정하는 것이다. 즉, 새로 설정될 권한을 직접 주는 방식이다. 여기서 mode는 새로 설정될 권한 값을 8진수 형태로 표현한 것이다.

▸▸▸ **예 4-27** chmod에 숫자를 사용하면 새로운 권한을 직접 설정한다.

```
[ngsik@ngsnux ch4]$ ls -l file2
-rw-rw-r-- 1 ngsik ngsik 18  7월 10 14:06 file2
[ngsik@ngsnux ch4]$ chmod 444 file2
[ngsik@ngsnux ch4]$ ls -l file2
-r--r--r-- 1 ngsik ngsik 18  7월 10 14:06 file2
[ngsik@ngsnux ch4]$ chmod 644 file2
[ngsik@ngsnux ch4]$ ls -l file2
-rw-r--r-- 1 ngsik ngsik 18  7월 10 14:06 file2
[ngsik@ngsnux ch4]$
```

[예 4-27]의 첫 번째 chmod에서는 권한을 444 (r--r--r--)로 설정했고, 두 번째에는 644 (rw-r--r--)로 설정하게 했다. 이 방법을 사용하면 이전에 가지고 있던 권한에 관계없이 새로운 권한을 가지게 된다.

4.6 링크

링크(link)는 파일 이름과 그 실체를 연결시키는 역할을 한다. 디렉토리는 파일이름과 파일을 저장하고 있는 디스크 공간을 연결하는 테이블 역할을 하는데, 이 연결을 링크라 한다. 리눅스에는 파일 이름과 디스크 저장 공간을 연결하는 두 가지 방법 즉, 하드 링크와 심볼릭 링크가 있다.

형식	ln oldname newname
기능	존재하는 파일에 대해 새로운 링크 생성
옵션	-s : 심볼릭 링크를 생성함

oldname은 존재하는 파일이나 디렉토리의 이름이고, newname을 새로 생성될 이름이다. 옵션이 없으면 하드 링크가 생성되고, -s 옵션을 주면 심볼릭 링크가 생성된다.

4.6.1 하드 링크

하드 링크(hard link)는 디렉토리에서 파일이름과 그 파일의 inode를 직접 연결시키는 것을 말한다. /home/ngsik/ch4/file2라는 파일이 있으면 /home/ngsik/ch4 디렉토리에는 file2라는 이름과 그 파일의 inode 사이의 연결 정보가 있다.

공동 작업이나 사용상의 편의를 위해 하나의 파일에 둘 이상의 이름을 붙여서 사용할 수도 있다. 이것은 ln 명령어로 다음과 같이 할 수 있다.

예 4-28 ln 명령은 기존에 있는 파일에 대한 새로운 링크를 만든다.

```
[ngsik@ngsnux ch4]$ ls -l file2
-rw-r--r-- 1 ngsik ngsik 18  7월 10 14:06 file2
[ngsik@ngsnux ch4]$ ln file2 file6
[ngsik@ngsnux ch4]$ ls -li file2 file6
11785168  -rw-r--r-- 2 ngsik ngsik 18  7월 10 14:06 file2
11785168  -rw-r--r-- 2 ngsik ngsik 18  7월 10 14:06 file6
[ngsik@ngsnux ch4]$
```

[예 4-28]에서 file2는 이미 존재하는 파일이고 file6는 ln 명령에 의해 새로 생성될 파일이다. 두 번째의 "ls -li"의 결과를 보면 file2와 file6이 같은 inode 번호를 가지고 있으므로 두 이름이 같은 파일임을 알 수 있다. 또한 이 파일의 링크 수는 2로 되었는데, 이것은 이 파일이 두 개의 이름을 가진다는 뜻이다. 하드 링크는 한 번 만들어지면 어떤 것이 처음부터 존재하던 원본인지 구분할 방법이 없다.

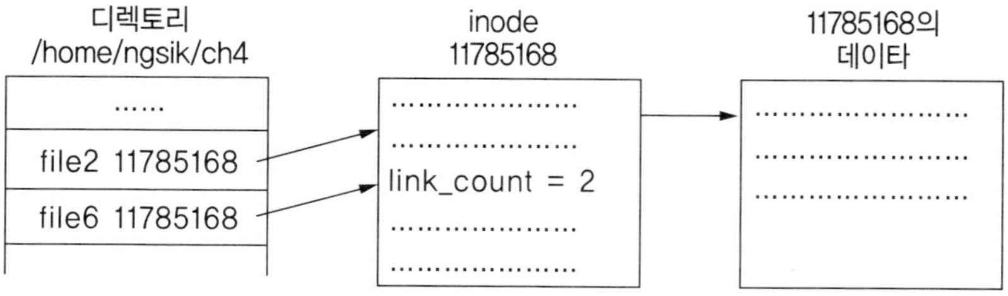

〈그림 4-3〉 링크된 파일

〈그림 4-3〉은 하드링크의 의미를 설명한다. 처음 file2라는 파일이 있을 때 디렉토리 ch4에는 그 이름(file2)과 inode 번호(11785168)가 저장되어 있다. inode 번호를 알면 그 파일의 내용이 디스크의 어디에 있는지 찾을 수 있다. 이때에 ln 명령으로 새로운 링크 file6을 생성하면 그 디렉토리에 같은 inode를 가르키는 정보(file6, 11785168)가 추가된다.

두 이름이 하나의 파일을 나타낸다는 것을 확인하려면 vi 에디터로 먼저 file2를 편집하고 종료한 다음에 다시 vi 에디터로 file6의 내용을 보면 편집된 내용이 그대로 나타나 있다는 것을 보면 알 수 있다.

링크를 제거할 때에는 파일을 제거할 때와 같이 rm 명령을 사용한다. 링크를 제거하고 나면 링크 수는 하나 감소한다.

▸▸▸ 예 4-29 링크를 제거할 때에는 rm 명령을 사용한다.

```
[ngsik@ngsnux ch4]$ ls -l file2 file6
-rw-r--r-- 2 ngsik ngsik 18  7월 10 14:06 file2
-rw-r--r-- 2 ngsik ngsik 18  7월 10 14:06 file6
[ngsik@ngsnux ch4]$ rm file6
rm: remove 일반 파일 file6'? y
[ngsik@ngsnux ch4]$ ls -l file2 file6
ls: file6: 그런 파일이나 디렉토리가 없음
-rw-r--r-- 1 ngsik ngsik 18  7월 10 14:06 file2
[ngsik@ngsnux ch4]$
```

rm은 일단 디렉토리에서 파일 이름을 제거한 다음에 inode에서 링크 수를 하나 감소시킨다. 이때 만약 링크 수가 0이 되면 그 inode도 제거된다. [예 4-29]에서는 file6를 제거했으므로 디렉토리에서 그 이름은 없어지고 inode에서 링크 수가 하나 감소되어 1로 되었다.

file2라는 이름은 디렉토리에 그대로 남아 있는데, 그 inode의 링크 수는 1이다.

하드 링크는 같은 디스크의 같은 파티션에 있는 파일 시스템 내에서만 링크가 가능하다. 예를 들면 일반적으로 / 디렉토리와 /usr 디렉토리는 다른 파일 시스템에 속하기 때문에 / 디렉토리 아래에 있는 어떤 파일을 /usr 디렉토리에 링크시킬 수 없다. 또한 하드 링크는 파일에 대해서만 가능하며 디렉토리는 링크시킬 수 없다.

4.6.2 심볼릭 링크

하드 링크의 문제점을 보완하기 위한 것이 심볼릭 링크(symbolic link) 혹은 소프트 링크(soft link)이다. 심볼릭 링크는 어떤 경우라도 가능하며, 심지어 네트워크로 연결된 다른 컴퓨터의 파일까지도 링크시킬 수 있다.

심볼릭 링크는 링크 파일이 원본 파일의 경로명 정보를 가지고 있다. 다라서 원본 파일과 링크 파일이 분명히 구분된다. 심볼릭 링크는 ln 명령에 -s 옵션을 주어 [예 4-30]과 같이 만들 수 있다.

▸▸▸ 예 4-30 ln 명령에 -s 옵션을 사용하면 심볼릭 링크가 생성된다.

```
[ngsik@ngsnux ch4]$
[ngsik@ngsnux ch4]$ ls -l file2
-rw-r--r-- 1 ngsik ngsik 18  7월 10 14:06 file2
[ngsik@ngsnux ch4]$ ln -s file2 file7
[ngsik@ngsnux ch4]$ ls -li file2 file7
11785168 -rw-r--r-- 1 ngsik ngsik 18  7월 10 14:06 file2
11785180 lrwxrwxrwx 1 ngsik ngsik  5  7월 12 15:46 file7 -> file2
[ngsik@ngsnux ch4]$
```

심볼릭 링크 file7은 원본 파일과 다른 inode 번호를 가진다. 즉, 둘은 서로 다른 파일인데, file7은 파일타입이 링크타입이고, 이 링크 파일은 file2를 가르킨다.

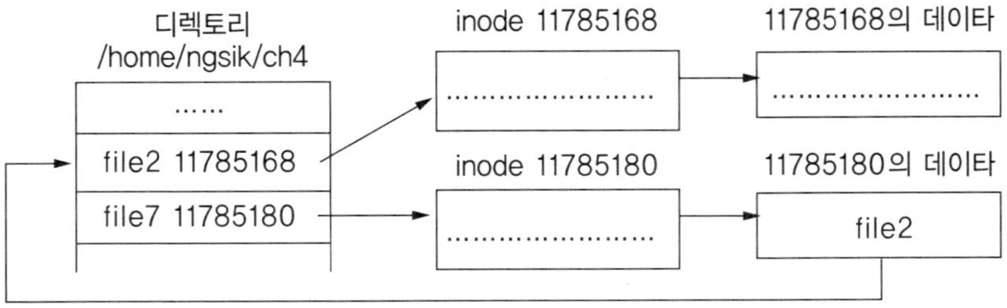

〈그림 4-4〉 심볼릭 링크된 파일

심볼릭 링크에서 링크 파일을 남겨두고 원본 파일만 제거하면 링크 파일은 아무런 의미 없는 링크 파일이 된다. 따라서 원본 파일을 제거할 때는 반드시 심볼릭 링크 파일도 제거하는 것이 좋다.

4.7 장치 파일

장치 파일(device file)이란 COM 포트나 하드디스크, 플로피디스크 같은 장치들을 나타내는 이름을 말하는데 프로그램 관점에서 보면 파일처럼 보이며 읽기/쓰기도 가능하다. 하지만 장치 파일들은 정보를 저장하고 있는 것이 아니라 단지 장치를 지칭하기 위한 수단으로 사용되며, 프로그램이 커널을 통해 시스템의 하드웨어에 접근할 수 있는 방법을 제공한다.

장치 파일들은 주로 /dev 디렉토리 아래에 있다. 다음은 /dev 디렉토리 아래에 있는 장치 파일의 일부를 나타낸 것이다.

예 4-31 장치 파일들은 /dev 디렉토리 아래에 있다.

```
[ngsik@ngsnux ch4]$ ls -l /dev/ttyS0 /dev/hda2
brw-r----- 1 root disk 3,  2  7월 12  2007 /dev/hda2
crw-rw---- 1 root uucp 4, 64  7월 12  2007 /dev/ttyS0
[ngsik@ngsnux ch4]$
```

[예 4-31]에서 /dev/ttyS0는 COM1 포트를 나타내고 /dev/hda2는 첫 번째 IDE 드라이브의 두 번째 파티션을 나타낸다. /dev 디렉토리의 많은 파일들은 실제로는 다른 장치파일에 대한 심볼릭 링크일 수 있다. 이는 응용 프로그램들이 공통적인 이름을 사용할 수 있게 한다.

파일타입 필드에는 b 혹은 c가 있는데 이는 블록 장치파일(b) 혹은 문자 장치파일(c)을 나타낸다.

- 블록장치

  하드 디스크처럼 자료의 읽기/쓰기가 블록 단위로 이루어지며 임의 접근이 가능한 장치

- 문자장치

  직렬포트처럼 자료의 읽기/쓰기가 한 바이트 단위르 이루어지며 순차 접근만 가능한 장치

파일 길이 필드에는 두 개의 숫자가 콤마로 구분되어 표시되었는데, 이것은 장치 번호(device number)를 나타낸다. 장치 번호는 메이저 번호와 마이너 번호가 있는데 이들의 의미는 다음과 같다.

- 메이저 번호(major number)

  장치의 종류를 구분하는데 사용함

- 마이너 번호(minor number)

  같은 종류의 장치 중에서 몇 번째 장치인가를 나타냄

예를 들면, COM 포트가 두 개 있는 컴퓨터의 경우에 메이저 번호는 같은 3번을 쓰지만, 마이너 번호는 COM1이 0이고, COM2가 1로 서로 다른 번호를 사용한다.

장치 파일은 일반적인 방법으로는 만들 수 없고 다음과 같이 mknod 명령을 사용해서 만든다.

형식	mknod [-m permission] name type major minor name : 생성할 장치 파일 이름인데 절대 경로명으로 표시 type : 장치 종류 (b : 블록장치, c : 문자장치) major : 메이저 번호 minor : 마이너 번호
기능	장치 파일 생성 (수퍼 유저만 사용 가능)
옵션	-m permission : 접근권한을 설정

mknod 명령은 관리자만 사용할 수 있으므로 먼저 관리자인 root로 로그인하거나 사용자 전환을 해야 한다.

4.8 시스템 디렉토리 체계

초기의 리눅스 시스템에서는 중요한 시스템 파일들이 존재하는 디렉토리들의 위치가 일정하지 않고 배포판마다 달랐다. 이것은 리눅스의 문서화와 유지보수를 어렵게 했고, 다른 리눅스 시스템에서 컴파일된 패키지를 포팅하기 어렵게 했다. 이러한 문제점을 해결하기 위해 리눅스 개발자 회의에서 리눅스 디렉토리들의 트리구조에 표준(FSSTDN : Linux File System Standard)을 정해서 모든 리눅스 시스템들의 디렉토리 구조가 동일하게 보이도록 하고 있다. 강제 사항은 아니지만 모든 리눅스 시스템들이 FSSTDN에 따라 각 파일들의 위치를 일관성 있게 유지하면 리눅스 응용 프로그램의 작성과 포팅이 쉬워지고 시스템의 관리도 쉬워진다.

디렉토리	기 능
/	루트 디렉토리 리눅스 디렉토리 구조의 최상위 디렉토리
/boot	부트 로더의 정적 디렉토리 부팅 시에 필요한 정보와 커널의 이미지
/etc	시스템 구성 시스템의 구성과 관리에 필요한 파일들
/dev	장치 파일들 디스크, 터미널, 프린터와 같은 시스템의 도든 장치 파일들
/bin	기본적인 명령 파일들 단일 사용자 모드에서 시스템 부팅과 실행에 필요한 파일들
/sbin	필수적인 시스템 명령 파일들 부팅 과정에서 필요한 필수적인 유틸리티
/proc	커널과 프로세스 정보 커널 내의 정보를 보기 위한 가상 파일 시스템
/root	root의 홈 디렉토리
/home	사용자 홈 디렉토리 root 이외에 시스템에 등록된 사용자들의 홈 디렉토리는 이 디렉토리 아래에 위치함. 예를 들어, student1의 홈 디렉토리는 /home/student1 으로 하는 것이 일반적임
/mnt	임시 저장장치의 마운트 위치 플로피 디스크, cdrom, usb 메모리 장치들을 마운트시킬 위치
/tmp	임시 파일들 시스템 수행이나 응용 프로그램 수행에 임시적으르 필요한 파일을 생성하는 위치
/lib	공유되는 라이브러리
/var	수행 중 변하는 자료 시스템 수행 중에 내용이 변하는 파일들 즉, 시스켐 로그 파일들, 스풀 파일들, 사용자 메일박스 등이 생성되는 위치
/usr	두 번째 파일 시스템 시스템의 두 번째 파일 시스템을 마운트시킬 위치로 여기에는 보통 자주 변경되지 않으면서 크기가 큰 파일들이 있음
/usr/bin	사용자 명령 파일들 멀티유저 모드에서 필요로 하는 표준 리눅스 시스템 유틸리티들
/usr/sbin	상대적으로 덜 중요한 시스템 명령 파일들 시스템 관리를 위한 유틸리티들 중에서 주로 멀티 유저 모드에서 사용하는 유틸리티들
/usr/include	C 프로그램의 헤더 파일들 C 프로그램에서 "#include 〈stdio.h〉" 와 같이 사용하는 시스텍의 표준 헤더 파일들이 존재하는 위치
/usr/lib	표준 라이브러리
/usr/src	소스 코드
/usr/local	지역 계층 구조 각 리눅스 시스템마다 다르게 설치되는 파일들
/usr/man	온라인 매뉴얼

연 습 문 제

A. 다음 빈 칸에 적절한 용어를 채우시오.

1. 계층적 디렉토리 구조에서 최상위 디렉토리를 (   )라 한다.
2. (   )는 어떤 사용자에게 할당된 디렉토리로서, 그 사용자의 이름으로 로그인하면 쉘이 맨 처음 위치하는 디렉토리이다.
3. 쉘이 현재 위치하고 있는 디렉토리를 (   )라 한다.
4. 어떤 디렉토리에서 자기 자신을 나타내는 이름은 (   )이고, 자신의 상위 디렉토리를 나타내는 이름은 (   )이다.
5. (   )는 파일과 그 실체를 연결시키는 역할을 한다.
6. 장치 파일에서 하드 디스크처럼 일정 크기 단위로 읽기/쓰기가 가능한 장치를 (   )라 하고, 직렬 포트처럼 한 바이트 단위로 읽기/쓰기가 가능한 장치를 (   )라 한다.
7. 장치 번호에서 장치의 종류를 구분하는 번호를 (   ) 라 하고, 같은 종류에서 몇 번째 장치인가를 나타내는 번호를 (   )라 한다.
8. (   )은 파일에 이름을 붙이고 파일을 저장 장치에 적절히 배치하는 기능을 담당하는 운영체제의 한 부분이다.
9. 리눅스 고유의 파일시스템 이름은 (   )이다.
10. 디렉토리에 대한 (   ) 권한은 그 디렉토리 아래에 새로운 파일이나 디렉토리를 생성하거나 삭제할 수 있는 권한을 말한다.
11. cd 명령을 이용해서 어떤 디렉토리에 들어갈 수 있으려면 그 디렉토리에 대해 (   ) 권한이 있어야 한다.

B. 다음 물음에 답하시오.

1. 다음 "ls -l" 명령의 결과에 나타난 각 부분의 의미를 설명하시오.
   -rw-r--r-- 1 ngsik ngsik 18 7월 10 14:06 file2
2. 리눅스에서 제공하는 파일 타입에 대해 설명하시오.
3. 리눅스에서 경로명을 나타내는 세 가지 방법을 설명하시오.
4. 리눅스에서 어떤 파일을 기준으로 볼 때 전체 사용자는 세 종류로 구분된다. 각각의 이름과 파일과의 관계를 설명하시오.
5. 읽기, 쓰기, 실행 권한이 파일과 디렉토리에 대해서 어떤 의미를 가지는지 설명하시오.
6. 다음 결과를 보고 하드 링크와 심볼릭 링크의 개념을 그림으로 설명하고, 그 차이점을 설명

하시오.

```
[ngsik@ngsnux ch4]$ ls -li
11785168  -rw-r--r-- 2 ngsik ngsik 13  7월 10 14:06 file2
11785168  -rw-r--r-- 2 ngsik ngsik 13  7월 10 14:06 file6
11785180 lrwxrwxrwx 1 ngsik ngsik  5    7월 12 15:46 file7 -> file2
[ngsik@ngsnux ch4]$
```

7. "ls -l" 명령은 출력되는 이름 뒤에 기호를 붙여서 파일 타입을 구분해 준다. 이때 나타나는 기호와 "ls -l" 명령의 결과에 나오는 첫 글자(파일타입)를 대응시켜 설명하시오.
8. 다음 디렉토리의 기능을 설명하시오.
   (1) /
   (2) /boot
   (3) /etc
   (4) /sbin
   (5) /var
   (6) /dev
   (7) /proc
   (8) /usr/include

C. 다음 명령어의 기능을 설명하시오.

1. cp
2. rm
3. mv
4. pwd
5. cd
6. mkdir
7. rmdir
8. chown
9. chgrp
10. chmod
11. ln
12. mknod

CHAPTER **05**

프로세스

프로세스는 프로그램을 실행하는 가상적 실체이다. 파일이 시스템 내의 정적인 요소라면, 프로세스는 동적인 요소이다. 사용자가 컴퓨터 시스템에게 어떤 작업을 요구하면 운영체제는 새로운 프로세스를 생성하여 이를 처리하도록 한다. 본 장에서는 프로세스의 생성과 종료, 그리고 관리에 관련된 명령어를 설명한다.

5.1 프로세스의 개념

프로세스(process)는 실행되고 있는 프로그램이다. 프토그램(program)은 프로세스가 해야 할 일을 프로그램 언어로 표현한 것이다. 프로그램에 표시된 기계어 명령을 처리하는 것은 흔히 CPU(Central Processing Unit)라 부르는 프로세서(processor)이다. 프로세서는 물리적으로 존재하는 하드웨어 장치이지만 프로세스는 하나의 논리적인 개념이다.

프로세스는 멀티타스킹(multi-tasking) 기능을 구현하기 위해 도입된 개념이다. 멀티타스킹 시스템이란 하나의 컴퓨터에서 동시에 여러 개의 프로그램이 수행되는 시스템을 말한다. CPU가 하나인 시스템에서 여러 개의 프로그램이 동시에 수행될 수 있게 하기 위해 시스템 내에 여러 개의 프로세스를 만들어 두고 각 프로세스가 하나씩의 프로그램을 처리하도록 한다. 시스템 내의 프로세스 중에서 한 순간에는 하나의 프로세스만이 CPU를 차지하고 프로그램을 실행시킬 수 있다.

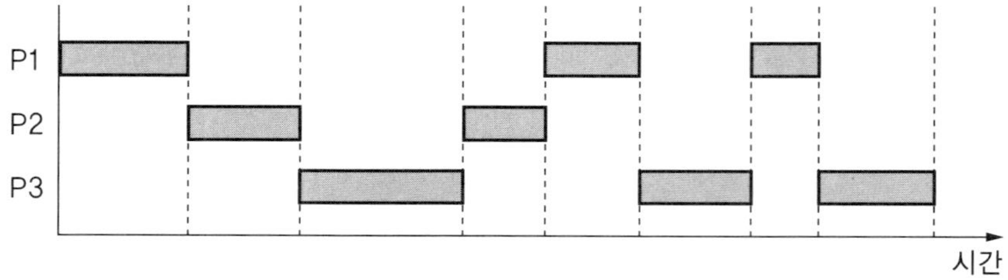

〈그림 5-1〉 멀티 타스킹의 원리

〈그림 5-1〉은 시스템 내에 동시에 존재하는 3개의 프로세스(P1, P2, P3)가 하나씩 처리되는 멀티 타스킹의 원리를 설명한다. 먼저 프로세스 P1이 CPU를 차지하고 자신이 담당하는 프로그램을 실행한다. 프로그램 실행 도중에 더 이상 진행할 수 없는 상황이 발생하거나 미리 정해진 일정한 시간이 경과하면 P1은 수행을 멈추게 된다. 더 이상 진행할 수 없는 상황이란 주로 입출력이 완료되거나 메시지 수신을 기다리는 상황을 말한다. P1이 수행을 멈추면 다음에는 P2가 CPU를 차지하고 수행된다. P2가 수행을 멈추면 P3가 수행된다. 이렇게 시스템 내에 동시에 존재하는 여러 프로세스들이 사실은 한 순간에 하나씩 수행되지만, 거시적인 차원에서 보면 동시에 수행된 것처럼 보인다. CPU의 속도는 1초에 수억 개의 명령을 처리할 정도로 빠르기 때문에 프로세스가 일시적으로 멈추었다 수행된다 해도 사용자가 볼 때는 연속적으로 수행된 것처럼 보인다.

한 프로세스가 더 이상 진행할 수 없는 상태가 되어 CPU를 내놓게 되었을 때에 다음에 CPU를 차지할 프로세스를 결정하는 것을 프로세스 스케줄링(process scheduling)이라 하고 이러한 역할을 하는 주체를 스케줄러(scheduler)라 한다. 스케줄러는 프로세스들의 수행 순서를 결정하게 되는데, 리눅스에서는 우선순위(priority) 원칙에 따라 순서를 결정한다. 즉, 프로세스들은 우선순위를 가지고 있고 우선순위가 높은 프로세스가 먼저 CPU를 차지하게 된다.

프로세스는 고유의 프로세스 번호(pid : process identifier)를 가진다. 여러 프로세스가 동시에 같은 프로그램을 실행할 수 있으므로 프로세스가 수행하는 프로그램 이름으로는 프로세스를 구분할 수 없고, 프로세스를 구분할 수 있는 유일한 식별자는 프로세스 번호이다. 예를 들어, 각 터미널 창마다 하나의 쉘(/bin/bash)이 동작하고 있는데, 만약 한 시스템에 3개의 터미널 창을 열어 두었다면 bash라는 프로그램을 실행시키는 프로세스가 3개 존재하게 된다. 이 3개의 프로세스는 bash라는 같은 프로그램을 실행시키고 있지만 어느 순간에 하는 일은 모두 다르다.

프로세스는 다른 프로세스를 생성할 수 있다. 이때 이들 프로세스들은 부모-자식 관계에 있게 되는데, 새로 생성된 프로세스를 자식 프로세스(child process)라 하고, 자식 프로세스를 생성한 프로세스를 부모 프로세스(parent process)라 한다. 시스템 내에서 최초로 생성된 프로세스는 프로세스 번호가 1번인 init이고 시스템 내의 다른 모든 프로세스는 이 init 프로세스의 후손들이다. 이렇게 해서 시스템 내의 모든 프로세스들은 init을 정점으로 하는 단일 트리를 형성한다. [예 5-5]의 pstree 명령이 프로세스 트리 구조를 보여준다.

5.2 프로세스 관련 명령

프로세스에 관련된 명령어는 파일에 관련된 명령어에 비해 상대적으로 많지 않다. 또한 파일 관련 명령어에 비해 빈번히 사용되지도 않고, 프로그램 수행에 문제가 발생할 경우에 가끔씩 사용할 뿐이다.

5.2.1 프로세스 상태 : ps

ps(process status)는 시스템 내에 존재하는 프로세스들에 대한 정보를 알려주는 명령이다. 자신이 수행시킨 프로세스 정보만 볼 수도 있는데, -e 옵션을 사용하면 시스템 내의 전체 프로세스 정보를 볼 수도 있다.

형식	ps
기능	프로세스 상태 보기
옵션	-l : 프로세스의 상세한 정보를 나열함 -e : 시스템 내의 모든 프로세스의 정보를 나열함 -a : 자신이 수행시킨 모든 프로세스 정보를 나열함

ps 명령에 인수를 주지 않으면 현재 터미널에서 현재 사용자의 권한으로 수행시킨 프로세스들의 정보만 나열한다.

▸▸▸ **예 5-1** ps 명령은 현재 수행되고 있는 프로세스들의 정보를 보여준다.

```
[ngsik@ngsnux ch5]$ ps
 PID TTY          TIME CMD
2185 pts/0    00:00:00 bash
2359 pts/0    00:00:00 ps
[ngsik@ngsnux ch5]$
```

[예 5-1]의 ps 명령의 결과로 나온 정보는 다음과 같다.

- PID : 프로세스 번호
- TTY : 수행시킨 터미널 이름
- TIME : 프로세스가 CPU를 사용한 시간
- CMD : 이 프로세스가 실행하고 있는 프로그램 이름

▸▸▸ **예 5-2** "ps -a" 명령은 자신이 수행시킨 모든 프로세스들에 대한 정보를 보여준다. 만약 두 개의 터미널 창을 살려두고 "ps -a" 명령을 실행시키면 다음과 같이 다른 터미널에서 수행되는 프로세스 정보도 볼 수 있다.

```
[ngsik@ngsnux ch5]$ ps -a
 PID TTY          TIME CMD
2185 pts/0    00:00:00 bash
2719 pts/1    00:00:00 bash
2730 pts/0    00:00:00 ps
[ngsik@ngsnux ch5]$
```

[예 5-2]에서 TTY 필드가 pts/1인 프로세스는 ps 명령을 수행시킨 터미널 창과 다른 터미널 창을 나타낸다.

ps는 기본적으로 자신이 수행시킨 프로세스들에 대한 간단한 정보를 보여준다. 상세한 정보를 보려면 [예 5-3]과 같이 -l 옵션을 사용한다.

▸▸▸ **예 5-3** 현재 터미널에서 수행되고 있는 프로세스들에 대한 상세한 정보를 보려면 -l 옵션을 사용한다.

```
[ngsik@ngsnux ch5]$ ps -l
F S  UID  PID  PPID  C PRI  NI ADDR SZ WCHAN  TTY         TIME CMD
4 S  500 2185  2184  0  75   0 -  1405  wait   pts/0   00:00:00 bash
0 R  500 2360  2185  0  77   0 -  1343  -      pts/0   00:00:00 ps
[ngsik@ngsnux ch5]$
```

상세 정보에 추가된 내용은 다음과 같다.

- F : 프로세스 플래그 (4 : 수퍼 유저가 생성한 프로세스)
- S : 프로세스 상태
- UID : 프로세스를 수행시킨 사용자의 ID
- PPID : 부모 프로세스의 번호
- C : 이 프로세스의 CPU 점유율
- PRI : 프로세스 우선순위
- NI : nice 값 (renice 명령과 관련됨)
- ADDR : 프로세스의 메모리 주소
- SZ : 프로세스의 교체 가능한 프로세스 이미지 크기
- WCHAN : 프로세스가 기다리는 사건

프로세스 상태 필드(S)에는 다음과 같은 것들이 있을 수 있다.

- R : 현재 수행 중이거나 수행 가능한 상태
- D : 인터럽트 불가능한 sleep (보통 I/O 대기)
- S : 인터럽트 가능한 sleep (event 완료를 기다림)
- T : ^Z 나 신호에 의해 잠시 멈춤
- W : 페이지 폴트
- Z : 좀비

[예 5-3]의 결과를 보면 프로세스들의 부모-자식 관계를 알 수 있다. bash의 PID는 2185

인데, 이 값은 ps 명령의 PPID와 같다. 이는 ps 명령을 수행하는 프로세스의 부모 프로세스가 bash를 실행하는 프로세스라는 뜻이다. 다시 말하면 bash가 ps를 생성했다는 뜻이다.

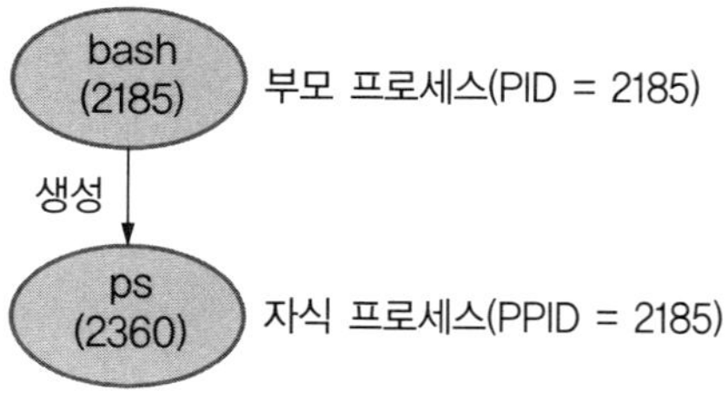

〈그림 5-2〉 프로세스 생성

시스템 내의 모든 프로세스들에 대한 정보를 보려면 −e 옵션을 사용한다. 물론 −e 옵션과 −l 옵션을 동시에 사용하면 모든 프로세스에 대한 상세한 정보를 볼 수 있다.

예 5-4 −e 옵션은 시스템 내의 모든 프로세스들에 대한 정보를 보여준다.

```
[ngsik@ngsnux ch5]$ ps -e
  PID TTY          TIME CMD
    1 ?        00:00:00 init
    2 ?        00:00:00 ksoftirqd/0
    3 ?        00:00:00 watchdog/0
    4 ?        00:00:00 events/0
    5 ?        00:00:00 khelper
    6 ?        00:00:00 kthread
   55 ?        00:00:00 kblockd/0
   56 ?        00:00:00 kacpid
  137 ?        00:00:00 cqueue/0
  138 ?        00:00:00 ksuspend_usbd
  141 ?        00:00:00 khubd
  143 ?        00:00:00 kseriod
  163 ?        00:00:00 pdflush
  164 ?        00:00:00 pdflush
  165 ?        00:00:00 kswapd0
  166 ?        00:00:00 aio/0
  330 ?        00:00:00 kpsmoused
```

```
 341 ?        00:00:00 kjournald
 364 ?        00:00:00 kauditd
 398 ?        00:00:00 udevd
 973 ?        00:00:00 ac97/0
1194 ?        00:00:00 kmpathd/0
1199 ?        00:00:00 kmirrord
1560 ?        00:00:00 syslogd
1563 ?        00:00:00 klogd
1594 ?        00:00:00 dbus-daemon
1667 ?        00:00:00 perl
1684 ?        00:00:00 acpid
1700 ?        00:00:00 cupsd
1715 ?        00:00:00 console-kit-dae
1827 ?        00:00:00 xfs
1843 ?        00:00:00 avahi-daemon
1844 ?        00:00:00 avahi-daemon
1859 ?        00:00:01 hald
1860 ?        00:00:00 hald-runner
1866 ?        00:00:00 hald-addon-acpi
1874 ?        00:00:00 hald-addon-keyb
1882 ?        00:00:00 hald-addon-stor
1891 tty1     00:00:00 mingetty
1892 tty2     00:00:00 mingetty
1893 tty3     00:00:00 mingetty
1894 tty4     00:00:00 mingetty
1895 tty5     00:00:00 mingetty
1896 tty6     00:00:00 mingetty
1897 ?        00:00:00 gdm-binary
1972 ?        00:00:00 gdm-binary
1976 tty7     00:00:11 Xorg
2011 ?        00:00:00 gnome-session
2047 ?        00:00:00 Xsession <defunct>
2075 ?        00:00:01 axtu-daemon
2076 ?        00:00:00 ssh-agent
2079 ?        00:00:00 dbus-launch
2080 ?        00:00:00 scim-launcher
2082 ?        00:00:00 dbus-daemon
2085 ?        00:00:00 gconfd-2
2087 ?        00:00:00 scim-helper-man
```

```
2088 ?      00:00:00 scim-panel-gtk
2090 ?      00:00:00 scim-launcher
2093 ?      00:00:00 gnome-keyring-d
2095 ?      00:00:00 gnome-settings-
2109 ?      00:00:00 metacity
2111 ?      00:00:00 gnome-panel
2115 ?      00:00:00 nautilus
2118 ?      00:00:00 bonobo-activati
2125 ?      00:00:00 gnome-vfs-daemo
2126 ?      00:00:00 pam-panel-icon
2127 ?      00:00:00 pam_timestamp_c
2128 ?      00:00:00 gnome-power-man
2140 ?      00:00:00 wnck-applet
2144 ?      00:00:00 mapping-daemon
2151 ?      00:00:00 notification-ar
2154 ?      00:00:00 gnome-netstatus
2156 ?      00:00:00 mixer_applet2
2158 ?      00:00:00 clock-applet
2168 ?      00:00:01 gnome-terminal
2170 ?      00:00:00 gnome-pty-helpe
2171 pts/0  00:00:00 bash
2183 ?      00:00:00 axtu-notifier-g
2184 pts/0  00:00:00 su
2185 pts/0  00:00:00 bash
2200 ?      00:00:00 gnome-screensav
2250 pts/1  00:00:00 bash
2334 pts/1  00:00:00 man
2356 pts/1  00:00:00 sh
2358 pts/1  00:00:00 less
2361 pts/0  00:00:00 ps
[ngsik@ngsnux ch5]$
```

pstree 명령은 시스템 내의 모든 프로세스들의 계층 구조를 보여준다. 이것은 프로세스의 부모-자식 관계를 근거로 그린 것이다.

▸▸▸ **예 5-5** pstree 명령은 프로세스들 사이의 계층구조를 보여준다.

```
[root@ngsnux ~]# pstree
 init┬acpid
     ├avahi-daemon───avahi-daemon
     ├axtu-daemon
     ├axtu-notifier-g
     ├bonobo-activati
     ├clock-applet
     ├console-kit-dae
     ├cupsd
     ├2*[dbus-daemon]
     ├dbus-launch
     ├events/0
     ├gam_server
     ├gconfd-2
     ├gdm-binary─gdm-binary┬Xorg
     │                     └gnome-session┬Xsession
     │                                   ├gnome-panel
     │                                   ├metacity
     │                                   ├nautilus
     │                                   ├pam-panel-icon─pam_timestamp+
     │                                   └ssh-agent
     ├gedit
     ├gnome-keyring-d
     ├gnome-netstatus
     ├gnome-power-man
     ├gnome-screensav
     ├gnome-settings-
     ├gnome-terminal┬bash─su─bash
     │              ├bash─pstree
     │              └gnome-pty-helpe
     ├gnome-vfs-daemo
     ├hald─hald-runner┬hald-addon-acpi
     │                ├hald-addon-keyb
     │                └hald-addon-stor
     ├khelper
     ├klogd
     ├ksoftirqd/0
     │
```

```
 ├kthread ┬ ac97/0
 │        ├ aio/0
 │        ├ cqueue/0
 │        ├ kacpid
 │        ├ kauditd
 │        ├ kblockd/0
 │        ├ khubd
 │        ├ kjournald
 │        ├ kmirrord
 │        ├ kmpathd/0
 │        ├ kpsmoused
 │        ├ kseriod
 │        ├ ksuspend_usbd
 │        ├ kswapd0
 │        └ 2*[pdflush]
 ├mapping-daemon
 ├6*[mingetty]
 ├mixer_applet2
 ├notification-ar
 ├perl
 ├scim-helper-man
 ├2*[scim-launcher]
 ├scim-panel-gtk
 ├syslogd
 ├udevd
 ├watchdog/0
 ├wnck-applet
 └xfs

[root@ngsnux ~]#
```

5.2.2 프로세스 제거 : kill

프로세스는 자신이 담당하는 프로그램의 실행이 완료되면 자동으로 종료된다. 그러나 프로그램이 무한 루프를 돌거나, 키보드 입력이나 메시지 수신 등을 기다리거나, 혹은 프로그램 실행에 문제가 발생한 경우에는 강제로 종료시켜야 할 때도 있다. 프로세스를 강제로 종료시킬 때는 kill 명령어를 사용한다. 정확히 말하면 kill 명령어는 프로세스에게 시그널을 전달하는 명령어인데, 그 부수적인 효과로 프로세스를 강제 종료시킬 수 있다.

형식	kill pid
기능	프로세스 종료
옵션	-s signal_name : 전송할 시그널 이름 혹은 번호

kill은 프로세스 번호가 pid인 프로세스에게 SIGQUIT 신호를 보낸다. 이 신호를 받은 프로세스는 디폴트로 죽게 되어 있지만, 시그널 처리를 미리 해 놓게 되면 죽지 않을 수도 있다. 그러나 대부분의 프로세스들는 시그널 처리를 해 놓지 않았기 때문에 강제 종료하게 된다. 프로세스에게 SIGQUIT이 아닌 다른 시그널을 보내려면 -s 옵션에 시그널 이름이나 번호를 주면 된다. 그 중에서 SIGKILL(9번) 시그널은 미리 시그널 처리를 해 둘 수 없는 것이기 때문에 SIGKILL 시그널을 받은 프로세스는 무조건 종료하게 된다.

〈표 5-1〉 시그널 종류

번호	이 름	내 용
1	SIGHUP	제어 터미널의 연결이 끊어지거나 제어 프로세스가 종료함
2	SIGINT	키보드 인터럽트 (^C)
3	SIGQUIT	키보드의 Quit 키 (^\)
4	SIGILL	잘못된 명령어 (텍스트 영역의 오류)
5	SIGTRAP	Trace/Breakpoint
6	SIGABORT	abort() 함수에 의한 시그널
6	SIGIOT	IOT Trap
7	SIGBUS	잘못된 메모리 접근에 의한 버스 에러
8	SIGFPE	부동소숫점 에러 (0으로 나누기)
9	SIGKILL	프로세스 종료
10	SIGUSR1	사용자 정의 시그널
11	SIGSEGV	잘못된 메모리 접근(접근 권한 위반)
12	SIGUSR2	사용자 정의 시그널
13	SIGPIPE	읽을 프로세스가 종료한 파이프에 대한 쓰기
14	SIGALRM	alarm()에 의한 타이머 시그널

15	SIGTERM	프로세스 종료 요구
16	SIGSTKFLT	스택 폴트
17	SIGCHLD	자식 프로세스 종료 보고
18	SIGCONT	스톱된 프로세스 수행 시작 요구
19	SIGSTOP	프로세스 수행 중단
20	SIGTSTP	키보드에 의한 중단 요구
21	SIGTTIN	백그라운드 프로세스 터미널 읽기
22	SIGTTOU	백그라운드 프로세스 터미널 쓰기
23	SIGURG	소켓의 urgent condition
24	SIGXCPU	CPU 사용시간 제한 초과
25	SIGXFSZ	파일 크기 사용 제한
26	SIGVALRM	virtual alarm clock
27	SIGPROF	profiling timer의 타임아웃
28	SIGWINCH	윈도우 크기 변화
29	SIGIO	I/O 가능한 사건 발생
30	SIGPWR	정전

이 명령은 uid가 같은 프로세스 즉, 자신이 수행시킨 프로세스를 대상으로만 사용할 수 있다. 그러나 수퍼 유저는 다른 사용자가 수행시킨 프로세스에게도 kill 명령을 사용할 수 있다.

▸▸▸ 예 5-6 kill 명령으로 다른 프로세스를 강제 종료시킬 수 있다. 이 예제는 다른 터미널 창을 강제로 종료시키는 것이므로 아래 과정을 수행하기 전에 미리 별도의 터미널 창을 하나 더 살려 두어야 한다.

```
[ngsik@ngsnux ch5]$ ps -a
 PID TTY          TIME CMD
2185 pts/0    00:00:00 bash
2719 pts/1    00:00:00 bash
2730 pts/0    00:00:00 ps
[ngsik@ngsnux ch5]$
[ngsik@ngsnux ch5]$ kill -9 2719
[ngsik@ngsnux ch5]$
[ngsik@ngsnux ch5]$ ps -a
```

```
 PID TTY          TIME CMD
2185 pts/0    00:00:00 bash
2732 pts/0    00:00:00 ps
[ngsik@ngsnux ch5]$
```

[예 5-6]에서 현재 사용하고 있는 쉘은 pts/0의 2185 프로세스이고, 다른 터미널(pts/1)에서 수행되고 있는 쉘은 2719 프로세스이다. kill 명령으로 2719 프로세스를 종료시키면 pts/1 터미널 창이 닫힌다.

5.2.3 프로세스 우선순위 : renice

리눅스의 프로세스 스케줄링은 우선순위 원칙을 따른다. 즉, 우선순위가 높은 프로세스를 먼저 수행시킨다. 스케줄링 우선순위는 수행 중에 동적으로 변하는 동적 우선순위(dynamic priority)와 한 번 설정되면 다시 설정할 때까지 변하지 않는 정적 우선순위(static priority)의 합으로 구성된다. 우선순위 숫자값이 작을 때 우선순위가 높다. 동적 우선순위는 프로세스가 CPU를 내놓고 수행을 멈출 때 일정한 값으로 설정되고 시간이 경과함에 따라 점차로 줄어든다. 즉, CPU를 차지하지 못하는 시간이 길어지면 동적 우선순위가 계속 높아져 언젠가는 CPU를 차지하게 된다.

프로세스의 정적 우선순위 값은 nice 값이라고도 한다. 이 값은 처음에는 모든 프로세스가 동일한 값인 0은 가지는데, 수퍼 유저는 명령어를 실행시킬 때 이 값을 바꿀 수도 있다. 정적 우선순위 값은 -20 ~ +20까지 가질 수 있는데 음수 쪽으로 갈수록 우선순위가 높다.

프로세스의 nice 값은 renice 명령으로도 변경할 수 있다. 수퍼 유저는 -20 ~ +20까지 변경할 수 있지만, 일반 사용자는 0 ~ +20까지만 변경할 수 있다.

형식	renice priority pid
기능	프로세스 우선순위 변경
옵션	대부분 옵션 없이 사용함

▸▸▸ 예 5-7 renice 명령은 프로세스의 nice 값을 변경시킨다.

```
[ngsik@ngsnux ch5]$ ps -l
F S  UID  PID  PPID  C PRI  NI ADDR SZ WCHAN  TTY          TIME CMD
4 S  500  2185  2184  0  75   0 -  1486 wait   pts/0    00:00:00 bash
0 R  500  3141  2185  0  77   0 -  1343 -      pts/0    00:00:00 ps
[ngsik@ngsnux ch5]$ renice 5 2185
2185: old priority 0, new priority 5
[ngsik@ngsnux ch5]$ ps -l
F S  UID  PID  PPID  C PRI  NI ADDR SZ WCHAN  TTY          TIME CMD
4 S  500  2185  2184  0  80   5 -  1486 wait   pts/0    00:00:00 bash
0 R  500  3143  2185  0  82   5 -  1343 -      pts/0    00:00:00 ps
[ngsik@ngsnux ch5]$
```

[예 5-7]에서 2185 프로세스의 nice 값이 처음에는 0이었는데, renice 명령 사용 후에는 5로 변경되었음을 알 수 있다. 또한 두 번째 ps 명령의 nice값도 5인데, 이는 쉘의 nice 값이 변경된 후에 ps 명령이 수행되었으므로 ps 명령을 수행하는 3143 프로세스의 nice값도 쉘과 같은 5가 된 것이다.

5.2.4 백그라운드 프로세스 보기 : jobs

백그라운드 프로세스(background process)란 쉘이 다른 명령을 처리할 수 있도록 프롬프트를 내보내고 있는 상태에서 수행되고 있는 프로세스를 말한다. 즉, 쉘과 동시에 수행되고 있는 프로세스이다. 백그라운드 프로세스가 존재하는 상태에서도 쉘은 다른 명령을 처리할 수 있으므로 동시에 여러 개의 백그라운드 프로세스가 존재할 수도 있다. 특히 초보자의 경우에는 vi를 종료시키기 위해 [Shift][Z][Z]를 입력하려다가 실수로 [Ctrl][Z]를 입력할 경우에 원하지 않는 백그라운드 프로세스가 발생할 수도 있다. 현재 백그라운드 프로세스를 보여주는 명령어는 jobs이다.

백그라운드 프로세스를 포그라운드(fore-ground) 프로세스로 전환시키는 명령어는 fg이다.

▸▸▸ 예 5-8 다음은 jobs와 fg의 사용법을 알아보는 예제이다. 먼저 백그라운드 프로세스를 만들기 위해서 vi로 들어간 다음에 Ctrl Z로 vi의 수행을 잠시 중단하고 쉘로 복귀한다. 또 하나의 백그라운드 프로세스를 만들기 위해 find 명령에 '&' 표시를 하여 백그라운드 명령으로 실행시킨다. 마지막 단계에서 find 명령을 종료시키기 위해 ^C를 사용한다.

```
[ngsik@ngsnux ch5]$ vi tmp

[1]+  Stopped                    vim tmp
[ngsik@ngsnux ch5]$
[ngsik@ngsnux ch5]$ jobs
[1]+  Stopped                    vim tmp
[ngsik@ngsnux ch5]$
[ngsik@ngsnux ch5]$ find / -name myfile &
[2] 3314
[ngsik@ngsnux ch5]$
[ngsik@ngsnux ch5]$ jobs
[1]+  Stopped                    vim tmp
[2]-  Running                    find / -name myfile &
[ngsik@ngsnux ch5]$
[ngsik@ngsnux ch5]$ fg
vim tmp
[ngsik@ngsnux ch5]$
[ngsik@ngsnux ch5]$ jobs
[2]+  Running                    find / -name myfile &
[ngsik@ngsnux ch5]$
[ngsik@ngsnux ch5]$ fg
find / -name myfile

[ngsik@ngsnux ch5]$
```

vi에서 Ctrl Z를 입력하면 vi의 수행이 백그라운드로 진행되면서 쉘이 동작한다. 이 상태에서 jobs 명령을 사용하면 vi가 종료되지 않고 멈추었다는 것을 알 수 있다. 또한 명령을 수행시킬 때 "&"를 사용하면 이 프로세스는 백그라운드로 진행된다. [예 5-8]에서는 시스템에서 어떤 파일을 찾는 find 명령을 백그라운드로 실행시켰다. 이 상태에서 jobs 명령의 결과는 쉘 이외에 2개의 프로세스가 수행되고 있다는 것을 보여준다. 여기서 fg 명령을 사용하면 백그라운드 프로세스가 순서대로 전면으로 나오게 된다.

연 습 문 제

A. 다음 빈 칸을 적절한 용어로 채우시오.

1. 리눅스 시스템에서 수행되는 모든 사용자 프로세스들은 프로세스 번호가 1번인 (　　　　)의 후손이다.
2. 프로세스가 다른 프로세스를 생성했을 때 처음 프로세스를 (　　　　) 프로세스라 하고, 새로 생성된 프로세스를 (　　　　) 프로세스라 한다.
3. 프로세스의 수행 순서는 우선 순위에 의해 결정되는데, 리눅스 프로세스의 우선순위는 한 번 설정하면 설정을 바꿀 때까지 변하지 않는 (　　　　)와 수행 도중에 값이 자동으로 변하는 (　　　　)의 합이다.
4. (　　　　)는 쉘이 다른 명령을 처리할 수 있도록 프롬프트를 내보내고 있는 상태에서도 수행되고 있는 프로세스를 말한다.
5. 멀티타스킹 시스템에서 한 프로세스가 CPU를 내놓았을 때 다음에 CPU를 차지할 프로세스를 결정하는 것 다시 말하면, 프로세스의 수행 순서를 정하는 것을 (　　　　)라 한다.
6. 하나의 컴퓨터에서 동시에 여러 개의 프로그램이 수행될 수 있도록 하는 것을 (　　　　)이라 한다.
7. 부모 프로세스의 PID와 자식 프로세스의 (　　　　)는 같은 값을 가진다.
8. 리눅스 내의 모든 프로세스들은 (　　　　)을 정점으로 하는 단일 트리 구조를 가지는데 pstree 명령으로 이를 확인할 수 있다.
9. 프로세스를 종료시키는 kill 명령은 사실은 프로세스에게 (　　　　)을 전달하는 것인데, 이를 받은 프로세스가 미리 대비하지 않았기 때문에 종료하는 것이다.
10. 프로세스의 nice 값은 (　　　　) ~ (　　　　) 사이의 값을 가지는데, 값이 클수록 우선 순위가 낮다.

B. 다음 물음에 답하시오.

1. 멀티타스킹이란 무엇이며, 동작 원리를 3개의 프로세스로 설명하시오.
2. 다음 “ps -l” 명령의 수행 결과에 있는 각 필드의 의미를 설명하시오

```
[ngsik@ngsnux ch5]$ ps -l
F S  UID  PID  PPID  C PRI  NI ADDR  SZ WCHAN  TTY          TIME CMD
0 R  500  2175  2173  0  77   0 -   1303 -      pts/0       00:00:00 bash
0 R  500  2181  2175  0  77   0 -    443 -      pts/0       00:00:00 ps
[ngsik@ngsnux ch5]$
```

3. 다음 명령 수행 결과를 보고 프로세스들 사이의 부모 자식 관계를 psteee 명령의 결과와 같은 그림으로 표시하시오.

```
[ngsik@ngsnux ch5]$ ps -el
F S  UID   PID  PPID  C PRI  NI ADDR  SZ WCHAN  TTY    TIME CMD
4 S  0        1     0  0  75  0  -    501   -    ?     00:00:00 init
4 R  0     1892     1  0  79  0  -    410   -    tty1  00:00:00 mingetty
0 S  0     2165     1  0  75  0  -    1405  -    ?     00:00:00 terminal
0 R  0     2170  2165  0  77  0  -    1343  -    pts/0 00:00:00 bash
0 R  0     2173  2170  0  77  0  -    1346  -    pts/0 00:00:00 su
0 R  500   2175  2173  0  77  0  -    1303  -    pts/0 00:00:00 bash
0 R  500   2180  2175  0  77  0  -    45    -    pts/0 00:00:00 prog1
0 R  500   2181  2175  0  77  0  -    443   -    pts/0 00:00:00 ps
[ngsik@ngsnux ch5]$
```

4. 자신의 터미널에 백그라운드 프로세스가 존재하는지 확인하고, 만약에 존재한다면 정상적인 방법으로 종료시키려고 한다. 그 방법을 설명하시오.
5. 터미널 창을 2개 만들어서 작업을 하고 있다. 터미널 1에서 실행시킨 프로그램 prog1에 문제가 발생하였는데 ^C로 종료되지 않는다. 어떻게 하는 것이 좋겠는가? 단, 터미널 1의 창을 닫지 말고 문제를 해결해야 한다.

C. 다음 명령의 기능을 설명하시오.

1. ps
2. pstree
3. kill
4. renice
5. jobs
6. fg

CHAPTER 06

쉘

쉘(shell)은 사용자와 리눅스 시스템 사이의 인터페이스 역할을 한다. 즉, 리눅스 사용자들은 쉘을 통하여 리눅스 시스템을 사용한다. 쉘은 텍스트 인터페이스를 제공하기 때문에 쉘을 통해 명령어를 수행시키려면 키보드에서 명령어를 입력해야 하고, 대부분의 명령 수행 결과도 텍스트 형태로 화면에 출력된다. 반면 윈도우 인터페이스를 가지는 환경에서는 단지 아이콘 위에 마우스를 클릭해서 명령을 수행시키고, 대부분의 명령 수행 결과도 그래픽 형태로 제공된다. 따라서 텍스트 형태의 쉘은 윈도우 환경에 비해 불편한 점은 있지만 효율성 면에서는 윈도우 환경보다 비교할 수 없을 만큼 우수하다. 뿐만 아니라 쉘은 강력한 프로그래밍 언어 기능도 제공한다.

6.1 쉘의 기능

쉘은 다음과 같은 두 가지 기능을 가진다.

- 명령어 처리기
- 쉘 언어 해석기

명령어 처리기로서 쉘은 키보드로부터 사용자 명령을 입력받아 이를 해석하고 처리한다.

쉘은 한 라인 즉, Enter키가 입력될 때까지를 하나의 명령 라인으로 보고 처리한다.

언어 해석기로서 쉘은 스크립트 프로그램을 작성하고 실행할 수 있게 해준다. 쉘 스크립트 프로그램은 리눅스가 제공하는 명령어들과 쉘이 제공하는 몇 가지 키워드들로 구성된다. 쉘 스크립트 프로그램은 고급 언어로 작성한 프로그램에 비해 효율은 떨어지지만 짧은 시간에 강력한 기능을 가지는 프로그램을 간단하게 작성할 수 있게 하며, 수시로 변경될 수 있는 시스템 관리용 프로그램에 주로 활용된다.

6.2 쉘의 종류

리눅스에서 사용하는 쉘은 여러 종류가 있다. 이들은 사용자가 입력한 명령을 수행하고 프로그래밍 언어 기능을 한다는 점에서는 동일하지만, 작업 환경과 쉘 프로그램 작성 방법에 약간의 차이가 있다.

〈표 6-1〉 쉘의 종류

종류	개발자	기본 프롬프트	실행파일 경로명
sh	Steven Bourne	$	/bin/sh
bash	Brain fox chet Ramey	#	/bin/bash
csh	Bill Joy	%	/bin/csh
ksh	David Korn	$	/bin/ksh
tcsh	Ken greer	〉	/bin/tcsh
zsh	Paul Falstad	%	/bin/zsh

가장 오래된 쉘인 sh는 쉘 스크립트 작성 기능이 우수하여 대부분의 쉘 프로그램들은 sh에 의해 실행될 수 있도록 만들어졌다. sh를 기반으로 만들어진 bash(Bourne Again SHell)는 GNU 프로젝트에 의해 개발된 것으로 리눅스의 기본 쉘로 가장 많이 사용된다. bash는 sh와 csh의 특징들을 모두 포함하고 있다.

csh는 쉘 프로그램 언어의 문법이 C 언어의 문법과 유사하기 때문에 C 쉘이라는 이름이 붙여졌다. csh는 UNIX의 기본 쉘로 가장 많이 사용되는데, 명령 수행 환경이 편리하여 리눅스의 고급 사용자들에게도 많이 사용된다.

현재 시스템에서 제공하는 쉘이 어떤 것이 있는가는 /bin 디렉토리를 검사해보면 알 수 있다. 모든 쉘의 실행 파일 이름은 'sh'로 끝나기 때문에 [예 6-1]과 같은 명령을 사용하면 알아볼 수 있다.

▸▸▸ 예 6-1 현재 시스템에서 사용 가능한 쉘들을 알아본다.

```
[ngsik@ngsnux ch6]$ ls -l /bin/*sh
-rwxr-xr-x 1 root root  92484 12월  5  2006 /bin/ash
-rwxr-xr-x 1 root root 630956 12월  5  2006 /bin/bash
lrwxrwxrwx 1 root root       3  6월 27 16:46 /bin/bsh -> ash
lrwxrwxrwx 1 root root       4  6월 27 16:37 /bin/csh -> tcsh
lrwxrwxrwx 1 root root       4  6월 27 16:33 /bin/sh -> bash
-rwxr-xr-x 1 root root 302424 12월  5  2006 /bin/tcsh
[ngsik@ngsnux ch6]$
```

사용자가 사용하는 쉘은 사용자 계정을 등록할 때 관리자에 의해 설정된다. 어떤 사용자가 사용하는 쉘을 변경하려면 관리자는 사용자 등록 기능을 사용해서 쉘만 변경시킬 수 있다. 또한 명령어 chsh를 사용해서 자신의 쉘이나 다른 사용자가 사용할 쉘을 변경할 수도 있다.

형식	chsh [-s shell] [username]
기능	사용자의 로그인 쉘 변경
옵션	-s shell : 새로운 쉘의 절대 경로명

chsh는 사용자가 로그인 했을 때 실행되는 로그인 쉘을 변경한다. 즉, /etc/passwd 파일의 내용을 변경한다. 일반 사용자는 /etc/shells 파일에 등록되어 있는 쉘 중의 하나를 선택해서 변경할 수 있다. 그러나 관리자는 어떠한 쉘도 선택해서 사용할 수 있다.

▸▸▸ 예 6-2 chsh는 사용자가 사용할 쉘을 바꾼다.

```
[ngsik@ngsnux ch6]$ chsh -s /bin/bash
Changing shell for ngsik.
Password:
Shell changed.
[ngsik@ngsnux ch6]$
```

사용자의 로그인 쉘이 바뀌었는지 확인하려면 다시 로그인 하거나, /etc/passwd 파일의 내용을 확인하면 된다.

사용자들은 자신이 사용하는 쉘을 [예 6-3]과 같이 일시적으로 바꿀 수 있다. 여기서 다시 원래의 쉘로 돌아가려면 sh를 exit나 ^D로 종료시키면 된다.

▸▸▸ 예 6-3 쉘을 일시적으로 바꿀 때에는 쉘을 하나의 명령어처럼 수행시킨다. 원래의 쉘로 돌아갈 때에는 exit 명령을 사용하거나, ^D를 입력한다.

```
[ngsik@ngsnux ch6]$ sh
sh-3.1$
sh-3.1$
sh-3.1$ exit
exit
[ngsik@ngsnux ch6]$
```

6.3 쉘의 명령어 처리

쉘은 수행이 시작되면 종료될 때까지 키보드로부터 명령어를 입력받아 실행하는 동작을 반복한다.

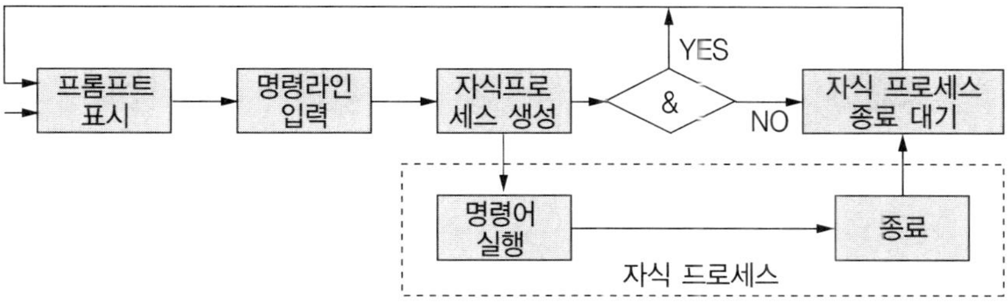

〈그림 6-1〉 쉘의 동작 원리

〈그림 6-1〉과 같이 쉘은 먼저 화면에 프롬프트를 내보낸다. 프롬프트는 쉘이 명령을 입력받을 준비가 되어 있음을 나타낸다. 프롬프트가 표시된 상태에서 사용자가 명령 라인을 입력하면 쉘은 이 명령 라인을 읽어서 자식 프로세스를 생성하고 자식 프로세스에게 명령 라인을 넘겨준다. 자식 프로세스는 명령 라인에 있는 명령어 이름에 해당하는 명령어 파일을 미리 지정된 디렉토리에서 찾아서 그 명령어 파일을 실행시킨다. 한편, 부모 프로세스인 쉘은 명령 라인의 끝에 '&' 표시가 있으면 이 명령을 백그라운드 명령으로 보아서 바로 프롬프트를 내보낸다. 그러나 백그라운드 명령이 아닐 경우에는 자식 프로세스가 종료될 때까지 수행을 멈추고 대기한다. 쉘은 로그아웃될 때까지 이러한 동작을 무한히 반복한다.

쉘은 자신이 직접 명령을 실행하지 않고 자식 프로세스를 생성하여 자식 프로세스가 명령을 실행하도록 한다. 따라서 하나의 명령을 입력하고 쉘 프롬프트가 나타나기 전까지는 자식 프로세스가 존재하는 상태이다.

▸▸▸ 예 6-4 쉘이 명령을 수행하는 방법을 설명하기 위한 예제이다.

```
[ngsik@ngsnux ch6]$ ls
file1  file2  file3
[ngsik@ngsnux ch6]$ ps
  PID TTY          TIME CMD
2185 pts/0    00:00:00 bash
4074 pts/0    00:00:00 ps
[ngsik@ngsnux ch6]$
```

〈그림 6-2〉는 [예 6-4]의 명령 수행 과정에서 자식 프로세스의 생성과 소멸을 나타낸다.

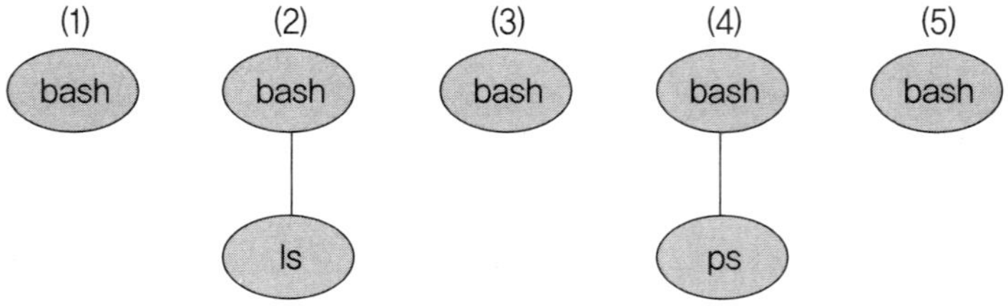

〈그림 6-2〉 쉘과 자식 프로세스의 명령 수행

(1) ls 명령을 입력하기 전까지는 쉘인 bash만 존재한다.

(2) ls가 입력되면 자식 프로세스가 생성되어 ls 명령을 수행한다. ls의 실행이 완료될 때까지 bash는 대기한다.

(3) ls의 실행이 완료되면 화면에 다시 프롬프트가 나오는데 이때는 ls를 실행시킨 자식 프로세스는 종료되고 없다.

(4) 다시 ps를 입력하면 새로운 자식 프로세스를 생성하여 ps를 실행시키고, bash는 대기한다.

(5) ps 명령 수행이 완료되면 다시 bash만 남는다.

6.4 순차 처리

순차 처리(sequential processing)는 여러 명령어들을 세미콜론(;)으로 구분하여 하나의 명령라인에 입력하였을 때, 각 명령어들을 차례로 처리하는 것을 말한다. 첫 번째 명령어부터 시작하여 하나의 명령 수행이 완료된 다음에 다음 명령이 수행된다. 명령 라인 내의 모든 명령어들이 수행되고 난 후에 쉘 프롬프트가 나온다.

▸▸▸ 예 6-5 순차처리는 ';' 로 구분된 명령들을 차례로 수행시키는 것을 말한다.

```
[ngsik@ngsnux ch6]$ who; ls; ps
root     pts/0        2007-07-16 10:09 (:0.0)
root     pts/1        2007-07-16 11:08 (:0.0)
file1  file2  file3
  PID TTY          TIME CMD
2185 pts/0    00:00:00 bash
4158 pts/0    00:00:00 ps
[ngsik@ngsnux ch6]$
```

[예 6-5]에서 who 명령이 수행되어 결과가 출력된 다음에 ls 명령이 수행되어 결과가 출력되었고, 그 다음에 ps 명령이 수행되어 결과가 출력되었다. 이와 같이 명령들이 순차적으로 실행되기 때문에 순차실행이라고 한다.

6.5 백그라운드 처리

백그라운드 처리(background processing)란 이전에 입력된 명령의 수행이 완료되기 전이라도 다음 명령을 입력받는 것을 말한다. 백그라운드 처리를 원하면 명령 라인의 끝에 '&'를 표시해야 한다. 백그라운드 처리는 주로 시간이 오래 걸리는 작업이 진행되는 동안에 다른 작업을 하기 위해 사용한다. 예를 들면 아주 큰 프로그램을 컴파일하려면 시간이 많이 걸리는데 이 작업을 백그라운드로 수행시키면 컴파일이 진행되는 동안에 다른 작업을 할 수 있다.

▸▸▸ 예 6-6 백그라운드 작업은 한 작업이 완료되기 전에 다른 명령을 수행시킬 수 있도록 쉘 프롬프트가 나오는 것을 말한다.

```
[ngsik@ngsnux ch6]$ find / -name telnet -print &
[1] 4319
[ngsik@ngsnux ch6]$
[ngsik@ngsnux ch6]$
```

그러나 최근에는 리눅스에서도 윈도우 인터페이스를 사용하고 있어서 한 컴퓨터에서도 여러 개의 터미널 창을 동시에 사용할 수 있기 때문에 일반 사용자는 백그라운드 처리 기능을 사용할 필요가 거의 없다.

6.6 입출력 방향 전환

리눅스에서 실행되는 프로그램은 모두 표준입력, 표준출력, 표준오류 장치 개념을 가지고 동작한다. 즉, 기본적으로 입력은 어디에서 받고, 출력은 어디로 내보내고, 오류 메시지는 어디로 내보내는가에 대해 미리 정의되어 있다. C 언어에서 볼 때 getchar() 같은 입력 함수는 표준입력 장치에서 문자를 입력하고, printf() 같은 출력 함수는 표준출력 장치로 출력을 내보낸다. 리눅스에서는 기본적으로 표준입력 장치는 키보드로 정의되어 있고, 표준출력 장치와 표준오류 장치는 화면으로 정의되어 있다.

〈그림 6-3〉 프로세스의 표준 입출력 장치

〈그림 6-3〉은 프로세스의 표준 입출력 개념을 설명한다. 그림에서 숫자는 리눅스 운영체제에서 사용하는 파일 디스크립터 번호이다. 리눅스의 모든 프로세스는 표준입력 장치는 0번, 표준출력 장치는 1번, 표준오류 장치는 2번의 파일 디스크립터 번호를 가진다. 리눅스에서는 임의로 변경하기 전에는 0번 디스크립터는 키보드, 1번 디스크립터와 2번 디스크립터는 화면과 연결되어 있다.

6.6.1 표준출력의 방향 전환

표준출력의 방향 전환은 정상적으로 화면에 출력될 내용을 파일에 저장하도록 하는 기능을 말한다. 대부분의 리눅스 명령어들은 표준출력 장치로 출력을 한다. 즉, 화면에 출력을 한다. 따라서 출력 결과는 화면이 스크롤되면서 점차 사라지게 된다. 표준출력 방향 전환 기능은 화면에 표시될 내용을 파일에 저장해 두고 이후에 참조하거나 다른 프로그램의 입력 자료로 활용할 때 유용하다.

표준출력의 방향 전환은 다음과 같이 표현한다.

```
명령 > 출력파일
```

여기서 '〉' 기호는 명령을 수행할 때 프로세스의 표준출력 즉, 파일 디스크립터 1번을 "출력파일"로 변경해서 명령을 수행하라는 뜻이다. 따라서 표준출력으로 출력하는 내용은 모두 "출력파일"에 저장되므로 화면에는 나오지 않는다. 이 개념은 〈그림 6-4〉와 같다.

〈그림 6-4〉 프로세스의 표준출력 방향 전환

▸▸▸ 예 6-7 표준출력 방향 전환을 의미하는 '〉' 기호는 화면에 나올 내용을 파일에 저장하도록 한다.

```
[ngsik@ngsnux ch6]$ ls > tmpfile
[ngsik@ngsnux ch6]$
[ngsik@ngsnux ch6]$ cat tmpfile
file1
file2
file3
[ngsik@ngsnux ch6]$
```

ls 명령은 파일이나 디렉토리 이름들을 화면에 나열해서 보여준다. 그러나 [예 6-7]과 같이 표준출력을 방향 전환하면 화면에 표시될 내용이 파일에 저장된다. [예 6-7]과 같이 tmpfile의 내용을 확인하면 정상적으로 화면에 표시될 내용이 tmpfile에 저장되어 있음을 알 수 있다.

[예 6-7]과 같이 하면 tmpfile의 이전 내용은 지워지고 단지 최근에 실행시킨 ls의 결과만

저장되어 있다. 표준출력의 방향 전환에서 내용을 저장할 파일의 이전 내용을 지우지 않고 새로운 내용을 기존 내용의 뒤에 덧붙이려면 "〉〉"를 사용한다.

명령 ≫ 출력파일

▸▸▸ 예 6-8 표준출력 방향 전환 기호 중에서 "〉〉" 기호는 화면에 나올 내용을 파일의 뒤에 붙인다.

```
[ngsik@ngsnux ch6]$ date > tmpfile
[ngsik@ngsnux ch6]$ ps >> tmpfile
[ngsik@ngsnux ch6]$ ls >> tmpfile
[ngsik@ngsnux ch6]$
[ngsik@ngsnux ch6]$ cat tmpfile
2007. 07. 16. (월) 15:51:25 KST
 PID TTY          TIME CMD
2185 pts/0    00:00:00 bash
4496 pts/0    00:00:00 ps
file1
file2
file3
tmpfile
[ngsik@ngsnux ch6]$
```

[예 6-8]의 결과를 보면 tmpfile에는 date 명령의 결과 다음에 ps 명령의 결과가 있고, 그 다음에는 ls 명령의 결과가 있다. 처음 date 명령의 결과는 '〉' 로 방향전환 되었기 때문에 tmpfile의 기존 내용을 모두 지운 다음에 저장되었고, ps와 ls 명령의 결과는 "〉〉"로 방향 전환되었기 때문에 tmpfile의 내용을 지우지 않고 기존 내용의 뒤에 차례로 추가되었다.

6.6.2 표준오류의 방향 전환

컴파일러와 같은 유틸리티 프로그램들은 내부적으로 표준출력 장치뿐만 아니라 표준오류 장치를 통해 출력을 하기도 한다. 이렇게 하면 표준출력을 방향 전환해도 오류 메시지는 여전히 화면으로 나온다.

▸▸▸ **예 6-9** 출력 방향전환 기호 '〉'는 표준 출력(파일 디스크립터 1)에 대해서만 방향 전환하고, 표준오류(파일 디스크립터 2)는 그대로 둔다. 이를 확인하기 위해 먼저 오류를 가진 다음과 같은 내용의 err.c 파일을 vi 에디터로 작성한 다음에 gcc로 컴파일해 보라.

```
[ngsik@ngsnux ch6]$ cat err.c

#include 〈stdio.h〉

main(int argc, char *argv[])
{
printf("stderr test\n"
}

[ngsik@ngsnux ch6]$
[ngsik@ngsnux ch6]$ gcc err.c 〉 errfile
err.c: In function 'main'
err.c:7: error: expected ')' before '}' token
err.c:7: error: expected ';' before '}' token
[ngsik@ngsnux ch6]$
[ngsik@ngsnux ch6]$ cat errfile
[ngsik@ngsnux ch6]$
```

[예 6-9]에서는 C 프로그램 err.c를 gcc를 이용해 컴파일할 때 오류 메시지를 발생시키기 위해 printf() 함수를 문법에 맞지 않게 코딩했다. 이 프로그램을 gcc를 이용해 컴파일하면 표준출력 방향 전환이 되었는데도 불구하고 오류 메시지가 화면에 표시된다. 이는 gcc가 오류 메시지를 표준출력 장치가 아닌 표준 오류 장치로 내보나기 때문이다. 이러한 경우에 표준출력 방향 전환을 하면 오류 메시지는 여전히 화면에 표시된다. 이때는 다음과 같이 표준 오류 방향 전환을 해주어야 한다.

```
명령 2 〉 오류파일
```

여기서 "2〉"는 파일 디스크립터 2번을 "오류파일"로 방향 전환하라는 뜻이다. 따라서 파일 디스크립터 2번으로 출력되던 오류 메시지들은 모두 "오류파일"에 저장된다.

〈그림 6-5〉 프로세스의 표준 오류 방향 전환

▸▸▸ 예 6-10 표준 오류를 방향 전환하려면 "2>"라고 해야 한다.

```
[ngsik@ngsnux ch6]$ gcc err.c 2> errfile
[ngsik@ngsnux ch6]$
[ngsik@ngsnux ch6]$ cat errfile
err.c: In function 'main'
err.c:7: error: expected ')' before '}' token
err.c:7: error: expected ';' before '}' token
[ngsik@ngsnux ch6]$
```

표준 오류 장치의 파일 디스크립터가 2이므로 표준오류의 방향 전환을 할 때에 이를 나타내주어야 한다. '>' 앞에 숫자가 생략되어 있으면 표준출력 장치를 나타내는 1이 있는 것과 같다.

6.6.3 표준입력의 방향 전환

표준입력의 방향 전환이란 프로세스가 키보드로부터 받을 입력을 파일로부터 받게 하는 것을 말한다. 이것은 파일에 미리 저장되어 있는 자료들을 키보드에서 바로 입력된 것처럼 사용할 수 있게 한다.

```
명령 < 입력파일
```

여기서 '<'는 파일 디스크립터 0번을 "입력파일"로 방향 전환하라는 의미이다. 따라서 기존의 파일 디스크립터 0번이던 키보드에서 입력할 내용은 "입력파일"에서 입력된다.

〈그림 6-6〉 프로세스의 표준입력 방향 전환

▸▸▸ 예 6-11 표준입력을 방향 전환하려면 '<'를 사용한다.

```
[ngsik@ngsnux ch6]$ cat sortfile
ccccc
aaaaa
ggggg
bbbbb
ddddd
[ngsik@ngsnux ch6]$ sort < sortfile
aaaaa
bbbbb
ccccc
ddddd
ggggg
[ngsik@ngsnux ch6]$
```

먼저 [예 6-11]과 같은 내용을 sortfile에 입력한 다음 sort 명령을 실행시킨다. 원래 sort는 표준입력 장치인 키보드로부터 입력을 받도록 만들어진 프로그램이지만 여기서는 표준입력을 방향 전환해서 sortfile을 표준입력 장치처럼 사용하게 했다. 따라서 sortfile의 내용이 문자 순서대로 정렬되어 출력되었다.

6.7 파이프

파이프는 두 개의 명령을 동시에 실행시키면서 앞 명령의 표준출력을 뒤 명령의 표준입력과 연결하는 것을 말한다. 따라서 앞 명령은 반드시 표준출력 장치로 출력을 내보내는 명령이어야 하고, 뒤 명령은 반드시 표준입력 장치에서 입력을 받는 명령이어야 한다. 두 명령 사이는 '|'로 연결하여 표시한다.

```
명령 1 | 명령 2
```

여기서 '|'는 명령 1과 명령 2를 동시에 수행시키는데, 명령 1의 표준출력과 명령 2의 표준입력을 파이프로 연결해서 실행하라는 뜻이다. 따라서 명령 1의 표준출력은 명령 2의 표준입력이 된다.

〈그림 6-7〉 파이프의 동작원리

▸▸▸ 예 6-12 다음은 파이프를 이용해서 두 명령을 연결한 예이다.

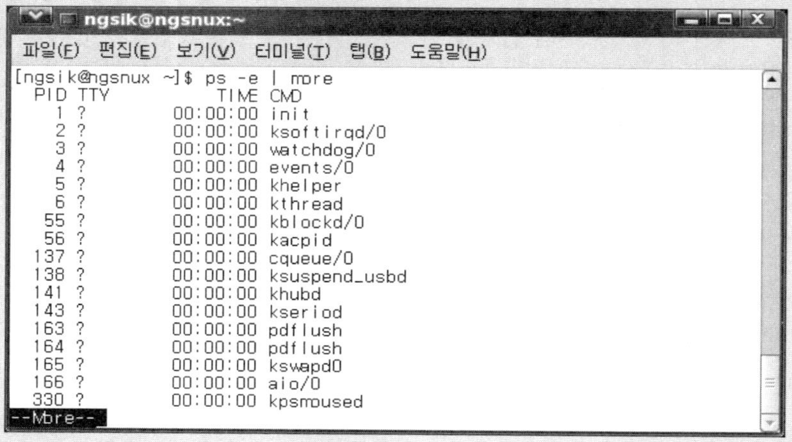

ps 명령의 결과는 표준출력으로 나와야 하지만 파이프를 사용하였기 때문에 두 번째 명령인 more의 입력으로 들어가서 한 페이지 단위로 출력된다. more 명령은 인수로 주어진 파일의 내용을 한 화면씩 끊어서 보여주는 명령이지만 인수가 없을 때에는 표준입력의 내용을 한 화면씩 보여준다.

파이프를 사용할 때에는 첫 번째 명령은 표준출력으로 결과를 내보내는 명령이어야 하고, 두 번째 명령은 표준입력에서 입력을 받는 명령이어야 한다.

파이프와 함께 사용하는 명령으로 tee가 있다. tee는 표준 입력으로 들어온 내용을 파일에 저장하면서 동시에 표준출력으로 내보내기도 한다. 즉 tee 명령은 〈그림 6-8〉과 같이 동작한다.

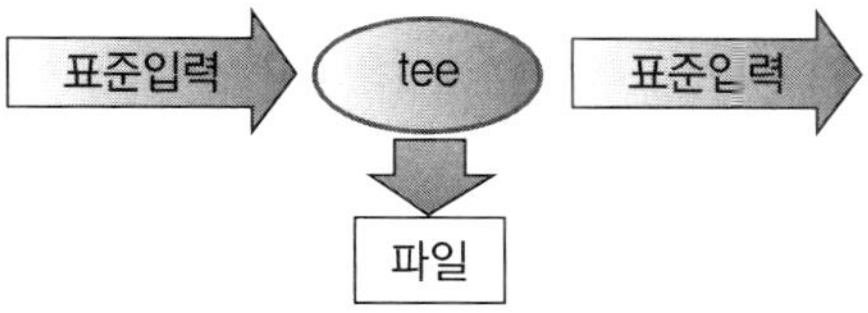

〈그림 6-8〉 tee 명령의 기능

▸▸▸ **예 6-13** 다음은 tee를 이용해서 명령의 결과를 화면에 나오게 하면서 파일에도 저장한다.

```
[ngsik@ngsnux ch6]$ ls | tee result
file1
file2
file3
[ngsik@ngsnux ch6]$ cat result
file1
file2
file3
[ngsik@ngsnux ch6]$
```

[예 6-13]의 명령은 ls의 결과가 화면에 나온다. 이와 동시에 같은 결과가 result라는 파일에도 저장되어 있다. 왜냐하면 ls의 결과가 tee 명령에 전달되면 tee는 그 내용을 result라는 파일에 저장하면서 동시에 표준 출력으로도 내보내기 때문이다.

6.8 와일드 카드 문자

쉘이 파일이나 디렉토리 이름을 지칭할 때 여러 개의 이름을 동시에 나타내는 특수 문자들을 사용할 수 있다. 이러한 문자를 와일드 카드(wild card) 문자라 한다. 쉘에서는 다음과 같은 4개의 와일드 카드 문자를 정의하고 있다.

〈표 6-2〉 와일드 카드 문자

와일드 카드 문자	의 미
*	0개 이상의 모든 문자의 연속
?	한 개의 문자
[]	문자의 범위 지정
{}	여러 문자 패턴을 쉼표로 분리해서 지정

* : 모든 문자

"t*"는 t로 시작하는 모든 파일이나 디렉토리 이름을 나타낸다. 이 경우에 이름이 t인 것도 해당하고, t로 시작하면서 뒤에 몇 글자가 더 있는 문자열일 수도 있다.

▸▸▸ 예 6-14 '*'는 "all"의 의미이다.

```
[ngsik@ngsnux ch6]$ ls
err.c    file1   file3   tmp10   tmp12   tmp2   tmp4   tmp6   tmp8
errfile  file2   tmp1    tmp11   tmp13   tmp3   tmp5   tmp7   tmp9
[ngsik@ngsnux ch6]$
[ngsik@ngsnux ch6]$ ls t*
tmp1    tmp11   tmp13   tmp3   tmp5   tmp7   tmp9
tmp10   tmp12   tmp2    tmp4   tmp6   tmp8
[ngsik@ngsnux ch6]$
```

? : 한 글자

"t???"는 t로 시작하면서 뒤에 세 글자가 더 있는 이름을 나타낸다.

예 6-15 '?'는 "한 글자"의 의미이다.

```
[ngsik@ngsnux ch6]$ ls t???
tmp1 tmp2 tmp3 tmp4 tmp5 tmp6 tmp7 tmp8 tmp9
[ngsik@ngsnux ch6]$
```

[] : 범위

"[ ]"는 문자의 범위를 나타내므로 다양한 표현이 가능하다.

[a-z]	소문자 a에서 z까지의 모든 문자 중의 한 문자
[az]	소문자 a나 z 중의 한 문자
[abc-fgh]	a, b나 c ~ f까지 문자 중의 한 문자나 g, h 중의 한 문자 즉, a, b, c, d, e, f, g, h 중의 한 문자

예 6-16 '[]'는 범위를 나타낸다.

```
[ngsik@ngsnux ch6]$ ls tmp[1-5]
tmp1 tmp2 tmp3 tmp4 tmp5
[ngsik@ngsnux ch6]$
[ngsik@ngsnux ch6]$ ls tmp[13-5]
tmp1 tmp3 tmp4 tmp5
[ngsik@ngsnux ch6]$
```

{} : 나열

"{ }"는 여러 개를 쉼표로 분리해서 나타낸다.

▸▸▸ 예 6-17 "{ }"는 나열을 나타낸다.

```
[ngsik@ngsnux ch6]$ ls tmp{1,4,9}
tmp1  tmp4  tmp9
[ngsik@ngsnux ch6]$
[ngsik@ngsnux ch6]$ ls tmp{0,4,9}
ls: tmp0: 그런 파일이나 디렉토리가 없음
tmp4  tmp9
[ngsik@ngsnux ch6]$
```

6.9 히스토리

히스토리(history) 기능은 C 쉘에서 처음 사용한 기능이었으나 bash에도 적용되고 있다. 히스토리란 쉘이 최근에 입력된 명령줄의 목록을 저장하고 있다가, 목록에 저장된 명령줄을 검사하거나 간단히 반복 실행할 수 있도록 하는 기능을 말한다. 히스토리 기능과 관련해서 다음 세 개의 쉘 변수가 사용되고 있다.

HISTSIZE	하나의 로그인 세션 내에서 기억할 명령줄의 수
HISTFILE	세션을 종료할 때 히스토리를 기록해 둘 파일 이름
HISTFILESIZE	HISTFILE에 기록될 명령줄의 수

쉘은 로그인에 의해 하나의 세션이 시작되어 실행되는 동안에 최근에 실행된 HISTSIZE 개의 명령줄을 내부적으로 저장하고 있다. 로그아웃에 의해 세션이 종료될 때에는 HISTFILESIZE 개의 명령줄을 HISTFILE로 지정된 이름의 파일에 기록해 둔다. 다음 세션이 시작될 때에는 HISTFILE로부터 이전의 명령줄 목록을 가져와서 사용한다.

▸▸▸ **예 6-18** 다음과 같이 히스토리 기능과 관련된 쉘 변수를 설정할 수 있다. 이들은 이미 쉘 초기화 시에 설정되어 있으므로 별도로 설정할 필요가 없다.

```
ngsik@ngsnux ch6]$ HISTSIZE=100
ngsik@ngsnux ch6]$ HISTFILE=/home/ngsik/.bash_history
ngsik@ngsnux ch6]$ HISTFILESIZE=100
```

[예 6-18]의 명령은 히스토리에 관련된 쉘 변수 값을 설정하는 것인데 이 설정을 항상 적용시키려면 쉘의 시동 파일인 .bash_profile에 기록해 두어야 한다.

저장된 히스토리 목록을 보려면 history 명령을 이용한다.

▸▸▸ **예 6-19** history 명령은 그 동안 쉘에서 사용했던 명령의 리스트를 보여준다.

```
[ngsik@ngsnux ch6]$ history
  1  ls
  2  ls
  3  ls t*
  4  ls t???
  5  ls tmp[1-5]
  6  ls tmp[13-5]
  7  set
  8  history
[ngsik@ngsnux ch6]$
```

history 명령은 쉘이 저장하고 있는 히스토리 목록을 오래된 것부터 최근의 것까지 차례로 보여준다. 앞의 숫자는 명령 번호이고 뒤의 내용은 명령줄의 내용이다.

최근의 명령중에서 일부만 보려면 다음과 같이 보여줄 명령줄의 수를 지정한다.

▸▸▸ **예 6-20** 최근에 실행했던 몇 개의 명령을 보려면 history 명령에 개수를 지정한다. 5개의 가장 최근 명령을 보려면 다음과 같이 한다.

```
[ngsik@ngsnux ch6]$ history 5
  5 ls tmp[1-5]
  6 ls tmp[13-5]
  7 set
  8 history
  9 history 5
[ngsik@ngsnux ch6]$
```

히스토리 기능을 이용해서 명령을 재실행시키는 방법은 세 가지가 있다. 먼저 직전에 실행시킨 명령은 "!!"을 이용해서 쉽게 재실행시킬 수 있다.

▸▸▸ **예 6-21** "!!"는 직전에 실행한 명령을 반복 실행하게 한다.

```
[ngsik@ngsnux ch6]$ ls
err.c    file1 file3 tmp10 tmp12 tmp2 tmp4 tmp6 tmp8
errfile  file2 tmp1  tmp11 tmp13 tmp3 tmp5 tmp7 tmp9
[ngsik@ngsnux ch6]$
[ngsik@ngsnux ch6]$ !!
ls
err.c    file1 file3 tmp10 tmp12 tmp2 tmp4 tmp6 tmp8
errfile  file2 tmp1  tmp11 tmp13 tmp3 tmp5 tmp7 tmp9
[ngsik@ngsnux ch6]$
```

직전 명령이 아니라면 명령 번호를 이용해서 재실행시킬 수 있는데 여기에는 다시 두 가지 방법이 있다.

▸▸▸ 예 6-22 최근에 실행했던 명령을 다시 실행하는 여러 가지 방법이 있다.

```
[ngsik@ngsnux ch6]$ history 10
601  cd
602  ls
603  more /etc/passwd
604  ls
605  more /etc/passwd
606  ls
607  vi err.c
608  gcc -o err err.c
609  pwd
610  history 10
[ngsik@ngsnux ch6]$
[ngsik@ngsnux ch6]$ !-5
ls
err.c    file1   file3   tmp10  tmp12  tmp2  tmp4  tmp6  tmp8
errfile  file2   tmp1    tmp11  tmp13  tmp3  tmp5  tmp7  tmp9
[ngsik@ngsnux ch6]$
[ngsik@ngsnux ch6]$ !606
ls
err.c    file1   file3   tmp10  tmp12  tmp2  tmp4  tmp6  tmp8
errfile  file2   tmp1    tmp11  tmp13  tmp3  tmp5  tmp7  tmp9
[ngsik@ngsnux ch6]$
```

[예 6-22]에서 "!-5"는 이전의 5번째 명령줄을 말하고 "!606"는 606번 명령을 말하는데 [예 6-22]에서 이 둘은 같은 것을 나타낸다.

마지막으로 명령줄의 시작 문자열 일부를 이용해서 재실행할 수 있다.

▸▸▸ 예 6-23 시작 문자열과 일치하는 명령을 재실행할 수 있다.

```
[ngsik@ngsnux ch6]$ !p
pwd
/home/ngsik/ch6
[ngsik@ngsnux ch6]$
```

[예 6-23]의 명령은 'p'로 시작하는 가장 최근의 명령인 pwd를 실행시킨다.

키보드의 화살표 키를 이용해서도 히스토리 기능과 유사한 기능을 이용할 수 있다. ←키와 →키는 각각 이전 명령과 다음 명령을 나타낸다.

6.10 alias

이 기능도 C 쉘에서 처음 사용된 것으로 명령줄에서 문자열을 치환하여 새로운 명령을 정의할 수 있게 한다. 주로 복잡한 명령에 alias를 붙여 간단하게 나타낼 수 있게 한다. alias 명령을 이용하면 다음과 같이 별칭을 만들 수 있다.

```
alias name = value
```

이때 '=' 앞과 뒤에는 공백이 들어가서는 안된다.

예 6-24 alias 명령은 alias를 설정한다.

```
[ngsik@ngsnux ch6]$ alias l='ls -CF'
[ngsik@ngsnux ch6]$ alias ll='ls -l'
[ngsik@ngsnux ch6]$ alias la='ls -a'
[ngsik@ngsnux ch6]$ alias del='rm -i'
[ngsik@ngsnux ch6]$
```

이렇게 하면 "l"은 "ls -CF"와 같은 명령으로 사용할 수 있고, "ll"은 "ls -l", "del"은 "rm -i"와 같은 명령으로 사용할 수 있다. 명령줄에 이 문자열들이 나타나면 정의된 값으로 치환된다.

▸▸▸ 예 6-25 alias는 새로운 명령을 만들어 내는 것과 같은 효과를 가진다.

```
[ngsik@ngsnux ch6]$ la
.  err.c   file1 file3 tmp10 tmp12 tmp2 tmp4 tmp6 tmp8
.. errfile file2 tmp1  tmp11 tmp13 tmp3 tmp5 tmp7 tmp9
[ngsik@ngsnux ch6]$
[ngsik@ngsnux ch6]$ del errfile
rm: remove 일반파일 errfile'? y
[ngsik@ngsnux ch6]$
```

현재 설정되어 있는 alias를 볼 때에도 alias 명령을 사용한다.

▸▸▸ 예 6-26 alias 명령을 인수 없이 사용하면 현재 설정 값들을 나열하고, 인수를 주면 그 인수와 같은 alias를 보여준다.

```
[ngsik@ngsnux ch6]$ alias
alias cp='cp -i'
alias del='rm -i'
alias l='ls -CF'
alias l.='ls -d .* --color=tty'
alias la='ls -a'
alias ll='ls -l'
alias ls='ls --color=tty'
alias mv='mv -i'
alias rm='rm -i'
alias vi='vim'
[ngsik@ngsnux ch6]$
[ngsik@ngsnux ch6]$ alias la
alias la='ls -a'
[ngsik@ngsnux ch6]$
```

설정된 alias를 삭제하려면 unalias 명령을 사용한다.

6.11 환경변수

사용자의 사용 목적에 따른 쉘의 동작 환경을 설정하기 위한 쉘 변수를 쉘의 환경변수(environment variable)라 한다. 쉘은 여러 개의 환경변수들을 정의하고 있는데 사용자는 set 명령을 사용해 환경변수의 값을 조회할 수 있다.

▸▸▸ 예 6-27 set 명령을 인수 없이 사용하면 현재 설정된 쉘 변수들을 보여준다.

```
[ngsik@ngsnux ch6]$ set
BASH=/bin/bash
COLORTERM=gnome-terminal
COLUMNS=80
HISTFILE=/home/ngsik/.bash_history
HISTFILESIZE=1000
HISTSIZE=1000
HOME=/home/ngsik
HOSTNAME=ngsnux
HOSTTYPE=i686
IFS=$' \t\n'
LINES=20
LOGNAME=ngsik
MAIL=/var/spool/mail/root
MAILCHECK=60
OLDPWD=/home/ngsik
PATH=/usr/kerberos/sbin:/usr/kerberos/bin:/usr/java/jre1.5.0_11/bin:/usr/local/sbin:/
usr/local/bin:/sbin:/bin:/usr/sbin:/usr/bin:/usr/X11R6/bin:/root/bin
PPID=2186
PRELINKING=yes
PS1='[\u@\h \W]\$ '
PS2='> '
PWD=/home/ngsik/ch6
SHELL=/bin/bash
TERM=xterm
UID=500
USER=ngsik
_=la
consoletype=pty
[ngsik@ngsnux ch6]$
```

[예 6-27]의 내용은 set 명령의 결과 중에서 일부만 보여준 것이다. 모든 환경변수는 다음과 같은 형식으로 정의되어 있다.

```
변수이름 = 변수값
```

set 명령의 결과 나타나는 환경변수들은 셸이 직접 사용하는 것들도 있고, 다른 응용 프로그램이 사용하는 것들도 있다. 셸이 직접 사용하는 대표적인 환경변수는 〈표 6-3〉과 같다.

〈표 6-3〉 대표적인 셸의 환경변수

환경변수	의 미
PATH	명령어 검색경로
USER	사용자의 로그인 이름
HOME	사용자의 홈 디렉토리
SHELL	사용중인 셸
TERM	터미널 종류
PWD	현재 디렉토리
PS1	프롬프트

(1) PATH

리눅스 명령어의 실행 파일들은 주로 /sbin, /bin, /usr/bin 같은 디렉토리에 존재한다. 셸이 명령을 실행하려면 명령에 해당하는 실행파일을 찾을 수 있어야 하는데, PATH 환경변수가 명령의 실행 파일을 찾을 경로명의 리스트를 가지고 있다. PATH는 다음과 같은 형식의 값을 가진다.

```
PATH = 경로1:경로2:......:경로n
```

사용자가 셸 프롬프트에서 명령줄을 입력하면 셸은 PATH 환경변수에 지정된 경로를 차례로 탐색해서 명령의 실행파일을 찾는다. 명령 실행파일이 발견되면 그 실행파일을 실행시키고, 지정된 모든 경로를 탐색해도 발견하지 못하면 에러 메시지("command not found")를 출력한다. 명령 탐색 경로는 PATH에 주어진 순서대로 탐색되므로 같은 이름을 가진 명령이 서로 다른 경로에 존재할 때는 항상 앞의 경로에 있는 명령만 실행된다.

▸▸▸ 예 6-28 PATH 환경변수는 다음과 같은 값을 가진다.

```
[ngsik@ngsnux ch6]$ set
.
.
PATH=/usr/kerberos/sbin:/usr/kerberos/bin:/usr/java/jre1.5.0_11/bin:/usr/local/sbin:/
usr/local/bin:/sbin:/bin:/usr/sbin:/usr/bin:/usr/X11R6/bin:/root/bin
.
.
[ngsik@ngsnux ch6]$
```

(2) PS1(Prompt String 1)

이것은 쉘이 명령 입력을 기다리고 있다는 표시인 프롬프트의 문자열 값을 결정한다. 프롬프트는 단순한 문자열을 사용할 수도 있고, 특수 문자를 조합하여 복잡한 의미를 가지게 할 수도 있다.

▸▸▸ 예 6-29 PS1은 쉘 프롬프트를 결정한다.

```
[ngsik@ngsnux ch6]$
[ngsik@ngsnux ch6]$ PS1='bash$ '
bash$ ls
err.c  file2  tmp1  tmp11  tmp13  tmp3  tmp5  tmp7  tmp9
file1  file3  tmp10  tmp12  tmp2  tmp4  tmp6  tmp8
bash$
```

특수문자를 이용하면 어떤 의미를 가진 프롬프트를 나타낼 수 있는데, 〈표 6-4〉는 프롬프트에 사용할 수 있는 특수 문자들이다.

〈표 6-4〉 프롬프트의 특수문자

특수문자	표시되는 프롬프트
\h	호스트 이름
\u	사용자 이름
\w	작업 디렉토리의 절대 경로명
\W	작업 디렉토리의 이름
\d	날짜
\t	HH:MM:SS 형태의 시간
\#	사건 번호
\!	히스토리 번호

특수문자를 여러 개 조합하면 많은 것을 설명하는 복잡한 프롬프트를 생성할 수도 있지만 혼란스럽지 않도록 단순한 것이 좋다. 또한 프롬프트 끝에는 하나의 공백문자를 두어 프롬프트와 키보드에서 입력되는 문자가 구분될 수 있도록 하는 것이 좋다.

▸▸▸ **예 6-30** PS1에 특수문자 조합을 설정하면 다양한 드롬프트를 만들 수 있다.

```
bash$
bash$ PS1="\!:\w$ "
640:~/ch6$
640:~/ch6$ ls
err.c  file2  tmp1   tmp11  tmp13  tmp3  tmp5  tmp7  tmp9
file1  file3  tmp10  tmp12  tmp2   tmp4  tmp6  tmp8
641:~/ch6$
```

6.12 쉘의 동작 환경 설정

로그인에 의해 쉘이 시작되면 쉘은 환경설정 파일의 내용으로 자신의 동작 환경을 설정한다. 환경설정 파일은 쉘 스크립트 프로그램 파일인데, 쉘이 시작할 때 초기화를 위해 사용하는 것이므로 쉘의 시동파일 또는 환경파일이라고도 한다. 시동파일은 쉘의 종류에 따라 조금씩 차이가 있지만 대부분 쉘 환경변수 값을 설정하는 내용이 들어 있다.

bash의 경우에 다음과 같은 환경파일들이 다음과 같은 순서로 사용된다.

(1) /etc/profile
(2) 홈 디렉토리의 .bash_profile 혹은 .profile
(3) 홈 디렉토리의 .bashrc
(4) /etc/bashrc
.
.
(쉘 동작)
.
.
(5) 홈 디렉토리의 .bash_logout (로그아웃할 때 실행됨)

쉘이 동작 중일 때에 환경변수 값을 바꾸면 현재 쉘에서는 바뀐 값이 적용되지만 로그아웃 후에 새로 로그인하면 다시 환경파일에 설정된 값으로 초기화된다. 따라서 변경된 값을 영구히 적용시키려면 환경파일을 수정해 두어야 한다. 그렇지만 환경파일을 수정한다고 해도 쉘이 초기화 과정을 수행하기 전까지는 수정된 내용이 현재 쉘에는 적용되지 않기 때문에 로그아웃한 다음에 다시 로그인해야 한다. 환경파일 수정 효과가 현재 쉘에 적용되게 하려면 수정된 환경파일에 대해 source 명령을 적용시킨다. 예를 들어 .bash_profile에서 PATH 값을 변경시켰다면 [예 6-31]과 같이 한다.

예 6-31 만약 .bash_profile 파일을 수정했다면 다음과 같이 해야 수정한 내용이 현재 쉘에 반영된다.

```
[ngsik@ngsnux ~]$ source .bash_profile
[ngsik@ngsnux ~]$
```

[예 6-32]에서 [예 6-37]까지는 각 환경 파일의 내용을 보여준다.

▸▸▸ 예 6-32 /etc/profile 파일의 내용

```
[ngsik@ngsnux ~]$ cat /etc/profile
# /etc/profile

# System wide environment and startup programs, for login setup
# Functions and aliases go in /etc/bashrc

pathmunge () {
 if ! echo $PATH | /bin/egrep -q "(^|:)$1($|:)" ; then
    if [ "$2" = "after" ] ; then
       PATH=$PATH:$1
    else
       PATH=$1:$PATH
    fi
 fi
}

# ksh workaround
if [ -z "$EUID" -a -x /usr/bin/id ]; then
 EUID=id -u
 UID=id -ru
fi

# Path manipulation
if [ "$EUID" = "0" ]; then
 pathmunge /sbin
 pathmunge /usr/sbin
 pathmunge /usr/local/sbin
fi

pathmunge /usr/java/jre1.5.0_11/bin

# No core files by default
ulimit -S -c 0 > /dev/null 2>&1

if [ -x /usr/bin/id ]; then
 USER="id -un"
 LOGNAME=$USER
```

```
 MAIL="/var/spool/mail/$USER"
fi

HOSTNAME=/bin/hostname
HISTSIZE=1000

if [ -z "$INPUTRC" -a ! -f "$HOME/.inputrc" ]; then
 INPUTRC=/etc/inputrc
fi

export PATH USER LOGNAME MAIL HOSTNAME HISTSIZE INPUTRC

for i in /etc/profile.d/*.sh ; do
 if [ -r "$i" ]; then
     . $i
 fi
done

unset i
unset pathmunge
[ngsik@ngsnux ~]$
```

▸▸▸ 예 6-33 /etc/bashrc 파일의 내용

```
[ngsik@ngsnux ~]$ cat /etc/bashrc
# /etc/bashrc

# System wide functions and aliases
# Environment stuff goes in /etc/profile

# By default, we want this to get set.
# Even for non-interactive, non-login shells.
umask 022

# are we an interactive shell?
if [ "$PS1" ]; then
 case $TERM in
     xterm*)
```

```
      if [ -e /etc/sysconfig/bash-prompt-xterm ]; then
         PROMPT_COMMAND=/etc/sysconfig/bash-prompt-xterm
      else
                                                   PROMPT_COMMAND='echo    -ne
"\033]0;${USER}@${HOSTNAME%%.*}:${PWD/#$HOME/~}'; echo -ne "\C07"'
      fi
      ;;
   screen)
      if [ -e /etc/sysconfig/bash-prompt-screen ]; then
         PROMPT_COMMAND=/etc/sysconfig/bash-prompt-screen
      else
                                                   PROMPT_COMMAND='echo    -ne
"\033_${USER}@${HOSTNAME%%.*}:${PWD/#$HOME/~}"; echo -ne "\033\\"'
      fi
      ;;
   *)
                          [  -e  /etc/sysconfig/bash-prompt-default  ]  &&
PROMPT_COMMAND=/etc/sysconfig/bash-prompt-default
      ;;
 esac
 # Turn on checkwinsize
 shopt -s checkwinsize
 [ "$PS1" = "\\s-\\v\\\$ " ] && PS1="[\u@\h \W]\\$ "
fi

if ! shopt -q login_shell ; then # We're not a login shell
 # Need to redefine pathmunge, it get's undefined at the end of /etc/profile
 pathmunge () {
    if ! echo $PATH | /bin/egrep -q "(^|:)$1($|:)" ; then
       if [ "$2" = "after" ] ; then
          PATH=$PATH:$1
       else
          PATH=$1:$PATH
       fi
    fi
 }

 for i in /etc/profile.d/*.sh; do
 if [ -r "$i" ]; then
```

```
    . $i
  fi
 done
 unset i
 unset pathmunge
fi
# vim:ts=4:sw=4
[ngsik@ngsnux ~]$
```

▸▸▸ 예 6-34 .bash_profile 파일의 내용

```
[ngsik@ngsnux ~]$ cat .bash_profile
# .bash_profile

# Get the aliases and functions
if [ -f ~/.bashrc ]; then
 . ~/.bashrc
fi

# User specific environment and startup programs

PATH=$PATH:$HOME/bin

export PATH
unset USERNAME
[ngsik@ngsnux ~]$
```

▸▸▸ 예 6-35 profile 파일의 내용

▸▸▸ **예 6-36** .bashrc 파일의 내용

```
[ngsik@ngsnux ~]$ cat .bashrc
# .bashrc

# User specific aliases and functions

alias rm='rm -i'
alias cp='cp -i'
alias mv='mv -i'

# Source global definitions
if [ -f /etc/bashrc ]; then
 . /etc/bashrc
fi
[ngsik@ngsnux ~]$
```

▸▸▸ **예 6-37** .bash_logout 파일의 내용

```
[ngsik@ngsnux ~]$ cat .bash_logout
# ~/.bash_logout

clear
[ngsik@ngsnux ~]$
```

연 습 문 제

A. 다음 빈 칸에 적절한 용어를 채우시오.

1. 리눅스 시스템과 사용자 사이의 인터페이스 역할을 하는 것으로 텍스트 인터페이스를 제공하는 것을 (   )이라 한다.
2. 여러 명령들을 ';' 으로 구분하여 입력하였을 때에 이 명령들을 차례로 실행하는 것을 (   )라 한다.
3. 이전에 입력된 명령의 수행이 완료되기 전에 다음 명령을 입력받을 수 있는 기능으로 명령 라인의 끝에 '&' 를 붙여 표시하는 것을 (   )라 한다.
4. 리눅스의 모든 프로세스는 기본적으로 (   ) (   ) (   )를 가지는데, 이들의 파일 디스크립터 번호는 각각 0, 1, 2이다.
5. 파이프는 두 명령을 동시에 수행시키면서 앞 명령의 (   )을 뒷 명령의 (   )과 연결시키는 기능이다.
6. 사용자의 사용 목적에 따라 쉘의 동작 환경을 설정하기 위한 쉘 변수를 쉘의 (   )라 한다.
7. 일반 사용자는 chsh 명령을 사용해서 자신의 로그인 쉘을 바꿀 수 있다. 이때 선택할 수 있는 쉘은 (   ) 파일에 등록되어 있는 쉘이어야 한다.
8. 쉘이 파일이나 디렉토리 이름을 지칭할 때에는 여러 개의 이름을 동시에 나타내는 특수 문자를 이용할 수도 있다. 이러한 문자를 (   )문자라 한다.
9. 쉘이 최근에 입력된 명령줄의 목록을 저장하고 있다가, 목록에 저장된 명령을 검색하거나 반복할 수 있도록 하는 기능을 (   ) 기능이라 한다.
10. (   )는 명령줄에서 문자열을 치환하여 새로운 명령을 만들어 내는 기능을 말하는데, 주로 긴 명령줄을 간단하게 표현하기 위해 사용한다.

B. 다음 물음에 답하시오.

1. 쉘의 동작 원리를 그림으로 설명하시오.
2. GNU 사이트에서 유용한 명령어들을 다운로드 받아서 /usr/local/newcmd 디렉토리에 복사해 두었다. 이 명령어들도 기존의 명령어들과 같은 방법으로 실행시킬 수 있게 하려면 어떤 설정을 어떻게 하여야 하는가?
3. 파이프를 사용하는 예를 들고, 그 예의 동작 원리를 그림으로 설명하시오.
4. 현재 디렉토리에 수 많은 파일들이 있다. 이들 중에서 'r' 이나 's', 혹은 't' 로 시작하는 C

언어의 소스 파일과 헤더 파일 이름을 나열하는 하나의 명령을 쓰시오.

5. bash의 환경 파일들의 동작 순서를 설명하시오.
6. 쉘의 히스토리 기능을 이용해서 이전에 실행했던 명령을 재실행시키는 방법 세 가지를 설명하시오.
7. 다음의 대표적인 쉘 환경변수의 기능을 설명하시오.
   (1) PATH
   (2) HOME
   (3) USER
   (4) PWD
   (5) PS1

C. 다음 명령어의 기능을 설명하시오.

1. chsh
2. tee
3. history
4. alias
5. source
6. set

CHAPTER 07

유용한 명령어들

리눅스는 다른 어떤 운영체제보다도 다양한 유틸리티 프로그램들을 제공한다. 리눅스는 공개 소프트웨어이며 수많은 개발자들이 있기 때문에 다른 운영체제에서 유용하게 사용되는 유틸리티 프로그램이 있다면, 이와 유사한 기능을 가지는 프로그램이 리눅스에도 이식되어 있을 것이다. 본 장에서는 많이 사용되는 유틸리티 명령어들을 설명한다.

7.1 파일 찾기 : find

find는 지정된 디렉토리 아래에서 주어진 조건을 만족하는 모든 파일이나 디렉토리를 찾아준다.

형식	find directory-list option
기능	파일이나 디렉토리 찾기
옵션	-name filename : 찾을 파일의 이름 -type filetype : 찾을 파일의 타입 -user name : 파일의 소유자 이름 -group name : 파일의 그룹 이름 -exec cmd \; : 명령 실행 -print : 찾은 파일의 경로를 출력

directory-list는 파일이나 디렉토리를 찾고자 하는 시작 디렉토리로서, find는 이 디렉토리로부터 탐색을 시작한다. -type 옵션은 찾을 파일의 타입을 지정하는 것으로 지정 가능한 타입은 다음과 같다.

b : 블록 특수 파일
c : 문자 특수 파일
d : 디렉토리 특수 파일
f : 정규 파일
p : fifo 파일
l : 심볼릭 링크

▸▸▸ 예 7-1 find는 -name 옵션으로 주어진 파일이나 디렉토리 이름을 찾아준다. -print 옵션을 주지 않아도 결과는 화면에 나온다.

```
[ngsik@ngsnux ~]$ pwd
/home/ngsik
[ngsik@ngsnux ~]$ find . -name input.c
./home/ngsik/ch9/iotest/input.c
./ch9/iotest/input.c
[ngsik@ngsnux ~]$
[ngsik@ngsnux ~]$ find . -name input.c -print
./home/ngsik/ch9/iotest/input.c
./ch9/iotest/input.c
[ngsik@ngsnux ~]$
```

-name 옵션으로 파일 이름을 줄 때에는 특수문자를 사용해서 나타낼 수도 있다. 이때 특수 문자는 확장되어 여러 이름을 동시에 나타내게 된다.

▸▸▸ **예 7-2** -name 옵션에서 파일 이름에 특수 문자를 줄 수 있다. 아래에서는 모든 ".o" 파일을 찾는다.

```
[ngsik@ngsnux ~]$ find . -name *.o -print
./home/ngsik/ch9/iotest/main.o
./home/ngsik/ch9/iotest/output.o
./home/ngsik/ch9/iotest/input.o
[ngsik@ngsnux ~]$
```

같은 옵션이 하나 이상 주어질 때에는 ( )로 묶어서 표시해 주고, -a (and)나 -o (or)로 연결해 준다. 예를 들어, 모든 ".c"나 ".o" 파일을 찾으려면 다음과 같이 한다.

```
$ find . \( -name '*.c' -o -name '*.o' \) -print
```

이때에는 '(' 와 ')' 앞에 반드시 '\' 문자를 붙여주어야 하며, '(' 와 ')' 문자 다음은 하나 이상의 공백 문자가 있어야 한다.

▸▸▸ **예 7-3** -name 옵션을 두 번 주어서 모든 ".c" 파일과 ".o" 파일을 찾도록 한다. 이때에 '(' 이나 ')' 앞에는 반드시 '\'이 있어야 하고, 뒤에는 반드시 최소한 한 개 이상의 공백이 있어야 한다.

```
[ngsik@ngsnux ~]$ find . (-name *.c -o -name *.o) -print
bash: syntax error near unexpected token ('
[ngsik@ngsnux ~]$
[ngsik@ngsnux ~]$ find . \( -name *.c -o -name *.o \) -print

./home/ngsik/ch9/iotest/output.c
./home/ngsik/ch9/iotest/main.o
./home/ngsik/ch9/iotest/output.o
./home/ngsik/ch9/iotest/input.o
./home/ngsik/ch9/iotest/input.c
./home/ngsik/ch9/iotest/main.c
./ch9/iotest/output.c
./ch9/iotest/input.c
./ch9/iotest/main.c
[ngsik@ngsnux ~]$
```

–exec 옵션은 찾은 파일에 대해서 어떤 명령을 실행시킬 수 있는 아주 유용한 옵션이다. 이때에 찾은 파일을 명령의 인수로 주려면 {} 를 사용한다.

▸▸▸ 예 7-4 –exec 옵션은 찾은 파일을 대상으로 어떤 명령을 실행시킬 때 사용한다. 아래 예에서는 현재 디렉토리 아래에 있는 모든 ".o" 파일들을 찾아서 제거한다.

```
[ngsik@ngsnux ~]$ find . -name *.o -print -exec rm {} ₩;
./home/ngsik/ch9/iotest/main.o
./home/ngsik/ch9/iotest/output.o
./home/ngsik/ch9/iotest/input.o
[ngsik@ngsnux ~]$ find . -name *.o -print
[ngsik@ngsnux ~]$
```

[예 7-4]의 "rm {}"에서 "{}"는 find가 찾은 파일을 rm의 인수로 주라는 의미이다. 따라서 find가 찾은 모든 파일이 rm에 의해 제거된다.

find 명령은 여러 디렉토리를 탐색할 수 있는데, 접근 권한이 없는 디렉토리 즉, r이나 x 권한이 없는 디렉토리에는 접근할 수 없으므로 탐색도 불가능하다.

▸▸▸ 예 7-5 시스템 초기화 시에 가장 먼저 수행되는 스크립트 파일 이름은 rc.sysinit이고, 이 파일은 /etc 디렉토리 아래의 어느 곳에 있다. 이 파일이 있는 정확한 위치를 찾으려면 다음과 같이 한다.

```
[ngsik@ngsnux ch7]$
[ngsik@ngsnux ch7]$ find /etc -name rc.sysinit -print
find: /etc/pki/CA: 허가 거부됨
find: /etc/cups/ssl: 허가 거부됨
find: /etc/audit: 허가 거부됨
find: /etc/racoon/certs: 허가 거부됨
find: /etc/lvm/backup: 허가 거부됨
find: /etc/lvm/archive: 허가 거부됨
/etc/rc.sysinit
find: /etc/selinux/strict/modules/previous: 허가 거부됨
find: /etc/selinux/strict/modules/active: 허가 거부됨
find: /etc/selinux/targeted/modules/previous: 허가 거부됨
find: /etc/selinux/targeted/modules/active: 허가 거부됨
```

```
find: /etc/selinux/mls/modules/previous: 허가 거부됨
find: /etc/selinux/mls/modules/active: 허가 거부됨
/etc/rc.d/rc.sysinit
[ngsik@ngsnux ch7]$
[ngsik@ngsnux ch7]$ su
Password:
[root@ngsnux ch7]#
[root@ngsnux ch7]# find /etc -name rc.sysinit -print
/etc/rc.sysinit
/etc/rc.d/rc.sysinit
[root@ngsnux ch7]#
```

[예 7-5]에서 사용자 ngsik는 /etc 디렉토리 아래의 일부 디렉토리들에 대해 탐색 권한이 없으므로 "허가 거부됨"이라는 오류 메시지가 나왔다. 이것은 그 디렉토리에 대해서는 탐색이 되지 않았다는 뜻이다. 모든 디렉토리를 탐색하려면 두 번째 find처럼 root로 사용자 전환을 한 다음에 다시 한다.

7.2 파일 내의 패턴 검색 : grep

grep은 파일 내에서 특정 패턴을 가지는 라인을 찾아서 출력한다. 즉, 원하는 문자열을 가지는 라인을 찾는다. 이 기능은 여러 개의 파일을 포함하는 대형 프로그램 개발에서 어떤 이름의 함수나 변수를 포함하고 있는 파일을 찾는 것과 같은 작업에 이용된다.

형식	grep [options] pattern [files]
기능	파일 내의 패턴 검색
옵션	-i : 패턴을 찾을 때 대문자와 소문자를 구분하지 않음 -l : 패턴을 포함하고 있는 파일 이름을 한 줄에 하나씩 표시 -n : 각 라인의 앞에 파일의 라인 번호를 붙임

files는 패턴을 찾을 파일 이름이다. grep은 파일 files에서 pattern과 일치하는 내용을 포함한 라인을 화면에 출력한다. 만약 파일이 둘 이상 주어지면 파일 이름 다음에 콜론을 표시한 다음에 일치하는 라인을 출력한다.

예 7-6 grep은 특정 문자열을 포함하고 있는 파일을 찾을 때 유용하다. 다음은 "man ls"의 출력 중에서 ls 라는 단어가 들어 있는 라인만 출력한다.

```
[ngsik@ngsnux ~]$ man ls | grep ls
ls - list directory contents
ls [OPTION]... [FILE]...
-f     do not sort, enable -aU, disable -lst
  'ls' and output is a terminal)
Report bugs to <bug-coreutils@gnu.org>.
The full documentation for ls is maintained as a Texinfo  manual.  If
the info and ls programs are properly installed at your site, the com-
info ls
ls 5.97                 June 2006                 LS(1)
[ngsik@ngsnux ~]$
```

[예 7-6]의 각 라인들을 보면 어딘가에는 "ls" 라는 단어가 있을 것이다. grep은 사실 [예 7-6]과 같은 경우에는 잘 사용되지 않고 소스 파일이나 헤더 파일에서 특정 함수나 변수를 찾을 때에 많이 사용된다.

예 7-7 grep은 소스 파일이나 헤더 파일에서 특정 함수나 변수를 찾을 때 주로 사용한다. 다음은 getchar 함수의 프로토타입을 정의하고 있는 헤더 파일을 찾는 명령이다.

```
[ngsik@ngsnux ~]$ grep getchar /usr/include/*.h
/usr/include/stdio.h:extern int getchar (void);
/usr/include/stdio.h:extern int getchar_unlocked (void);
[ngsik@ngsnux ~]$
```

▸▸▸ **예 7-8** 자신의 홈 디렉토리에 있는 환경설정 파일에서 PATH 환경 변수 설정을 보려면 다음과 같이 한다.

```
[ngsik@ngsnux ~]$ cd
[ngsik@ngsnux ~]$ pwd
/home/ngsik
[ngsik@ngsnux ~]$ grep PATH .*
.bash_history:set PATH
.bash_profile:PATH=$PATH:$HOME/bin
.bash_profile:export PATH
[ngsik@ngsnux ~]$
```

[예 7-8]에서 환경설정 파일은 사용자의 홈 디렉토리 아래에 있고, 첫 글자는 '.'으로 시작한다.

grep은 또한 쉘 프로그램에서 어떤 명령의 수행 결과에서 특정 정보를 추출할 때에도 많이 사용된다.

▸▸▸ **예 7-9** grep은 명령 수행 결과에서 특정 라인만을 출력할 때 사용하기도 한다. 다음은 "ps -e"로 현재 수행되고 있는 프로세스 정보를 얻은 다음, 그 중에서 bash를 수행하는 프로세스의 정보만 보여주는 것이다.

```
[ngsik@ngsnux ~]$ ps -e | grep bash
2175 pts/0    00:00:00 bash
2570 pts/0    00:00:00 bash
2836 pts/1    00:00:00 bash
[ngsik@ngsnux ~]$
```

7.3 파일 내용 비교 : diff

diff는 두 파일의 내용을 비교해서 다른 라인들을 알려준다. 비교 결과는 두 파일이 같게 되려면 어떻게 해야 하는가를 알려준다.

형식	diff [options] file1 file2
기능	파일 내용 비교
옵션	-i : 비교할 때 대문자와 소문자를 구분하지 않음 -w : 빈 칸은 모두 무시함 -b : 하나 이상의 연속된 빈 칸은 하나로 간주함

diff는 두 파일의 내용이 같게 되려면 어떻게 해야 하는가를 알려준다. 같게 하는 방법으로는 file1에 대해 ed 편집기 명령 중에서 a(추가), d(삭제), c(변경) 명령을 사용한다고 가정한다. 따라서 다음과 같은 세 가지 유형의 출력 결과가 나올 수 있다.

형 식	의 미
n1 a n2, n3 > file2의 라인들	> 기호 다음에 제시된 file2의 n2-n3 라인들을 file1의 n1 라인 뒤에 추가하면 두 파일이 같아진다. (file1의 n1 라인의 뒤에 > 기호로 제시된 file2의 n2-n3 라인이 없다.)
n1, n2 d n3 < file1의 라인들	< 기호 다음에 제시된 file1의 n1-n2 라인들을 file1에서 삭제하면 두 파일이 같아진다. (file2의 n3 라인 뒤에 < 기호로 제시된 file1의 n1-n2 라인이 없다.)
n1, n2 c n3, n4 < file1의 라인들 > file2의 라인들	< 기호로 제시된 file1의 n1-n2 라인들을 > 기호로 제시된 file2의 n3-n4 라인들로 변경하면 두 파일이 같아진다. (file1의 n1-n2 라인들이 file2의 n3-n4 라인들과 다르다.)

▸▸▸ 예 7-10 이후의 실습을 위해 다음과 같은 내용을 가진 4개의 파일을 vi 에디터로 만든다.

```
[ngsik@ngsnux ch7]$ ls
file1  file2  file3  file4
[ngsik@ngsnux ch7]$
[ngsik@ngsnux ch7]$ cat file1
1111111111111111
```

```
2222222222222222
3333333333333333
[ngsik@ngsnux ch7]$ cat file2
1111111111111111
3333333333333333
[ngsik@ngsnux ch7]$ cat file3
1111111111111111
2222222222222222
6666666666666666
3333333333333333
[ngsik@ngsnux ch7]$ cat file4
1111111111111111
1234567890123456
2345678901234567
3456789012345678
[ngsik@ngsnux ch7]$
```

▸▸▸ **예 7-11** 삭제(d) 명령을 생성하는 예. 결과의 2d1은 file1의 라인2를 삭제하면 두 파일이 같아진다. 즉, file2의 라인1 다음에 < 표시된 file1의 라인2가 없다.

```
[ngsik@ngsnux ch7]$ diff file1 file2
2d1
< 2222222222222222
[ngsik@ngsnux ch7]$
```

▸▸▸ **예 7-12** 추가(a) 명령을 생성하는 예. 결과의 2a3는 file1의 라인2 다음에 > 로 표시된 file2의 라인3 내용을 추가하면 두 파일이 같아진다는 뜻이다. 즉, file1의 라인2 다음에 > 로 표시된 file2의 라인3 내용이 없다.

```
[ngsik@ngsnux ch7]$ diff file1 file3
2a3
> 6666666666666666
[ngsik@ngsnux ch7]$
```

▸▸▸ 예 7-13 변경(c) 명령을 생성하는 예. 결과에서 2,3c2,4는 < 로 표시된 file1의 라인 2-3을 >로 표시된 file2의 라인 2-4로 바꾸면 두 파일이 같아진다. 즉, file1의 라인 2-3이 file2의 라인 2-4와 다르다.

```
[ngsik@ngsnux ch7]$ diff file1 file4
2,3c2,4
< 2222222222222222
< 3333333333333333
---
> 1234567890123456
> 2345678901234567
> 3456789012345678
[ngsik@ngsnux ch7]$
```

7.4 컬럼 자르기 : cut

cut은 텍스트 파일에 있는 각 라인에서 문자수로 계산한 컬럼이나, 필드 구분자로 구분된 필드를 잘라 내는데 사용되는 것으로 라인 중에서 필요한 부분만을 발췌할 때 사용한다. 이 기능은 쉘 프로그램에서 많이 사용한다.

형식	cut [option] [file-list]
기능	컬럼 잘라내기
옵션	-c clist : 컬럼의 범위를 지정한 것으로 콤마(,)나 하이픈(-) 문자를 사용해서 나타냄 -f flist : 필드 번호를 지정한 것으로 하나 이상일 때에는 콤마나 하이픈을 사용해서 나타냄 -d dchar : 필드 구분 문자를 나타냄. 디폴트 구분자는 TAB 문자임

▸▸▸ **예 7-14** 다음은 "ls -l" 명령의 결과에서 접근권한 필드만 잘라내는 명령이다. 접근 권한은 2번째 문자에서 10번째 문자까지이다.

```
[ngsik@ngsnux ch7]$ ls -l
합계 16
-rw-r--r-- 1 ngsik ngsik 51  7월 27 13:29 file1
-rw-r--r-- 1 ngsik ngsik 34  7월 27 13:29 file2
-rw-r--r-- 1 ngsik ngsik 68  7월 27 13:30 file3
-rw-r--r-- 1 ngsik ngsik 68  7월 27 13:30 file4
[ngsik@ngsnux ch7]$
[ngsik@ngsnux ch7]$ ls -l | cut -c2-10
계 16
rw-r--r--
rw-r--r--
rw-r--r--
rw-r--r--
[ngsik@ngsnux ch7]$
```

▸▸▸ **예 7-15** 다음은 /etc/passwd 파일에서 사용자의 로그인 이름만 보여주는 명령이다. 패스워드 파일은 ':' 을 구분자로 해서 만들어져 있고, 로그인 이름은 첫 번째 필드이다.

```
[ngsik@ngsnux ch7]$ cut -f1 -d: /etc/passwd
root
bin
daemon
adm
.
.
.
.
nscd
fax
ngsik
[ngsik@ngsnux ch7]$
```

▸▸▸ 예 7-16 다음은 date 명령에서 현재 시간만 보여준다. date의 결과에서 시간 필드는 문자 19에서 26까지이다.

```
[ngsik@ngsnux ch7]$ date
2007. 07. 27. (금) 13:51:11 KST
[ngsik@ngsnux ch7]$ date | cut -c19-26
13:51:13
[ngsik@ngsnux ch7]$
```

7.5 파일의 처음과 끝 : head & tail

head는 파일의 첫 부분을 출력하고, tail은 파일의 끝 부분을 출력한다. 이 명령들은 로그 파일에서 처음 정보나 최근의 정보를 검색할 때 주로 사용한다.

형식	head [option] [files] tail [option] [files]
기능	파일 앞 부분 보기 파일 뒷 부분 보기
옵션	-c bytes : 파일에서 bytes 바이트만 출력함 -n lines : 파일에서 lines 라인을 출력함

▸▸▸ 예 7-17 다음은 /etc/passwd 파일의 처음 5 라인을 출력한다. -5 옵션을 주었으므로 5 라인을 출력하였다. 라인 수를 지정하지 않으면 디폴트로 10 라인을 출력한다.

```
[root@ngsnux ch7]# head -5 /etc/passwd
root:x:0:0:root:/root:/bin/bash
bin:x:1:1:bin:/bin:/sbin/nologin
daemon:x:2:2:daemon:/sbin:/sbin/nologin
adm:x:3:4:adm:/var/adm:/sbin/nologin
lp:x:4:7:lp:/var/spool/lpd:/sbin/nologin
[root@ngsnux ch7]#
```

▸▸▸ **예 7-18** 다음은 /var/log/messages 파일에서 마지막 5 라인을 출력한다. -5 옵션을 주었으므로 5 라인을 출력하였다. 라인수를 지정하지 않으면 디폴트로 10 라인을 출력한다.

```
[root@ngsnux ch7]# tail -5 /var/log/messages
Jul 27 13:56:14 ngsnux kernel: sda: Write Protect is off
Jul 27 13:56:14 ngsnux kernel: sda: assuming drive cache: write through
Jul 27 13:56:14 ngsnux kernel:  sda: sda1
Jul 27 13:56:14 ngsnux kernel: sd 5:0:0:0: Attached scsi removable disk sda
Jul 27 13:56:14 ngsnux kernel: sd 5:0:0:0: Attached scsi generic sg0 type 0
[root@ngsnux ch7]#
```

7.6 화면 단위로 보기 : less

less 명령은 more 명령과 마찬가지로 파일을 화면 단위로 나누어서 표시한다. more보다 나중에 개발된 less는 more보다 더 많은 기능을 제공한다.

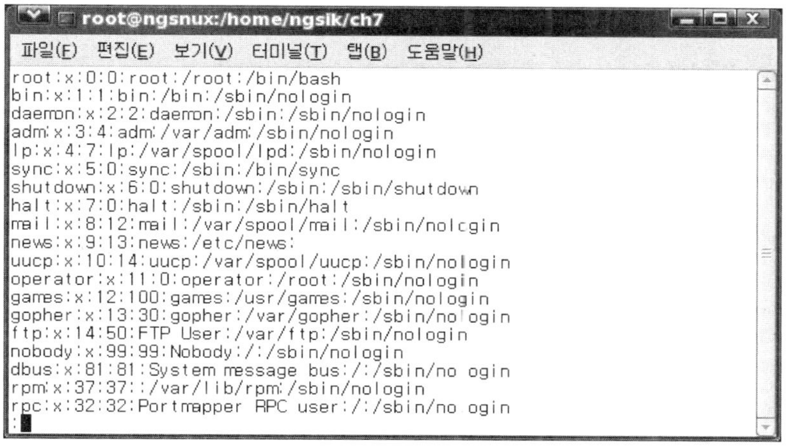

〈그림 7-1〉 "less/etc/passwd" 명령 수행 결과

less를 수행시키면 〈그림 7-1〉과 같이 파일 내용이 한 화면 표시되고, 화면 하단에 콜론(:)이 표시된다. 여기에 여러 가지 명령을 줄 수 있다. less가 제공하는 명령은 〈표 7-1〉과 같다.

〈표 7-1〉 less의 대표적인 명령

명 령	기 능
h, H	help 명령
Space Bar	앞 방향으로 한 화면 진행
Enter, j	앞 방향으로 한 라인 진행
Ctrl -D, d	앞 방향으로 반 화면 스크롤
Ctrl -B, b	역방향으로 한 화면 스크롤
ng	라인번호 n으로 감
!cmd	쉘 명령 cmd의 수행
v	현재 위치에서 에디터 실행
q	less 종료

7.7 파일 연결하기 : cat

cat은 간단하게 파일의 내용을 볼 수 있는 프로그램으로 사용되지만, 사실은 여러 개의 파일을 연결하여 화면에 표시하기 위해 만들어졌다. 그래서 이름도 cat (concatenation)이다. 이 기능을 이용하면 여러 개의 파일을 묶어서 하나의 파일로 만들 수도 있다.

예 7-19 파일 이름을 둘 이상 주면 두 파일의 내용을 연결해서 화면에 표시한다.

```
[root@ngsnux ch7]# cat file1
1111111111111111
2222222222222222
3333333333333333
[root@ngsnux ch7]#
[root@ngsnux ch7]# cat file2
1111111111111111
3333333333333333
[root@ngsnux ch7]#
```

```
[root@ngsnux ch7]# cat file1 file2
1111111111111111
2222222222222222
3333333333333333
1111111111111111
3333333333333333
[root@ngsnux ch7]#
```

▸▸▸ **예 7-20** 파일 이름을 둘 이상 주었을 때 내용을 연결해서 화면에 표시하는 기능을 이용하면 연결된 파일을 만들 수도 있다.

```
[root@ngsnux ch7]# cat file1 file2 > file5
[root@ngsnux ch7]# cat file5
1111111111111111
2222222222222222
3333333333333333
1111111111111111
3333333333333333
[root@ngsnux ch7]#
```

7.8 파일의 단어 수 : wc

wc(word count)는 하나 이상의 파일에 들어 있는 문자 수, 단어 수, 라인 수를 세는 유틸리티이다. 단어는 공백 문자(Space, Tab, Newline)르 분리된다. 두 개 이상의 파일을 대상으로 할 때에는 마지막 라인에 합계 값도 계산되어 표시된다.

형식	wc [option] [file-list]
기능	단어 수 세기
옵션	-c : 문자 수만 표시 -w : 단어 수만 표시 -l : 라인 수만 표시

▸▸▸ 예 7-21 wc는 파일 안의 문자 수, 단어 수, 라인 수를 표시하는 유틸리티이다. 다음은 /usr/include 디렉토리에서 a로 시작하는 ".h" 파일들에 대한 정보이다. 각 라인의 첫 번째 숫자는 라인 수이고, 두 번째 숫자는 단어 수, 세 번째 숫자는 글자 수이다. 마지막 라인은 모든 파일의 합계이다.

```
[ngsik@ngsnux ch7]$ wc /usr/include/a*.h
 138   608   4351 /usr/include/a.out.h
  55   241   1826 /usr/include/af_vfs.h
 238   923   7135 /usr/include/aio.h
  64   306   2115 /usr/include/aliases.h
  41   200   1289 /usr/include/alloca.h
 371  1769  12476 /usr/include/ansidecl.h
  48   285   1792 /usr/include/ar.h
 600  3991  26498 /usr/include/argp.h
 187   978   7299 /usr/include/argz.h
 699  2700  24990 /usr/include/aspell.h
 116   500   3566 /usr/include/assert.h
 601  3166  23839 /usr/include/audiofile.h
  61   243   1633 /usr/include/aupvlist.h
  66   333   2284 /usr/include/autosprintf.h
 154   540   5511 /usr/include/autotest.h
3439 16783 126604 합계
[ngsik@ngsnux ch7]$
```

7.9 파일 생성 마스크 : umask

파일 생성 마스크는 새로운 파일이 생성될 때 삭제(mask off)될 권한을 표시하는 마스크이다. 이것은 생성되는 파일의 접근권한을 축소하기 위함인데, 주어서는 안될 권한이 실수로 부여되는 것을 막기 위함이다.

마스크 값은 접근 권한과 같은 9 비트의 값인데, 9 비트 중에서 1로 표시된 부분은 새로운 파일이 생성될 때에 접근권한에서 지워진다. 즉, 다음과 같이 동작한다.

umask 값	022	000 010 010
mask-off 값	755	111 101 101
생성될 파일의 권한	766	111 110 110
생성된 파일의 권한	744	111 100 100

umask 명령은 마스크 값을 설정하거나 보여주는데 사용된다.

▸▸▸ 예 7-22 umask 명령은 마스크값을 설정하거나 보여주는데 사용된다. umask 값에 따라 생성되는 파일의 접근권한이 축소된다.

```
[ngsik@ngsnux ch7]$ umask 022
[ngsik@ngsnux ch7]$ umask
0022
[ngsik@ngsnux ch7]$ ls -l file6
-rwxrw-rw- 1 ngsik ngsik 51  8월 9 15:45 file6
[ngsik@ngsnux ch7]$ cp file6 file7
[ngsik@ngsnux ch7]$ ls -l file6 file7
-rwxrw-rw- 1 ngsik ngsik 51  8월 9 15:45 file6
-rwxr--r-- 1 ngsik ngsik 51  8월 9 15:47 file7
[ngsik@ngsnux ch7]$
```

[예 7-22]에서 cp에 의해 생성되는 파일 file7은 원본 파일인 file6과 같은 접근권한을 가져야 하지만, umask 값이 022이므로 해당 비트가 지워져서 최종적으로 접근권한은 744로 되었다.

7.10 달력 : cal

cal 명령은 한달 단위 혹은 일년 단위의 달력을 표시한다.

형식	cal [[month] year]
기능	달력 표시
옵션	year : 년도 month : 월

인수를 하나만 주면 이 값은 year로 해석되고, 두 개를 주면 month와 year로 해석된다. 인수를 주지 않으면 현재 달을 표시한다.

예 7-23 cal은 달력을 표시한다.

```
[ngsik@ngsnux ch7]$ cal
  8월 2007
 일 월 화 수 목 금 토
           1  2  3  4
 5  6  7  8  9 10 11
12 13 14 15 16 17 18
19 20 21 22 23 24 25
26 27 28 29 30 31

[ngsik@ngsnux ch7]$
[ngsik@ngsnux ch7]$ cal 2007
                     2007

         1월                    2월                    3월
 일 월 화 수 목 금 토   일 월 화 수 목 금 토   일 월 화 수 목 금 토
     1  2  3  4  5  6                1  2  3                1  2  3
 7  8  9 10 11 12 13    4  5  6  7  8  9 10    4  5  6  7  8  9 10
14 15 16 17 18 19 20   11 12 13 14 15 16 17   11 12 13 14 15 16 17
21 22 23 24 25 26 27   18 19 20 21 22 23 24   18 19 20 21 22 23 24
28 29 30 31            25 26 27 28 25 26 27   28 29 30 31

         4월                    5월                    6월
 일 월 화 수 목 금 토   일 월 화 수 목 금 토   일 월 화 수 목 금 토
 1  2  3  4  5  6  7          1  2  3  4  5                   1  2
 8  9 10 11 12 13 14    6  7  8  9 10 11 12    3  4  5  6  7  8  9
15 16 17 18 19 20 21   13 14 15 16 17 18 19   10 11 12 13 14 15 16
22 23 24 25 26 27 28   20 21 22 23 24 25 26   17 18 19 20 21 22 23
29 30                  27 28 29 30 31         24 25 26 27 28 29 30
```

```
        7월                     8월                     9월
일 월 화 수 목 금 토    일 월 화 수 목 금 토    일 월 화 수 목 금 토
 1  2  3  4  5  6  7                 1  2  3  4                       1
 8  9 10 11 12 13 14     5  6  7  8  9 10 11     2  3  4  5  6  7  8
15 16 17 18 19 20 21    12 13 14 15 16 17 18     9 10 11 12 13 14 15
22 23 24 25 26 27 28    19 20 21 22 23 24 25    16 17 18 19 20 21 22
29 30 31                26 27 28 29 30 31       23 24 25 26 27 28 29
                                                30

       10월                    11월                    12월
일 월 화 수 목 금 토    일 월 화 수 목 금 토    일 월 화 수 목 금 토
    1  2  3  4  5  6                    1  2  3                       1
 7  8  9 10 11 12 13     4  5  6  7  8  9 10     2  3  4  5  6  7  8
14 15 16 17 18 19 20    11 12 13 14 15 16 17     9 10 11 12 13 14 15
21 22 23 24 25 26 27    18 19 20 21 22 23 24    16 17 18 19 20 21 22
28 29 30 31             25 26 27 28 29 30       23 24 25 26 27 28 29
                                                30 31

[ngsik@ngsnux ch7]$
```

7.11 사용자 확인 : id

id 명령은 현재 터미널 사용자 정보를 출력한다.

형식	id
기능	사용자의 uid와 gid 확인
옵션	일반적으로 거의 사용되지 않음

▸▸▸ **예 7-24** id는 현재 사용자의 식별자 정보를 출력한다.

```
[ngsik@ngsnux ch7]$ id
uid=500(ngsik) gid=501(ngsik) groups=501(ngsik)
[ngsik@ngsnux ch7]$
[ngsik@ngsnux ch7]$ su
Password:
[root@ngsnux ch7]# id
uid=0(root) gid=0(root) groups=0(root), 1(bin), 2(daemon), 3(sys), 4(adm), 6(disk),
10(wheel)
[root@ngsnux ch7]#
```

[예 7-24]에서 ngsik는 ngsik 그룹에만 소속되어 있다. 그러나 root는 모두 7개의 그룹(root, bin, daemon, sys, adm, disk, wheel)에 소속되어 있다.

현재 사용자 정보를 출력하는 명령으로 who am i 혹은 whoami가 있다.

형식	who am i whoami
기능	사용자 확인
옵션	거의 사용하지 않음

whoami는 사용자의 이름을 출력하는데, "who am i"와 같은 공백을 주면 사용자에 대한 로그인 정보까지 보여준다.

▸▸▸ **예 7-25** whoami 도 현재 사용자의 정보를 출력한다.

```
[ngsik@ngsnux ch7]$ whoami
ngsik
[ngsik@ngsnux ch7]$ who am i
ngsik    pts/0     2007-08-10 11:00(:0.0)
[ngsik@ngsnux ch7]$
```

7.12 사용자 전환 : su

로그인한 상태에서 다른 사용자의 권한을 획득하는 방법으로 잠시 동안 다른 사용자로 전환하는 방법이 있다. 이때에는 su(substitute user) 명령을 사용한다.

원래의 사용자로 돌아올 때에는 exit 명령을 사용한다.

형식	su [user]
기능	사용자 전환
옵션	여러 가지 옵션이 있지만 거의 사용하지 않음

인수를 주지 않으면 root로 전환하는 것을 뜻한다. 현재 일반 사용자로 로그인한 상태에서 다른 사용자로 전환할 때에는 패스워드를 물어본다. 그러나 현재 root 상태에서 일반 사용자로 전환할 때에는 패스워드를 물어보지 않는다.

예 7-26 su를 이용하면 쉘을 다른 사용자로 전환해서 사용할 수 있다.

```
[ngsik@ngsnux ch7]$ su
Password:
[root@ngsnux ch7]#
[root@ngsnux ch7]# su
[ngsik@ngsnux ch7]$
[ngsik@ngsnux ch7]$ exit
[root@ngsnux ch7]#
[root@ngsnux ch7]# exit
[ngsik@ngsnux ch7]$
```

7.13 hostname

hostname은 시스템의 호스트 이름을 설정하거나 출력할 때 사용한다. 이 이름은 주로 네트워크 프로그램에서 사용된다.

형식	hostname
기능	시스템의 호스트 이름 설정/출력(수퍼유저만 사용 가능)
옵션	거의 사용하지 않음

▸▸▸ 예 7-27 시스템의 호스트 이름을 볼 때에는 hostname 명령을 사용한다. 또한 호스트 이름을 설정할 때에도 사용한다.

```
[ngsik@ngsnux ch7]$ su
Password:
[root@ngsnux ch7]# hostname
ngsnux
[root@ngsnux ch7]# hostname ngslinux
[root@ngsnux ch7]# hostname
ngslinux
[root@ngsnux ch7]# hostname ngsnux
[root@ngsnux ch7]#
```

연 습 문 제

A. 다음 빈 칸에 적절한 용어를 채우시오.

1. 두 파일의 내용 중에서 다른 부분을 출력하는데 사용하는 명령으로 (　　　　) 명령이 주로 사용된다.
2. 시스템이나 응용 소프트웨어의 사용 기록을 남기는 로그 파일은 아주 긴 경우가 있다. 이런 파일에 기록된 최근 10 라인을 보려면 (　　　　) 명령을 사용하면 편리하다.
3. 파일의 내용을 한 화면 단위로 보여주는 명령으로 less와 유사한 기능을 가진 것은 (　　　　) 명령이다.
4. 텍스트 파일에 포함되어 있는 글자 수와 단어 수를 알아볼 때에는 (　　　　) 명령을 사용한다.
5. 터미널에서 자신이 어떤 사용자의 이름으로 언제 로그인 했는가 알아 보려면 (　　　　) 명령을 사용한다.

B. 다음 물음에 답하시오.

1. C 언어로 된 프로그램을 작성하고 있다. 여러 개의 파일로 구성된 프로그램인데, my_var이라는 이름의 변수가 사용되고 있는 파일 이름과 사용되는 라인 번호를 출력하려고 하면 어떤 명령을 어떻게 사용해야 하는가?
2. 로그인 이름이 hong인 사용자가 자신의 홈 디렉토리 아래의 어딘가에 있을 core라는 이름을 가진 파일을 찾아서 삭제하려고 한다. 이 때에 필요한 명령 라인을 쓰시오.
3. 파일이 새로 생성될 때에 자신을 제외한 다른 사용자들에 대해서는 읽기/쓰기/실행 권한 모두가 자동으로 삭제되어 생성되게 하려고 한다. 어떤 명령을 어떻게 사용해야 하는가?
4. /etc/passwd 파일의 내용 중에서 자신의 계정 정보가 포함된 라인만 화면에 보여주는 명령을 쓰시오. (자신의 로그인 이름은 환경변수에서 알아낼 수 있다.)
5. 현재 시스템에서 수행되고 있는 프로세스들 중에서 telnet이라는 이름의 프로그램을 실행하고 있는 프로세스의 상세 정보를 보여주는 명령을 쓰시오.

C. 다음 명령어의 기능을 설명하시오.

1. find
2. grep
3. diff

4. cut
5. head
6. tail
7. less
8. cat
9. wc
10. umask
11. cal
12. id
13. whoami
14. su
15. hostname

CHAPTER

08 쉘 프로그래밍

쉘은 입력된 명령어를 해석하고 처리하는 것이 주 기능이지만, 이와 더불어 쉘 스크립트 프로그램 수행 기능도 있다. 쉘 프로그램은 간단한 기능을 빨리 구현하려고 할 때나 시스템 관리 기능을 구현할 때에 많이 사용한다. 쉘 프로그램의 문법이나 내장 명령의 의미는 쉘의 종류에 따라 조금씩 차이가 있다. 여기서는 bash를 기준으로 설명하는데 다른 쉘을 사용할 경우에는 사용하는 쉘에 관한 프로그래밍 설명서를 참고하기 바란다.

8.1 쉘 프로그램 작성과 실행

쉘 프로그램(shell program)이란 쉘이 제공하는 제어구조, 쉘 변수, 쉘의 내장 명령과 일반 명령어들을 이용하여 작성하는 스크립트 프로그램을 말한다. 쉘의 제어구조는 C 언어의 제어구조와 비슷하지만 기능이 제한적이다. 쉘 프로그램은 컴파일되지 않고 쉘에 의해 직접 인터프리트 방식으로 실행된다. 쉘 프로그램을 작성하고 실행하는 절차는 다음과 같다.

(1) vi와 같은 에디터로 프로그램을 작성한다.

예 다음 내용을 이름이 shprog1인 파일에 입력하고 저장한다.

[프로그램] shprog1

```
temp="shell programming"
echo $temp
```

이때에 '=' 기호의 앞과 뒤에는 공백이 없도록 주의한다.

(2) chmod 명령으로 파일에 실행 권한을 부여한다. 에디터로 작성한 프로그램은 일반적으로 644(rw-r--r--) 권한을 가지므로 이 프로그램을 실행하기 위해서는 실행하기 전에 먼저 실행 권한을 부여해야 한다.

▸▸▸ 예 8-1 쉘 프로그램 파일의 실행 권한을 설정한다.

```
[ngsik@ngsnux ch8]$ chmod a+x shprog1
[ngsik@ngsnux ch8]$ ls -l
-rwxr-xr-x 1 ngsik ngsik 36  7월 18 14:21 shprog1
[ngsik@ngsnux ch8]$
```

(3) 쉘 프로그램 파일 shprog1을 실행한다.

▸▸▸ 예 8-2 쉘 프로그램 파일을 실행시킨다.

```
[ngsik@ngsnux ch8]$ ./shprog1
shell programming
[ngsik@ngsnux ch8]$
```

[예 8-2]에서 실행파일 shprog1을 실행시킬 때 "./shprog1"과 같이 현재 디렉토리를 명시해 준 이유는 쉘의 환경변수 PATH에 현재 디렉토리가 포함되어 있지 않기 때문이다.

실행 권한이 없는 쉘 프로그램도 [예 8-3]과 같이 쉘에게 실행을 요청하면 실행할 수 있다.

▸▸▸ **예 8-3** 쉘 프로그램 파일을 실행시키는 또 다른 방법은 쉘에게 실행을 요청하는 것이다.

```
[ngsik@ngsnux ch8]$ bash shprog1
shell programming
[ngsik@ngsnux ch8]$
```

쉘 프로그램은 반드시 프로그램 파일로 작성해서 실행해야 하는 것만은 아니고, 쉘 프롬프트 상태에서 직접 프로그램을 처리하게 할 수 있다.

▸▸▸ **예 8-4** 아래와 같이 쉘이 직접 프로그램을 처리하게 할 수도 있다.

```
[ngsik@ngsnux ch8]$ temp2="shell programming 2"
[ngsik@ngsnux ch8]$ echo $temp2
shell programming 2
[ngsik@ngsnux ch8]$
```

쉘 프로그램 파일을 작성해서 실행시키면 현재의 쉘이 자식 쉘을 생성하고, 이 자식 쉘이 프로그램을 실행하게 된다. 따라서 프로그램 실행이 끝나면 현재의 쉘은 프로그램 실행의 영향을 받지 않는다. 그러나 현재의 쉘 상태에서 즉, 쉘 프롬프트 상태에서 직접 쉘 프로그램을 처리하게 하면 프로그램 수행 도중에 사용된 변수들이 현재의 쉘에 그대로 남아 있게 되므로 올바른 방법이 아니다.

▸▸▸ **예 8-5** set 명령으로 쉘 변수를 확인할 수 있다. temp2 변수가 그대로 남아 있는 것을 볼 수 있다.

```
[ngsik@ngsnux ch8]$ set
BASH=/bin/bash
BASH_ARGC=()
BASH_ARGV=()
BASH_LINENO=()
BASH_SOURCE=()
.
.
.
consoletype=pty
temp2='shell programming 2'
[ngsik@ngsnux ch8]$
```

[예 8-5]의 결과를 보면 프로그램 파일 shprog1에서 사용된 변수 temp1은 현재 쉘에서 볼 수 없지만, 쉘 프롬프트 상태에서 프로그램을 처리할 때 사용한 변수인 temp2는 현재 쉘에 그대로 남아 있다.

8.2 쉘 변수

변수는 값을 저장할 수 있는 기억장소에 붙여진 이름을 말한다. 쉘 변수(shell variable)란 쉘이 필요로 하는 값을 저장하기 위해서 만든 변수인데, 쉘 프로그램 내에서 뿐만 아니라 명령어 상태에서도 사용할 수 있다.

8.2.1 쉘 변수의 사용

쉘 변수는 최초로 값을 저장할 때에 자동으로 생성되므로 따로 선언할 필요가 없다. 값을 참조할 때는 변수 이름 앞에 '$'를 붙여서 이것이 쉘 변수임을 나타내 주어야 한다. '$' 기호가 없으면 단지 이름 그대로의 문자열로 본다.

예 8-6 쉘 변수값을 참조할 때에는 변수 이름 앞에 '$'를 붙여준다.

```
[ngsik@ngsnux ch8]$ testvar1=student
[ngsik@ngsnux ch8]$ echo $testvar1
student
[ngsik@ngsnux ch8]$ echo testvar1
testvar1
[ngsik@ngsnux ch8]$
```

위에서 '=' 기호 양측에 공백이 없어야 한다. 만약 공백이 있으면 '=' 앞의 변수를 하나의 명령어로 보고 명령을 실행하려고 하기 때문에 오류가 발행한다.

▸▸▸ **예 8-7** 쉘 프로그램에서 연산자 앞과 뒤에는 공백이 없어야 한다. 공백이 있으면 다음과 같은 오류가 발생한다.

```
[ngsik@ngsnux ch8]$ testvar1 = student
bash: testvar1: command not found
[ngsik@ngsnux ch8]$
```

쉘 변수는 모든 값을 문자열 형태로 저장하기 때문에 한 가지 타입만 있다. 비록 숫자라 할지라도 문자열 형태로 취급하므로 주의를 요한다.

▸▸▸ **예 8-8** 쉘 프로그램에서는 오직 문자열 타입의 변수만 있다.

```
[ngsik@ngsnux ch8]$ testvar1=12
[ngsik@ngsnux ch8]$ testvar2=34
[ngsik@ngsnux ch8]$ testvar3=$testvar1+$testvar2
[ngsik@ngsnux ch8]$ echo $testvar3
12+34
[ngsik@ngsnux ch8]$
```

12와 34를 문자열로 취급하기 때문에 "12"와 "+", 그리고 "34"를 연결하여 연산 결과가 "12+34"가 되었다. 만약에 문자열의 연결이 아닌 산술적인 덧셈을 원한다면 let 명령을 사용해야 한다.

▸▸▸ **예 8-9** 산술적 계산을 하려면 let 명령을 사용해야 한다.

```
[ngsik@ngsnux ch8]$ testvar1=12
[ngsik@ngsnux ch8]$ testvar2=34
[ngsik@ngsnux ch8]$ let testvar3=$testvar1+$testvar2
[ngsik@ngsnux ch8]$ echo $testvar3
46
[ngsik@ngsnux ch8]$
```

이때 let 명령은 testvar1의 값과 testvar2의 값을 숫자로 변환해서 산술적인 덧셈을 수행하고, 그 결과인 46을 문자열 형태로 testvar3에 저장한다.

8.2.2 변수의 삭제

변수에 저장된 값을 삭제하려면 변수에 널 문자열을 넣어주면 된다.

▸▸▸ **예 8-10** 널 문자열을 대입하면 변수값이 널로 바뀐다.

```
[ngsik@ngsnux ch8]$ testvar1=
[ngsik@ngsnux ch8]$ echo $testvar1

[ngsik@ngsnux ch8]$
```

이것은 값을 삭제하는 방법이고, 이렇게 해도 변수 자체는 삭제되지 않는다. 변수를 삭제할 때에는 다음과 같이 unset 명령을 사용한다.

```
unset name
```

▸▸▸ **예 8-11** unset 명령은 변수 자체를 제거한다. set 명령으로 확인해 보라.

```
[ngsik@ngsnux ch8]$ unset testvar1
[ngsik@ngsnux ch8]$ set
.
.
.
```

위의 [예 8-11]에서 set 명령의 결과를 보면 쉘 변수 testvar1이 없어진 것을 알 수 있다.

8.2.3 키워드 변수

쉘이 내부적으로 사용하기 위해 미리 정의해 둔 쉘 변수를 쉘의 키워드 변수(keyword variable)라 한다. 쉘의 환경 변수인 PATH, HOME, PWD, ... 등이 이에 속한다. 반면 앞 절의 testvar1과 같이 사용자가 임의로 정의해서 사용하는 쉘 변수를 사용자 정의 변수(user-defined variable)라 한다.

8.2.4 읽기 전용 변수

쉘 변수가 중요한 값을 저장하고 있을 때에는 이 값을 변경하지 못하게 할 수 있다. 읽기 전용 변수(readonly variable)는 값을 변경할 수 없는데, 다음과 같이 readonly 명령을 사용하면 변수를 읽기 전용으로 만들 수 있다.

```
readonly name
```

▸▸▸ **예 8-12** readonly 명령을 사용하여 읽기 전용으로 만든 변수는 값을 변경할 수 없다.

```
[ngsik@ngsnux ch8]$ testvar4="readonly variable"
[ngsik@ngsnux ch8]$ readonly testvar4
[ngsik@ngsnux ch8]$ testvar4="readonly"
bash: testvar4: readonly variable
[ngsik@ngsnux ch8]$
```

readonly에 의해 읽기 전용으로 된 변수는 값을 변경할 수 없기 때문에 먼저 값을 설정한 후에 readonly를 적용해야 한다. 다음과 같이 readonly를 적용하면서 바로 변수값을 설정할 수도 있다.

```
readonly name = value
```

▸▸▸ **예 8-13** 변수를 선언하면서 readonly 명령을 바로 사용할 수도 있다.

```
[ngsik@ngsnux ch8]$ readonly testvar5="new readonly variable"
[ngsik@ngsnux ch8]$ testvar5="new variable"
bash: testvar5: readonly variable
[ngsik@ngsnux ch8]$
```

readonly 명령을 인수 없이 사용하면 현재 읽기 전용으로 되어 있는 변수들을 보여준다.

▸▸▸ 예 8-14 readonly 명령을 인수없이 사용하면 읽기 전용 변수들을 나열한다. 결과에서 "declare -r"로 나타난 것들이 readonly 변수이다.

```
[ngsik@ngsnux ch8]$ readonly
declare -ar BASH_VERSINFO='([0]="3" [1]="1" [2]="17" [3]="1" [4]="release" [5]="i686-Haansoft-linux-gnu")'
declare -ir EUID="500"
declare -ir PPID="3469"
declare -r SHELLOPTS="braceexpand:emacs:hashall:histexpand:history:interactive-comments:monitor"
declare -ir UID="500"
declare -r testvar4="readonly variable"
declare -r testvar5="new readonly variable"
[ngsik@ngsnux ch8]$
```

8.2.5 echo 문과 read 문

echo 문은 쉘 프로그램에서 가장 많이 사용되는 출력문이다. echo는 주어진 문자열 값을 표준출력 장치에 출력하고 자동으로 줄을 바꾼다. 만약 줄을 바꾸지 않으려면 -n 옵션을 사용하면 된다.

[프로그램] echo1

```
# program : echo1
echo -n "The shell "
echo script
echo program
```

프로그램 echo1에서 '#'은 주석을 나타내므로 # 표시 다음부터 라인의 끝까지는 실행되지 않는 부분이다.

▸▸▸ 예 8-15 echo1에 실행권한을 부여하고 실행시킨다. 출력 결과에서 줄의 바뀜을 잘 관찰해 보자. 첫 번째 echo 문 다음에는 줄이 바뀌지 않았고, 두 번째 echo 문 다음에는 줄이 바뀌었다.

```
[ngsik@ngsnux ch8]$ chmod a+x echo1
[ngsik@ngsnux ch8]$ ./echo1
The shell script
program
[ngsik@ngsnux ch8]$
```

표준입력 장치인 키보드로부터 입력할 때에는 read 문을 사용한다. read 문은 Enter키로 끝나는 한 줄을 읽어 이를 하나 이상의 변수에 저장한다.

[프로그램] read1

```
# program : read1
echo -n "Enter a line : "
read word1 word2 word3
echo "word1 : $word1"
echo "word2 : $word2"
echo "word3 : $word3"
```

▸▸▸ 예 8-16 read1에 실행권한을 부여하고 실행시킨다. 공백으로 분리된 단어들이 변수에 차례로 배정된다.

```
[ngsik@ngsnux ch8]$ chmod a+x read1
[ngsik@ngsnux ch8]$ ./read1
Enter a line : abc def hij
word1 : abc
word2 : def
word3 : hij
[ngsik@ngsnux ch8]$
```

read는 공백문자로 단어를 분리하여 이 단어들을 차례로 read 다음의 변수에 배정한다. 만약 read 문의 변수 수가 입력줄의 단어 수보다 많으면 값을 배정받지 못한 변수는 이전의 값을 유지한다. 반면 입력줄의 단어 수가 read 문의 변수 수보다 많으면 마지막 변수가 나머지 단어들 모두를 가진다.

▸▸▸ 예 8-17 read1을 다시 실행시킨다. 이번에는 공백으로 분리된 5개의 문자열이 주어졌는데, 문자열 한 단어씩 변수에 차례로 배정되고, 나머지 단어들은 모두 마지막 변수에 배정된다.

```
[ngsik@ngsnux ch8]$ ./read1
Enter a line : abc def hij klm nop
word1 : abc
word2 : def
word3 : hij klm nop
[ngsik@ngsnux ch8]$
```

8.2.6 인용부호

인용부호로 묶인 문자열은 그 내부의 내용을 단어 단위로 분리하여 해석하지 않고 하나의 문자열 상수처럼 취급한다. 인용부호는 이중 인용부호인 " " 와 단일 이용부호인 ' ' 가 있다.

이중 인용부호 내의 문자열은 공백문자가 있더라도 단어 단위로 분리되지 않고 하나의 문자열로 취급된다. 그러나 문자열 내에 포함된 쉘 변수에 대한 해석은 수행되어 값으로 대치된다.

▸▸▸ 예 8-18 문자열은 공백 단위로 분리된다.

```
[ngsik@ngsnux ch8]$ name=hong gil dong
bash: gil: command not found
[ngsik@ngsnux ch8]$ echo "name = $name"
name =
[ngsik@ngsnux ch8]$
```

[예 8-18]의 경우에 쉘 변수 name에는 hong이라는 문자열만 들어가야 한다. 그러나 문자열은 공백으로 분리되기 때문에 이 경우에는 "hong", "gil", "dong"이라는 세 개의 문자열이 있다. 그 중에서 첫 번째 문자열은 변수 name에 배정될 문자열로 보고 그 다음의 문자열 gil은 명령어의 이름으로 보고 dong은 명령어 gil의 인수로 취급하는데, gil이라는 명령어가 없기 때문에 오류 메시지가 출력되었다. 또한 변수 name에는 어떠한 값도 저장되지 않는다. 더 정확히 말하면 name이라는 쉘 변수가 생성되지도 않는다.

공백으로 분리된 연속적인 단어들을 하나의 문자열로 취급하려면 다음과 같이 이중 인용부호로 묶어주어야 한다.

▸▸▸ **예 8-19** 공백이 들어 있는 단어들을 하나의 문자열로 묶으려면 이중 인용부호를 사용해야 한다.

```
[ngsik@ngsnux ch8]$ name="hong gil dong"
[ngsik@ngsnux ch8]$ echo "name = $name"
name = hong gil dong
[ngsik@ngsnux ch8]$
```

이중 인용부호 내에 있는 변수 이름은 값으로 대치된다. [예 8-19]에서 $name이 있던 자리에 그 변수의 값이 대치되었다.

echo 문은 연속적인 공백문자를 하나의 공백문자로 바꾼다.

▸▸▸ **예 8-20** echo 문은 연속적인 공백문자를 하나의 공백문자르 대치해서 출력한다.

```
[ngsik@ngsnux ch8]$ temp3="     white     space     character"
[ngsik@ngsnux ch8]$ echo $temp3
white space character
[ngsik@ngsnux ch8]$
```

temp3에 배정된 문자열에는 단어들 사이에 5개씩의 공백문자가 포함되어 있었지만 출력된 문자열에는 하나씩만 나타났다. temp3에는 원래의 문자열 형태로 공백까지 포함된 값이 저장되어 있지만 echo 문이 단어를 구분할 수 있는 하나씩의 공백문자만 남기고 여분의 공백문자를 제거한 후에 출력한 것이다. 이렇게 공백문자를 제거하지 않고 변수에 저장된 그대로 출력하려면 echo 문에서 이중 인용 부호를 사용하면 된다.

▸▸▸ 예 8-21 여러 개의 공백 문자를 그대로 출력하려면 echo 문에서도 이중 인용부호를 해 주어야 한다. [예 8-20]과 어느 부분이 달라졌는지 비교해 보라.

```
[ngsik@ngsnux ch8]$ temp4="    white    space    character"
[ngsik@ngsnux ch8]$ echo "$temp4"
white    space    character
[ngsik@ngsnux ch8]$
```

echo 문에서 이중 인용부호를 사용하면 $에 대한 해석을 제외한 다른 특수문자에 대한 확장은 하지 않는다.

▸▸▸ 예 8-22 echo 문에 이중 인용부호를 하면 특수문자에 대한 해석을 하지 않는다.

```
[ngsik@ngsnux ch8]$ list=file*
[ngsik@ngsnux ch8]$ echo "list = $list"
list = file*
[ngsik@ngsnux ch8]$
```

그러나 echo 문에서 이중 인용부호를 사용하지 않으면 * 나 ? 와 같은 특수문자에 대한 확장 기능을 수행한다.

▸▸▸ 예 8-23 echo 문에 이중 인용부호가 없으면 특수문자 해석을 한다. [예 8-22]와 echo 문이 어떻게 달라졌는지 비교해 보라.

```
[ngsik@ngsnux ch8]$ ls
echo1  file1  file2  file3  read1  shprog1
[ngsik@ngsnux ch8]$
[ngsik@ngsnux ch8]$ list=file*
[ngsik@ngsnux ch8]$ echo list = $list
list = file1 file2 file3
[ngsik@ngsnux ch8]$
```

[예 8-23]에서 echo 문은 $list를 그 값인 file*로 대치하고, 다시 file*을 file로 시작하는 파일 이름으로 해석하므로 현재 디렉토리에 있는 파일 이름인 file1 file2 file3가 출력된 것이다.

단일 인용부호는 이중 인용 부호와 동일한 의미를 가지지만 그 내부에 포함된 $에 대한 해석을 막는다. 따라서 $name 같은 것도 그 값으로 대치되지 않고 단지 하나의 단어로 취급된다.

예 8-24 단일 인용부호는 변수값을 나타내는 '$'에 대한 해석도 하지 않고 '$'도 하나의 문자로 취급한다.

```
[ngsik@ngsnux ch8]$ name2="hong gil dong"
[ngsik@ngsnux ch8]$ echo 'name2 = $name2'
name2 = $name2
[ngsik@ngsnux ch8]$ echo "name2 = $name2"
name2 = hong gil dong
[ngsik@ngsnux ch8]$
```

8.2.7 명령치환

명령어를 정해진 기호와 함께 표시하면 그 자리가 명령어 수행 결과로 대치된다. 명령 치환을 나타내는 기호는 두 가지가 있다.

먼저 $(command)와 같이 $ 기호와 괄호를 이용하는 방법이 있다.

예 8-25 '$' 기호와 괄호를 함께 쓰면, 괄호 안의 명령 수행 결과가 그 자리에 치환된다.

```
[ngsik@ngsnux ch8]$ echo "Current directory : $(pwd)"
Current directory : /home/ngsik/ch8
[ngsik@ngsnux ch8]$
```

[예 8-25]에서 "$(pwd)"가 있는 자리는 pwd 명령 수행 결과인 /home/ngsik/ch8 로 대치된다. 또 다른 방법은 역인용부호인 ` (자판의 왼쪽 위에 있음)를 사용하는 방법이 있다.

▸▸▸ **예 8-26 역인용 부호인 ´도 명령 치환 기능을 한다.**

```
[ngsik@ngsnux ch8]$ echo "Current directory :pwd"
Current directory :/home/ngsik/ch8
[ngsik@ngsnux ch8]$
```

여기서도 pwd가 있는 자리는 pwd 명령 수행 결과로 대치된다. 명령 치환을 이용하면 명령의 표준출력 결과를 변수에 저장할 수도 있다.

[프로그램] quote1.

```
# program : quote1
list=$(ls)
echo "list of files : $list"
```

▸▸▸ **예 8-27 프로그램 quote1에 실행권한을 부여하고 실행시킨다.**

```
[ngsik@ngsnux ch8]$ chmod 755 quote1
[ngsik@ngsnux ch8]$ ./quote1
list of files : echo1
file1
file2
file3
quote1
read1
shprog1
[ngsik@ngsnux ch8]$
```

[예 8-27]의 프로그램 quote1에서 먼저 첫째 줄에 의해 ls 명령의 표준출력이 변수 list에 저장되고 둘째 줄에서 echo 문에 의해 변수 list의 값이 출력되었다. 명령 치환은 명령 실행 결과를 출력하지 않고 분석해서 다른 목적으로 사용하는데 유용하다.

8.2.8 명령 실행

명령어 이름을 쉘 변수에 저장했다가 그 변수를 통해 명령을 실행할 수도 있다. 이 기능은 명령 이름을 키보드로부터 입력 받아 사용하는 프로그램에서 유용하다.

[프로그램] command1

```
# program : command1
echo -n "Enter a command : "
read command
echo "============================================================"
$command
echo "============================================================"
```

▸▸▸ **예 8-28** 프로그램 command1 실행 : 명령을 키보드에서 입력받아 실행시킨다. 이 프로그램을 실행시킨 다음에 실행시키고자 하는 명령어 이름을 입력해 주어야 한다.

```
[ngsik@ngsnux ch8]$ chmod 755 command1
[ngsik@ngsnux ch8]$ ./command1
Enter a command : ls
============================================================
command1  echo1  file1  file2  file3  quote1  read1  shprog1
============================================================
[ngsik@ngsnux ch8]$
[ngsik@ngsnux ch8]$ ./command1
Enter a command : pwd
============================================================
/home/ngsik/ch8
============================================================
[ngsik@ngsnux ch8]$
```

8.3 명령줄 인수

쉘 프로그램을 실행할 때 주어진 인수를 명령줄 인수(command line argument)라 한다. 이 인수들은 명령줄에 나타난 위치로 참조되기 때문에 위치 매개변수라고도 한다. 위치 매개변수는 '$' 기호와 인수의 위치를 나타내는 숫자로 표시된다.

〈표 8-1〉 위치 매개변수

위치 매개변수	의미
$0	프로그램 이름
$#	인수의 개수 (프로그램 이름은 제외)
$*	명령줄 전체
$1, $2, ..., $9	첫 번째 인수, 두 번째 인수, ..., 아홉 번째 인수
$?	직전 명령의 수행 결과 (exit 코드)

[프로그램] cmdarg1

```
#program : cmdarg1
echo "program name : $0"
echo "# of args : $#"
echo "command line : $*"
echo "first arg : $1“
echo "second arg : $2“
echo "third arg : $3"
```

위의 프로그램 cmdarg1은 실행 방법에 따라 다른 결과가 나온다. 정상적으로 세 개의 인수를 주면 $1, $2, $3가 세 개의 인수에 차례로 대응된다.

▸▸▸ **예 8-29** 프로그램 cmdarg1에 실행권한을 부여하고 세 개의 인수를 주어 실행시킨다.

```
[ngsik@ngsnux ch8]$ chmod 755 cmdarg1
[ngsik@ngsnux ch8]$ ./cmdarg1 abc def hij
program name : ./cmdarg1
# of args : 3
command line : abc def hij
first arg : abc
second arg : def
third arg : hij
[ngsik@ngsnux ch8]$
```

[예 8-29]에서는 3개의 인수를 주었으므로 각 위치 매개변수는 다음과 같은 값을 가진다.

```
S0    ./cmdarg1
$#    3
$*    abc def hij
$1    abc
$2    def
$3    hij
```

인수를 두 개를 준다면 $3는 널 값을 가지게 되고 $#는 2를 가지게 될 것이다.

▸▸▸ **예 8-30** 명령어 인수가 부족하면 널 값이 대입된다.

```
[ngsik@ngsnux ch8]$ ./cmdarg1 abc def
program name : ./cmdarg1
# of args : 2
command line : abc def
first arg : abc
second arg : def
third arg :
[ngsik@ngsnux ch8]$
```

명령줄 인수와 관련해서 많이 사용되는 쉘의 내부 명령어로 shift가 있다. shift는 명령 줄 인수를 왼쪽으로 차례로 이동시킨다.

[프로그램] shift1

```
#program : shift1
echo "first : $1"
shift
echo "first : $1"
shift
echo "first : $1"
```

▸▸▸ **예 8-31** 프로그램 shift1에 실행권한을 부여하고 실행시킨다.

```
[ngsik@ngsnux ch8]$ chmod 755 shift1
[ngsik@ngsnux ch8]$ ./shift1 abc def hij
first : abc
first : def
first : hij
[ngsik@ngsnux ch8]$
```

프로그램 shift1에서는 세 개의 echo 문에서 모두 $1을 출력하게 했지만 다음과 같이 인수가 이동하므로 $1은 차례로 abc, def, hij를 가리키게 된다.

```
$1     $2     $3
abc    def    hij     # 인수
def    hij            # 첫 번째 shift를 한 후
hij                   # 두 번째 shift를 한 후
```

처음에는 $1, $2, $3가 각각 첫 번째 인수, 두 번째 인수, 세 번째 인수 값을 가졌지만 shift 명령이 한번 수행될 때마다 그 값이 왼쪽으로 이동하게 된다.

8.4 if 문

if 문은 명령을 조건에 따라 선택적으로 실행하게 할 때 사용한다. 즉, 조건을 만족하면 어떤 명령을 실행하고 조건을 만족하지 않으면 다른 명령을 실행할 때 사용한다. if 문은 검사할 조건의 수에 따라 여러 모양을 가진다.

8.4.1 if ... then ... fi

조건에 따라 어떤 명령을 실행할 때 사용하는 것으로 다음 형식을 가진다.

```
if [ condition ]
then
    commands1
else
    commands2
fi
```

모든 if 문은 fi로 끝난다. condition이 참이면 then과 fi 사이의 명령문들을 수행하고 거짓이면 수행하지 않는다. 이때는 다음 두 가지를 주의하여야 한다.

(1) 검사할 조건을 표시하는 '[' 혹은 ']'와 condition1 사이에는 반드시 하나 이상의 공백이 있어야 한다.

(2) then 문장은 if 문장 아랫줄에 와야 한다. 즉,

```
if [ condition ] then
        commands
fi
```

이렇게 if와 then을 같은 줄에 쓸 수 없다. 만약 if와 then을 같은 줄에 쓰려고 하면 다음과 같이 ';' 으로 이들을 분리하여 나타내어야 한다.

```
if [ condition ]; then
        commands
fi
```

8.4.2 비교 연산자

if 문에서 조건 표현식은 참 혹은 거짓이라는 결과를 만들어 낼 수 있는 표현식이어야 한다. 연산의 대상 즉, 피연산자가 숫자, 문자, 파일, 혹은 논리식일 때에 사용할 수 있는 연산자가 〈표 8-2〉 ~ 〈표 8-5〉 까지 정의되어 있다.

〈표 8-2〉 숫자 비교 연산자

표현식	의 미
[$A -eq $B]	A와 B의 값이 같으면 참
[$A -ne $B]	A와 B의 값이 같지 않으면 참
[$A -gt $B]	A의 값이 B의 값보다 크면 참
[$A -lt $B]	A의 값이 B의 값보다 작으면 참
[$A -ge $B]	A의 값이 B의 값보다 크거나 같으면 참
[$A -le $B]	A의 값이 B의 값보다 작거나 같으면 참

〈표 8-3〉 문자열 비교 연산자

표현식	의 미
[$A = $B]	문자열 A와 문자열 B의 값이 같으면 참
[$A != $B]	문자열 A와 문자열 B의 값이 같지 않으면 참
[-z $A]	문자열 A의 길이가 0이면 즉, A가 널 문자열이면 참
[-n $A]	문자열 A의 길이가 0이 아니면 즉, A가 널이 아니면 참

〈표 8-4〉 파일 상태 연산자

표현식	의 미
[-d name]	변수 name의 값이 디렉토리 이름이면 참
[-f name]	변수 name의 값이 파일 이름이면 참
[-r name]	name이 나타내는 파일이나 디렉토리가 읽기 가능하면 참
[-w name]	name이 나타내는 파일이나 디렉토리가 쓰기 가능하면 참
[-x name]	name이 나타내는 파일이나 디렉토리가 실행 가능하면 참
[-s name]	파일이 존재하면서 크기가 0보다 크면 참

〈표 8-5〉 논리 연산자

표현식	의 미
expr1 -a expr2	expr1 과 expr2가 모두 참이면 결과가 참
expr1 -o expr2	expr1 혹은 expr2가 참이면 결과가 참
!expr	expr이 거짓이면 결과가 참이고 expr이 참이면 결과가 거짓

숫자 비교 연산자들은 피연산자를 숫자로 취급해서 크기를 비교한다. 다음 프로그램 if1은 키보드에서 입력된 값이 5보다 큰지 그렇지 않은지를 비교하는 프로그램이다.

[프로그램] if1

```
#program : if1
echo -n "Enter a number : "
read A
if [ $A -ge 5 ]; then
   echo "$A is greater then or equal to 5"
fi
echo "end of program"
```

▸▸▸ **예 8-32** 프로그램 if1에 실행권한을 부여하고 실행시킨다.

```
[ngsik@ngsnux ch8]$ chmod 755 if1
[ngsik@ngsnux ch8]$ ./if1
Enter a number : 3
end of program
[ngsik@ngsnux ch8]$ ./if1
Enter a number : 7
7 is greater then or equal to 5
end of program
[ngsik@ngsnux ch8]$
```

[예 8-32]에서 첫 번째 실행에서는 A의 값이 3이므로 조건이 거짓이 되어 then 다음의 문장을 실행하지 않았다. 두 번째 실행에서는 A의 값이 7이므로 [ ] 안의 조건이 참이 되어 then 이하의 문장을 실행하였다.

반면 문자열 비교 연산자들은 변수에 저장된 값을 문자열로 취급해서 비교한다. 문자열이 같다는 것은 문자열을 구성하고 있는 문자들이 차례대로 모두 같다는 것이다. 또한 문자열의 길이가 0 이라는 것은 변수 내에 단 하나의 문자도 저장하고 있지 않다는 것을 즉, 널 문자열을 저장하고 있다는 것을 뜻한다.

[프로그램] if2

```
#program : if2
echo -n "Enter Yes/No : "
read A
if [ $A = "Yes" ]; then
   echo "Really ?"
fi
echo "end of program"
```

▸▸▸ **예 8-33** 프로그램 if2에 실행권한을 부여하고 실행시킨다.

```
[ngsik@ngsnux ch8]$ chmod 755 if2
[ngsik@ngsnux ch8]$ ./if2
Enter Yes/No : Yes
Really ?
end of program
[ngsik@ngsnux ch8]$ ./if2
Enter Yes/No : No
end of program
[ngsik@ngsnux ch8]$
```

[예 8-33]의 첫 번째 실행에서 A의 값이 "Yes"이므로 [ ] 안의 조건이 참이 되어 then 다음의 문장이 실행되었다. 두 번째 실행에서는 A의 값이 "Yes"와 같지 않으므로 [ ] 안의 조건이 거짓이 된다.

파일 상태 연산자는 파일의 속성을 판단하는데 사용된다. 파일의 존재 여부, 파일의 읽기/쓰기/실행 가능성, 디렉토리인지 파일인지를 구분하는데 사용된다.

[프로그램] if3

```
#program : if3
echo -n "Enter file or directory name : "
read A
if [ -d $A ]; then
   echo "$A : directory"
fi
echo "end of program"
```

▸▸▸ **예 8-34** 프로그램 if3에 실행권한을 부여하고 실행시킨다.

```
[ngsik@ngsnux ch8]$ chmod 755 if3
[ngsik@ngsnux ch8]$ ./if3
Enter file or directory name : /etc
/etc : directory
```

```
end of program
[ngsik@ngsnux ch8]$
[ngsik@ngsnux ch8]$ ./if3
Enter file or directory name : /etc/passwd
end of program
[ngsik@ngsnux ch8]$
```

[예 8-34]의 첫 번째 실행에서 /etc는 디렉토리의 이름이므로 [ ] 안의 조건이 참이 된다. 그러나 두 번째 실행에서 /etc/passwd는 파일 이름이므로 [ ] 안의 조건이 거짓이 된다.

논리 연산자들은 여러 개의 표현식을 연결하여 하나의 표현식을 만드는데 사용된다.

[프로그램] if4

```
#program : if4
echo -n "Enter a number : "
read A
if [ $A -gt 4 -a $A -lt 7 ]; then
   echo "4 < A < 7"
fi
echo "end of program"
```

프로그램 if4에서 if 문의 조건식에 포함된 -a 연산자는 and(그리고)의 뜻이다. 따라서 -a 연산자 앞의 표현식($A -gt 4)과 뒤의 표현식($A -lt 7)이 모두 참일 때에만 결과가 참이 된다. 즉, 변수 A의 값이 4보다 크고 7보다 작을 때에 참이 된다.

▸▸▸ **예 8-35** 프로그램 if4에 실행권한을 부여하고 실행시킨다.

```
[ngsik@ngsnux ch8]$ chmod 755 if4
[ngsik@ngsnux ch8]$ ./if4
Enter a number : 3
end of program
[ngsik@ngsnux ch8]$ ./if4
Enter a number : 5
```

```
4 < A < 7
end of program
[ngsik@ngsnux ch8]$ ./if4
Enter a number : 7
end of program
[ngsik@ngsnux ch8]$
```

[예 8-35]의 첫 번째 실행에서 3은 4보다 작으므로 "$A -gt 4"가 거짓이 되어 전체 조건은 거짓이 된다. 두 번째 실행에서 5는 4보다 크고 7보다 작으므로 "$A -gt 4"가 참이고, "$A -lt 7"도 참이 되어 전체 조건이 참이 된다.

8.4.3 if ... then ... else ... fi

이 형태의 if 문은 조건에 따라 다른 명령문을 실행하게 할 때 사용되는데 일반 형식은 다음과 같다.

```
if [ condition ]
then
        commands1
else
        commands2
fi
```

condition이 참이면 commands1을 실행하고 condition이 거짓이면 commands2를 실행한다. 8.4.1의 단순 if 문에서는 조건이 거짓인 경우에는 if 내의 명령문이 실행되지 않았지만, if ... else 구조에서는 두 명령문 중 하나는 반드시 실행된다.

[프로그램] if5

```
#program : if5
echo -n "Enter your score : "
read score
if [ $score -ge 70 ]; then
   echo "pass"
else
   echo "fail"
fi
echo "end of program"
```

프로그램 if5는 키보드에서 입력하는 값이 쉘 변수 score에 저장되고, if 문에서 비교된다. score의 값이 70보다 크거나 같으면 참이 되어 then 다음의 문장이 수행되고, 그렇지 않으면 (70보다 작으면) else 다음의 문장이 수행된다.

▸▸▸ 예 8-36 프로그램 if5에 실행권한을 부여하고 실행시킨다.

```
[ngsik@ngsnux ch8]$ chmod 755 if5
[ngsik@ngsnux ch8]$ ./if5
Enter your score : 50
fail
end of program
[ngsik@ngsnux ch8]$ ./if5
Enter your score : 80
pass
end of program
[ngsik@ngsnux ch8]$
```

8.4.4 if ... then ... elif ... fi

if 문에서 검사할 조건이 여러 개라면 이와 같은 구조를 사용한다.

```
if [ condition1 ]; then
   commands1
elif [condition2 ]; then
   commands2
   .
   .
   .
elif [ condition_n ]; then
   commands_n
else
   commands_n+1
fi
```

첫 번째 if 문의 condition1부터 시작해서 조건이 검사되고 만약 그 조건이 참이면 해당 명령문이 실행되지만, 거짓이면 다음 elif 문의 조건이 검사된다. 이렇게 해서 전체 명령문 중에서 하나만 수행된다. 만약 else 문이 없다면 if 내부의 명령문이 하나도 실행되지 않을 수도 있다.

[프로그램] if6

```
#program : if6
echo -n "Enter your score : "
read score
if [ $score -ge 90 ]; then
   echo "Grade A"
elif [ $score -ge 80 ]; then
   echo "Grade B"
elif [ $score -ge 70 ]; then
   echo "Grade C"
elif [ $score -ge 60 ]; then
   echo "Grade D"
else
   echo "Grade F"
fi
echo "end of program"
```

▸▸▸ 예 8-37 프로그램 if6에 실행권한을 부여하고 실행시킨다.

```
[ngsik@ngsnux ch8]$ chmod 755 if6
[ngsik@ngsnux ch8]$ ./if6
Enter your score : 50
Grade F
end of program
[ngsik@ngsnux ch8]$ ./if6
Enter your score : 80
Grade B
end of program
[ngsik@ngsnux ch8]$ ./if6
Enter your score : 95
Grade A
end of program
[ngsik@ngsnux ch8]$
```

8.5 case 문

if ... elif 문은 검사해야할 조건이 많아지면 구조가 복잡해진다. 이러한 경우에는 case 문을 사용하는 것이 편리하다.

```
case test_string in
pattern1)
  commands1
  ;;
pattern2)
  commands2
  ;;

*)
  commands_n+1
esac
```

case 문은 test_string을 검사해서 각 패턴과 일치하는 것이 있으면 해당 패턴 아래에 있는 명령문을 실행한다. 명령문의 실행은 ";;" 까지 한다. 마지막의 "*"는 if 문에서 else와 같은 역할을 하는 것으로 위의 패턴 중에서 일치하는 것이 없으면 이 부분을 실행하게 된다.

[프로그램] case1

```
#program : case1
echo -n "Enter a letter : "
read letter
case "$letter" in
A)
  echo "you entered A"
  ;;
B)
  echo "you entered B"
  ;;
C)
  echo "you entered C"
  ;;
*)
  echo "you did not enter A, B, C"
  ;;
esac
```

예 8-38 프로그램 case1에 실행권한을 부여하고 실행시킨다.

```
[ngsik@ngsnux ch8]$ chmod 755 case1
[ngsik@ngsnux ch8]$ ./case1
Enter a letter : A
you entered A
[ngsik@ngsnux ch8]$ ./case1
Enter a letter : C
you entered C
[ngsik@ngsnux ch8]$ ./case1
Enter a letter : F
you did not enter A, B, C
[ngsik@ngsnux ch8]$
```

패턴을 표현하는 방법은 파일 이름을 표현하는 방법에서와 같은 정규표현 방법을 사용할 수도 있다.

| 여러 개 중의 선택을 나타낸다.
예) a|b는 a와 b 중의 하나를 나타낸다.
a|b|c는 a나 b, 혹은 c 중의 하나를 나타낸다.

[ ] 나열된 것 중의 하나를 나타내며 '–' 는 범위를 나타낸다.
예) [abc] 는 a나 b, 혹은 c 중의 하나를 나타낸다.
[a-cde-g]는 a, b, c, d, e, f, g 중의 하나를 나타낸다.

[프로그램] case2

```
#program : case2

echo -n "Enter a letter : "
read letter
case "$letter" in
a|A)
  echo "you entered A"
  ;;
b|B)
  echo "you entered B"
  ;;
c|C)
  echo "you entered C"
  ;;
*)
  echo "you did no enter A, B, C"
  ;;
esac
```

▸▸▸ **예 8-39** 프로그램 case2에 실행권한을 부여하고 실행시킨다.

```
[ngsik@ngsnux ch8]$ chmod 755 case2
[ngsik@ngsnux ch8]$ ./case2
Enter a letter : a
you entered A
[ngsik@ngsnux ch8]$ ./case2
Enter a letter : b
you entered B
[ngsik@ngsnux ch8]$ ./case2
Enter a letter : f
you did not enter A, B, C
[ngsik@ngsnux ch8]$
```

8.6 while 문

while 문은 어떤 조건이 만족하는 동안 do와 done 사이에 있는 명령문들을 반복하고, 조건이 만족하지 않을 때 done 아래로 제어가 이동한다. while 문의 조건은 if 문에서 사용하던 방법과 동일하다.

```
while [ condition ]
do
   commands
done
```

어떤 프로그램에서는 처음부터 while 문의 조건이 거짓인 경우도 있을 수 있으므로 do와 done 사이의 명령문들이 단 한번도 실행되지 않을 수도 있다. 또한 조건이 처음에 참으로 시작해서 어떠한 경우에도 거짓으로 변경되지 않는다면 do와 done 사이의 명령문들이 무한히 수행되어 무한 루프가 된다.

[프로그램] while1

```
#program : while1
num=1
sum=0
while [ $num -le 20 ]
do
   let sum=$sum+$num
   let num=$num+1
done
echo "sum = $sum"
```

프로그램 while1은 1부터 20까지 숫자의 합을 구해서 출력하는 프로그램이다.

▸▸▸ 예 8-40 프로그램 while1에 실행권한을 부여하고 실행시킨다.

```
[ngsik@ngsnux ch8]$ chmod 755 while1
[ngsik@ngsnux ch8]$ ./while1
sum = 210
[ngsik@ngsnux ch8]$
```

let 문은 수식 계산을 문자열이 아닌 숫자로 변환해서 산술 연산이 되도록 한다. while의 조건을 나타낼 때에도 [...] 이 아닌 let 문을 사용할 수도 있다.

[프로그램] while2

```
#program : while2
num=1
sum=0
while let "$num <= 20"
do
   let sum=$sum+$num
   let num=$num+1
done
echo "sum = $sum"
```

▸▸▸ 예 8-41 프로그램 while2에 실행권한을 부여하고 실행시킨다.

```
[ngsik@ngsnux ch8]$ chmod 755 while2
[ngsik@ngsnux ch8]$ ./while2
sum = 210
[ngsik@ngsnux ch8]$
```

프로그램 while2는 while 문의 조건 검사 방법을 let 문을 써서 표현한 것으로 앞의 프로그램 while1과 같은 결과가 나온다.

8.7 break와 continue

while이나 until, for와 같은 반복문 내에서 제어의 흐름을 조정하는 명령문으로 break와 continue가 있다.

- break　　반복문을 끝내고 제어를 루프 밖으로 이동시킨다.
- continue　제어를 반복문의 시작 위치로 이동시킨다.

이들 명령문은 반드시 반복문 안에서만 사용해야 하며 반복문 밖에서 이들을 사용하면 오류가 발생한다.

[프로그램] break1

```
# program : break1
sum=0
while :
do
   echo -n "Enter number : "
   read num
   if [ $num -eq 0 ]; then
      break
   fi
   let sum=$sum+$num
done
echo "sum = $sum"
```

▸▸▸ 예 8-42 **프로그램 break1에 실행권한을 부여하고 실행시킨다. 0을 입력하면 프로그램이 종료한다.**

```
[ngsik@ngsnux ch8]$ chmod 755 break1
[ngsik@ngsnux ch8]$ ./break1
Enter number : 3
Enter number : 2
Enter number : 5
Enter number : 7
Enter number : 3
Enter number : 0
sum = 20
[ngsik@ngsnux ch8]$
```

프로그램 break1은 키보드에서 0이 입력되기 전까지 입력된 숫자의 합을 구하는 프로그램이다. “while :”은 무한루프를 나타낸다. 따라서 이 프로그램은 무한히 반복하면서 키보드 입력의 합을 계산하는데 만약 읽은 숫자가 0이면 break 문에 의해 제어가 while 문의 바깥으로 이동하여 echo 문을 수행한 다음에 프로그램이 종료하게 된다. 이와 같이 break 문은 제어를 루프 밖으로 이동시키는 역할을 한다.

[프로그램] continue1

```
# program : continue1
sum=0
while :
do
   echo -n "Enter number : "
   read num
   if [ $num -eq 0 ]; then
      break
   fi
   if [ $num -ge 10 ]; then
      continue
   fi
   let sum=$sum+$num
done
echo "sum = $sum"
```

▸▸▸ **예 8-43** 프로그램 continue1에 실행권한을 부여하고 실행시킨다. 0을 입력하면 프로그램이 종료한다. 10보다 큰 숫자는 더하지 않는다.

```
[ngsik@ngsnux ch8]$ chmod 755 continue1
[ngsik@ngsnux ch8]$ ./continue1
Enter number : 3
Enter number : 5
Enter number : 7
Enter number : 2
Enter number : 15
Enter number : 3
Enter number : 0
sum = 20
[ngsik@ngsnux ch8]$
```

continue 문은 제어를 루프의 시작 위치로 이동시킨다. 프로그램 continue1은 break1과 동일하지만 입력된 숫자가 10보다 크거나 같으면 continue 문에 의해 제어가 루프의 시작점인 "while :"까지 이동하여 루프의 진행을 계속한다. 따라서 10보다 크거나 같은 숫자는 합계에 포함되지 않는다.

8.8 until 문

until 문은 while 문과 같은 기능을 수행하지만, while 문과는 조건을 주는 방법이 반대이다. 즉, 조건이 거짓인 동안만 반복문을 수행하고 조건이 참이 되면 루프 수행을 중단하고 제어를 루프 밖으로 이동시킨다.

```
until [ condition ]
do
   commands
done
```

until 문도 while 문과 같이 do와 done 사이의 명령문이 한번도 수행되지 않을 수도 있다. 먼저 조건을 검사해서 결과가 거짓이면 명령문 commands를 수행하는데, 만약 처음부터 조건의 결과가 참이 되도록 주어지면 commands는 한번도 수행되지 않고 until 문이 끝난다.

[프로그램] until1

```
#program : until1
num=1
sum=0
until [ $num -gt 20 ]
do
   let sum=$sum+$num
   let num=$num+1
done
echo "sum = $sum"
```

▸▸▸ 예 8-44 프로그램 until1에 실행권한을 부여하고 실행시킨다. until은 조건이 만족될 때까지 수행된다.

```
[ngsik@ngsnux ch8]$ chmod 755 until1
[ngsik@ngsnux ch8]$ ./until1
sum = 210
[ngsik@ngsnux ch8]$
```

위의 프로그램 until1을 앞 절의 while1과 비교해 보면 "while [$num -le 20]"이 "until [$num -gt 20]"으로 바뀐 것을 알 수 있다. 하지만 두 프로그램은 동일한 결과나 나온다. until 문에 주어진 조건은 while 문에 주어진 조건과 완전히 반대인 것을 알 수 있다.

8.9 for 문

for 문은 대표적인 반복문의 하나로 그 구조는 다음과 같다.

```
for loop_var in arg_list
do
   commands
done
```

for 문은 변수 loop_var가 arg_list에 있는 값을 처음부터 차례로 가지면서 do와 done 사이에 있는 명령문들인 commands를 수행한다. for 문의 반복 횟수는 arg_list에 있는 인수의 개수와 같다.

[프로그램] for1

```
#program : for1
for name in gildong hodong soonshin
do
   echo "$name"
done
```

▸▸▸ **예 8-45** 프로그램 for1에 실행권한을 부여하고 실행시킨다.

```
[ngsik@ngsnux ch8]$ chmod 755 for1
[ngsik@ngsnux ch8]$ ./for1
gildong
hodong
soonshin
[ngsik@ngsnux ch8]$
```

프로그램 for1에서는 in 다음에 있는 인수의 개수가 3개이기 때문에 for 문이 3회 반복한다. 처음에 변수 name은 gildong이라는 값을 가지고, 두 번째는 hodong, 세 번째는 soonshin이라는 값을 가진다.

for 문의 인수는 다른 명령의 실행 결과일 경우가 많다.

[프로그램] for2

```
#program : for2
flist=$(ls)
for fname in $flist
do
   echo "$fname"
done
```

▸▸▸ 예 **8-46** 프로그램 for2에 실행권한을 부여하고 실행시킨다.

```
[ngsik@ngsnux ch8]$ chmod 755 for2
[ngsik@ngsnux ch8]$ ./for2
break1
case1
case2
cmdarg1
command1
continue1
echo1
file1
file2
file3
[ngsik@ngsnux ch8]$
```

for2에서는 먼저 ls의 실행 결과인 현재 디렉토리에 있는 파일 이름들이 변수 flist에 저장되고, for 문에서는 flist에 저장된 파일 이름을 하나씩 가져다 루프 변수인 fname에 배정한 다음 echo 문을 실행했다.

현재 디렉토리에 있는 파일 이름들에 대한 처리는 프로그램 for3에서와 같이 간단히 할 수도 있다.

[프로그램] for3

```
#program : for3
for fname in *
do
   echo "$fname"
done
```

▸▸▸ **예 8-47** 프로그램 for3에 실행권한을 부여하고 실행시킨다.

```
[ngsik@ngsnux ch8]$ chmod 755 for3
[ngsik@ngsnux ch8]$ ./for3
break1
case1
case2
cmdarg1
command1
continue1
echo1
file1
file2
file3
[ngsik@ngsnux ch8]$
```

위의 프로그램 for3 에서 "*"는 현재 디렉토리에 있는 파일이나 디렉토리의 이름들을 나타내는 것이기 때문에 이 프로그램은 for2와 같은 결과를 보여준다.

for 문에서 in이 없을 수도 있는데 이때에는 루프 변수가 명령줄 인수의 값을 자동으로 가지게 된다.

[프로그램] for4

```
#program : for4
for name
do
   echo "$name"
done
```

예 8-48 프로그램 for4에 실행권한을 부여하고 실행시킨다.

```
[ngsik@ngsnux ch8]$ chmod 755 for4
[ngsik@ngsnux ch8]$ ./for4 hodong gildong sooshin
hodong
gildong
sooshin
[ngsik@ngsnux ch8]$
```

프로그램 for4를 [예 8-48]처럼 실행할 경우에 변수 name은 명령줄 인수인 hodong, gildong, sooshin을 차례로 가지면서 for 문이 3회 수행된다.

8.10 함수

함수는 특정 기능을 수행하는 프로그램의 한 부분으로 프로그램의 모듈화를 가능하게 한다. 함수 정의문의 일반적인 형식은 다음과 같다.

```
func_name()
{
   명령어들
}
```

쉘 프로그램의 함수도 인수를 가질 수 있는데, 인수를 표현하는 방법이 일반 프로그래밍 언어와 다르다. 일반 프로그래밍 언어에서는 함수를 선언할 때 함수에서 사용할 인수의 리스트를 나열해 주지만, 쉘 프로그램의 함수에서는 명령줄 인수와 같이 '$' 기호를 사용해서 인수를 나타낸다. 다음 프로그램 func1은 첫 번째 인수에서 두 번째 인수까지 정수의 합을 구해서 출력하는 프로그램이다.

[프로그램] func1

```
#program : func1
sum()
{
 num=$1
 while [ $num -le $2 ]
 do
        let sum=$sum+$num
        let num=$num+1
 done
 echo "sum = $sum"
}

sum 1  10
sum 11 20
```

▸▸▸ **예 8-49 프로그램 func1에 실행권한을 부여하고 실행시킨다.**

```
[ngsik@ngsnux ch8]$ chmod 755 func1
[ngsik@ngsnux ch8]$ ./func1
sum = 55
sum = 210
[ngsik@ngsnux ch8]$
```

함수를 호출할 때에는 함수의 이름을 적어주면 된다. 인수는 함수의 이름 다음에 차례로 나열해 준다. 이렇게 하면 첫 번째 인수가 $1, 두 번째 인수가 $2, ... 이와 같이 자동으로 인수 값이 배정되어 함수가 수행된다.

프로그램 func1에서 첫 번째 sum이 호출될 때에는 S1이 1이 되고 S2는 10이 된다. 두 번째 sum이 호출될 때에는 S1은 11이 되고 S2는 20이 된다.

8.11 프로그램 예

[프로그램] ex1 :이 프로그램은 터미널에 암호를 설정해 주고 암호를 바르게 입력해야 셸 프롬프트가 나오게 하는 프로그램이다.

```
#program : locktty
trap '' 1 2 3 20
stty -echo
echo -n "key: "
read key_1
echo
echo -n "Again: "
read key_2
echo
key_3=
if [ "$key_1"="$key_2" ]; then
    tput clear
    until [ "$key3"="$key_2" ]
    do
        read key_3
    done
    else
        echo "locktty: key do not match"
fi
stty echo
```

연 습 문 제

A. 다음 빈 칸에 적절한 용어를 채우시오.

1. 쉘이 제공하는 제어구조, 쉘 변수, 명령 등을 이용해서 작성하는 스크립트 프로그램을 (　　　)이라 한다.
2. 쉘 변수의 값을 나타낼 때에는 쉘 변수 앞에 (　　　)기호를 붙여 나타낸다.
3. 쉘이 내부적으로 사용할 목적으로 미리 정의해 둔 쉘 변수를 쉘의 (　　　) 변수라 하는데, 환경 변수들도 여기에 속한다.
4. 쉘 변수를 제거하려면 (　　　) 명령을 사용한다.
5. (　　　) 내의 문자열은 공백문자가 있더라도 단어 단위로 분리되지 않고 하나의 문자열로 취급된다.
6. (　　　) 내에 있는 '$' 표시는 변수값을 나타내는 것으로 해석되지 않고 단지 하나의 문자일 뿐이다.
7. 명령 라인 인수는 명령 라인에 나타난 위치로 참조되기 때문에 (　　　)라고도 한다.
8. (　　　)는 여러 개의 표현식을 연결하여 하나의 표현식을 만드는데 사용하는 연산자이다.
9. (　　　) 문은 반복문을 끝내고 제어를 루프 밖으로 이동시키고, (　　　) 문은 제어를 반복문의 시작 위치로 이동시킨다.
10. 쉘 프로그램에서 함수의 인수는 (　　　)처럼 '$' 표시와 숫자를 사용해서 나타낸다.
11. 변수의 값이 한번 설정되면 더 이상 변경될 수 없는 변수를 (　　　) 변수라 한다.
12. 쉘 프로그램에서 모든 변수는 (　　　) 타입이다.
13. 명령줄 인수의 개수는 (　　　)로 나타낸다.
14. while 문과 조건 표현 방법만 다르고 나머지 기능은 동일한 명령문은 (　　　) 문이다.

B. 다음 물음에 답하시오.

1. 위치 매개변수란 무엇이며 각 위치 매개변수의 기능을 설명하시오.
2. 다음 파일 상태 연산자들은 어떤 경우에 참이 되는가?
   (1) [-d name]
   (2) [-f name]
   (3) [-r name]
   (4) [-x name]

3. 쉘 상태에서 다음과 같은 명령을 차례로 수행시켰을 때에 최종적으로 화면에 나타나는 결과를 쓰시오.

   $ num1=23

   $ num2=11

   $ sum=$num1+$num2

   $ echo "sum = $sum"

4. 쉘 프로그램 파일 shprog1이 있다. 이를 실행시키는 두 가지 방법을 설명하시오.
5. 문제 3에서 화면에 나오는 결과가 "34"가 되게 하려면 어느 라인을 어떻게 고쳐야 하는가?
6. 이중인용부호(" ")와 단일인용부호(' ')의 공통점과 차이점을 설명하시오.
7. read 문에서 변수의 수가 입력 문자열의 수보다 많을 때 입력 문자열이 어떻게 변수에 배정되는가? 그 반대의 경우에는 어떻게 되는가?
8. if 문의 4가지 형식을 쓰고 동작 원리를 설명하시오.
9. case 문은 if 문을 대신해서 사용할 수 있을 때도 있고, 대신할 수 없을 때도 있다. 어떤 경우에 그런지 예를 들어 설명하시오.
10. while 문과 until 문을 비교 설명하시오. while 문으로 표현된 모든 프로그램을 until 문으로 표현할 수 있는가?
11. C 언어에서는 while 로 표현된 모든 프로그램을 for 문으로 변형해서 표현할 수 있다. 쉘 프로그램에서는 어떤가?
12. 다음과 같이 사용했을 때에 인수로 주어진 디렉토리 아래에 있는 모든 이름들에 대해 디렉토리와 파일로 구분해서 표시하는 쉘 프로그램 filetype을 작성하시오.

    $ filetype dir1

    file1 : 파일

    file3 : 파일

    dir3 : 디렉토리

13. 1에서 100 사이의 3의 배수의 합을 구해서 출력하는 쉘 프로그램을 작성하시오.
14. 인수로 주어진 이름이 파일인지 디렉토리인지 구분하고, 파일이면 읽기, 쓰기, 실행 가능 여부를 알려주는 쉘 프로그램을 작성하시오.

C. 다음 명령어의 기능을 설명하시오.

1. set
2. unset
3. readonly
4. echo

5. read
6. shift
7. let

CHAPTER

09 프로그래밍 도구

리눅스 운영체제의 소스 코드는 대부분이 C 언어르 작성되어 있고, 리눅스는 C 프로그램 작성을 위한 다양한 유틸리티들을 제공한다. C 언어로 작성된 리눅스 운영체제 커널의 소스 코드가 공개되어 있을 뿐 아니라, C 언어로 프로그램을 작성하는데 필요한 각종 라이브러리와 헤더 파일들, 그리고 컴파일러와 make 유틸리티가 무료로 제공된다.

9.1 C 프로그램 작성과 실행

리눅스에서 C 프로그램을 작성할 때에는 vi와 같은 문서 편집기를 사용한다. vi가 아니더라도 텍스트 문서를 작성할 수 있는 어떠한 문서 편집기를 사용해도 무방하다. 컴파일러에 따라 다를 수는 있지만 C 언어로 프로그램을 작성할 때에는 파일 이름에 적용하는 다음과 같은 규칙이 있다.

.c	C 프로그램의 소스 파일
.h	C 프로그램의 헤더 파일
.cpp	C++ 프로그램의 소스 파일
.asm	어셈블리 언어로 작성된 프로그램의 소스 파일
.obj	컴파일러가 생성한 목적 파일

따라서 C 프로그램을 작성할 때는 위의 규칙에 따라서 적절한 확장자를 붙여주어야 한다. 예를 들어, 다음과 같은 C 프로그램 cprog1.c를 작성해 보자.

[프로그램] cprog1.c

```
//
// file : cprog1.c
//
#include <stdio.h>

int main(int argc, char *argv[])
{
    char buf[80];

    printf("Enter a line : ");
    while (fgets(buf, 80, stdin) != NULL) {
        printf("You typed : %s", buf);
        printf("Enter a line : ");
    }
    return 0;
}
```

C 프로그램의 컴파일에는 어떤 C 컴파일을 사용해도 되지만, 리눅스에서는 주로 gcc 컴파일러를 사용한다. gcc는 GNU 프로젝트에 의해 개발된 공개 소프트웨어인데 무료로 사용할 수 있을 뿐 아니라 소스 코드까지 공개되어 있다. gcc 컴파일러를 사용해서 C 프로그램을 컴파일하는 방법은 다음과 같다.

```
$ gcc cprog1.c
```

이렇게 컴파일하면 에러가 없을 경우에 이름이 a.out인 실행 파일이 생성된다. 실행 파일 이름을 다르게 하려면 -o 옵션을 사용해야 한다.

```
$ gcc -o cprog1  cprog1.c
```

이때는 이름이 cprog1인 실행 파일이 생성된다. 실행 파일 이름이 반드시 소스 파일 이름과 같을 필요는 없지만 여러 개의 파일을 관리할 경우에는 파일 이름의 복잡성을 줄이기 위해 소스 파일 이름과 실행 파일 이름을 같게 한다.

생성된 실행 파일을 실행시키는 방법은 일반 명령어를 실행시키는 것과 동일하다. 위의 프로그램은 다음과 같이 실행시킨다.

```
$ ./cprog1
```

여기서 실행 파일 이름에 현재 디렉토리를 나타내는 "./" 까지 붙여서 "./cprog1"이라고 해주는 이유는 쉘의 환경 변수인 PATH 환경변수에 현재 디렉토리가 포함되어 있지 않기 때문이다. ls나 cp 같은 명령어가 있는 /bin 디렉토리는 PATH 환경변수에 포함되어 있기 때문에 명령어 이름만 주면 실행되었다.

▸▸▸ 예 9-1 다음은 프로그램 cprog1.c를 컴파일하고 실행하는 과정을 보여준다. 프로그램을 실행시킨 다음 종료하려면 ^D를 입력한다. 리눅스에서 ^D는 EOF(End Of File) 문자이다.

```
[ngsik@ngsnux ch9]$ gcc -o cprog1 cprog1.c
[ngsik@ngsnux ch9]$ ./cprog1
Enter a line : test line
You typed : test line
Enter a line : [ngsik@ngsnux ch9]$
[ngsik@ngsnux ch9]$
```

gcc의 -c 옵션은 실행파일을 만들기 전 단계인 목적 파일(.o)을 만든다. 이 옵션은 여러 개의 소스 파일로 이루어진 프로그램을 컴파일 할 때에 사용한다. 이 목적 파일들을 묶어 실행 파일로 만들 때에도 gcc를 사용한다.

▸▸▸ 예 9-2 gcc의 -c 옵션은 목적 파일만 생성한다.

```
[ngsik@ngsnux ch9]$ ls
cprog1.c
[ngsik@ngsnux ch9]$ gcc -c cprog1.c
[ngsik@ngsnux ch9]$ ls
cprog1.c  cprog1.o
[ngsik@ngsnux ch9]$ gcc -o cprog1 cprog1.o
[ngsik@ngsnux ch9]$ ls
cprog1  cprog1.c
[ngsik@ngsnux ch9]$
```

C 언어에서 많이 사용하는 헤더 파일들은 /usr/include 디렉토리에 있다. 다음은 이 디렉토리에 있는 파일의 일부를 보여준 것이다.

```
[ngsik@ngsnux ch9]$ ls /usr/include
ConsoleKit    event.h               langinfo.h        mxDateTime.h  schily
FLAC          evolution-data-server-1.10 lastlog.h    mxProxy.h     scsi
FLAC++        execinfo.h            lber.h            mxQueue.h     search.h
FlexLexer.h   expat.h               lber_types.h      mxTextTools.h security
GL            expat_external.h      lcms.h            mxTools.h     selinux
Mrm           expect.h              ldap.h            mxbmse.h      semanage
OpenSP        expect_comm.h         ldap_cdefs.h      mxh.h         semaphore.h
SDL           expect_tcl.h          ldap_features.h   mxte.h        sensors
X11           ext2fs                ldap_schema.h     nash          sepol
Xm            fam.h                 ldap_utf8.h       nash.h        setjmp.h
.
.
.
dmraid        ijs                   lzoconf.h         pwd.h         w3c-libwww
dns_sd.h      initreq.h             lzoutil.h         pycairo       wait.h
drm           inttypes.h            mad.h             pygtk-2.0     wchar.h
dvdcss        ip6tables.h           magic.h           pyorbit-2     wctype.h
dvdread       iptables.h            malloc.h          python2.4     wireless.h
dwarf.h       iptables_common.h     mallocvar.h       rdma          wordexp.h
e2p           isc-dhcp              math.h            re_comp.h     wvstreams
eel-2         iwlib.h               mcheck.h          readline      xf86drm.h
elf.h         jconfig.h             memory.h          regex.h       xf86mm.h
elfutils      jerror.h              menu.h            regexp.h      xfs
```

```
endian.h      jmorecfg.h    metacity-1     reiser4       xlocale.h
entities.h    jpeglib.h     mikmod.h       repair        xmlparse.h
envz.h        kde           mntent.h       resolv.h      xorg
err.h         kerberosIV    monetary.h     rpc           zconf.h
errno.h       kpathsea      mpeg2dec       rpcsvc        zlib.h
error.h       krb5          mqueue.h       rpm           zutil.h
esd.h         krb5.h        mtd            sane
et            krbafs.h      musicbrainz    sasl
eti.h         kudzu         mxBeeBase.h    sched.h
[ngsik@ngsnux ch9]$
```

C 언어의 표준 라이브러리들은 /lib 디렉토리에 있다. 다음은 이 디렉토리 아래에 있는 파일의 일부이다.

```
[ngsik@ngsnux ch9]$ ls /lib
bdevid          libcom_err.so.2        libgobject-2.0.a               libpcre.so.0.0.1
cpp             libcom_err.so.2.1      libgobject-2.0.so              libproc-3.2.7.so
dbus-1.0        libcrypt-2.5.so        libgobject-2.0.so.0            libpthread-2.5.so
firmware        libcrypt.so.1          libgobject-2.0.so.0.1200.11    libpthread.so.0
iptables        libcrypto.so.0.9.7a    libgthread-2.0.a               libresolv-2.5.so
kbd             libcrypto.so.0.9.8b    libgthread-2.0.so              libresolv.so.2
ld-2.5.so       libcrypto.so.4         libgthread-2.0.so.0            librt-2.5.so
ld-linux.so.2   libcrypto.so.6         libgthread-2.0.so.0.1200.11    librt.so.1
ld-lsb.so.3     libdb-4.3.so           libhandle.so.1                 libselinux.so.1
.
.
.
libcap.so       libglib-2.0.a              libnss_wins.so.2               modules
libcap.so.1     libglib-2.0.so             libpam.so.0                    rtkaio
libcap.so.1.10  libglib-2.0.so.0           libpam.so.0.81.5               security
libcidn-2.5.so  libglib-2.0.so.0.1200.11   libpam_misc.so.0               tls
libcidn.so.1    libgmodule-2.0.a           libpam_misc.so.0.81.2          udev
libck-connector.so                         libgmodule-2.0.so              libpamc.so.0
libck-connector.so.0                       libgmodule-2.0.so.0            libpamc.so.0.81.0
libck-connector.so.0.0.0                   libgmodule-2.0.so.0.1200.11    libpcre.so.0
[ngsik@ngsnux ch9]$
```

9.2 make 유틸리티

make는 여러 개의 소스 파일로 구성된 프로그램의 작성과 유지를 편리하게 할 수 있도록 도와주는 도구이다. make는 프로그램을 구성하는 파일들 중에서 어느 것이 새롭게 컴파일되어야 하는지를 판단해서 필요한 작업을 자동으로 수행한다. make가 필요한 작업의 대부분을 자동으로 수행하기는 하지만 작업의 대상들과 그들 사이의 관계, 작업의 내용은 사용자가 명시해 주어야 한다. 이러한 내용들은 Makefile이나 makefile 혹은 다른 어떤 이름의 파일로 작성해 주어도 되지만 통상적으로 Makefile이라는 이름을 주로 사용한다.

9.2.1 Makefile의 구성

Makefile은 make가 처리할 작업들에 대한 규칙을 나열한 파일이다. 규칙은 타겟(target), 의존관계(dependency), 명령(command)으로 나타내는데, 이중에서 타겟은 반드시 있어야 하지만 의존관계 부분과 명령 부분은 필요하지 않을 경우에는 생략할 수도 있다.

```
target : dependency
        commands
```

Makefile은 위와 같은 구조의 규칙들의 나열인데, make는 별도로 지정하지 않으면 Makefile 내의 규칙들 중에서 첫 번째 타겟에 해당하는 규칙을 처리한다. 특정 타겟을 처리하기를 원할 때는 타겟 이름을 명시해 주어야 한다.

의존관계 부분에는 타겟과 의존관계에 있는 파일 이름들이 나열된다. 여기에 나열된 파일의 내용이 변경되면 명령 부분에 있는 명령이 수행된다. 명령 부분은 반드시 타겟 다음 줄에 TAB 글자로 시작되어야 한다.

9.2.2 프로그램 예

여러 개의 파일로 이루어진 프로그램 개발에 make가 얼다나 편리하게 사용될 수 있는가를 알아보기 위해 간단하지만 4개의 파일로 구성된 프로그램의 예를 만들어 본다. 이 프로그램은 단순히 키보드 입력을 화면에 출력하는 기능을 수행하지만 4개의 파일로 나누어 구성했다.

[프로그램] iobuf.h

```
// file : iobuf.h

#define BUFSIZE 60

int input(char *bp);
int output(char *bp);
```

[프로그램] input.c

```
// file : input.c

#include <stdio.h>
#include "iobuf.h"

int input(char *bp)
{
    if (fgets(bp, BUFSIZE, stdin) == NULL) return 0;
    else  return 1;
}
```

[프로그램] output.c

```
// file : output.c

#include <stdio.h>

int output(char *bp)
{
    if (fputs(bp, stdout) == 0) return 0;
    else  return 1;
}
```

[프로그램] main.c

```
// file : main.c

#include "iobuf.h"

int main(void)
{
    char buf[BUFSIZE];

    input(buf);
    output(buf);

    return 1;
}
```

이 프로그램을 make를 이용하지 않고 컴파일하여 실행 파일을 생성하려면 다음과 같이 하면 된다.

▸▸▸ **예 9-3** 위의 프로그램들을 컴파일하고 실행파일을 생성한다.

```
[ngsik@ngsnux iotest]$ gcc -c input.c                          # (1)
[ngsik@ngsnux iotest]$ gcc -c output.c                         # (2)
[ngsik@ngsnux iotest]$ gcc -c main.c                           # (3)
[ngsik@ngsnux iotest]$ gcc -o iotest main.o output.o input.o   # (4)
[ngsik@ngsnux iotest]$
```

gcc 컴파일러에서 -c 옵션은 소스 파일을 컴파일하서 링크되기 직전의 목적 파일을 생성하게 한다. 예를 들어 input.c를 컴파일해서 input.o를 생성한다. -o 옵션은 목적 파일들을 링크해서 하나의 타겟 실행 파일을 생성한다. 네 번째 줄에 의해 목적 파일 input.o output.o main.o가 링크되어 실행 파일인 iotest가 생성된다.

이 작업에서 iobuf.h의 내용이 변경되면 이 파일을 참조하는 input.c와 main.c는 다시 컴파일되어야 하고 이에 따라 input.o와 main.o의 내용도 변경된다. 따라서 input.o와 main.o가 링크되어 만들어진 iotest도 새로 생성해야 한다. 즉 위의 (1), (3), (4)의 명령이 다시 실행되어야 한다. 위의 경우에는 파일이 4개이기 때문에 비교적 간단하게 처리되지만 수십 개 혹은 수백 개의 파일이 관련된 대형 프로그램의 경우에 이 작업은 수작업으로는 올바르게 처리할 수 없을 만큼 복잡하다.

9.2.3 Makefile의 활용

make 유틸리티를 이용하면 앞에서와 같은 문제를 쉽게 허결할 수 있다. 앞의 예제에 사용할 Makefile은 다음과 같이 구성하면 된다.

[프로그램] Makefile

```
# file : Makefile

iotest : main.o input.o output.o                        # (1)
        gcc -o iotest  main.o input.o output.o

main.o : main.c iobuf.h                                 # (2)
        gcc -c main.c

input.o : input.c iobuf.h                               # (3)
        gcc -c input.c

output.o : output.c                                     # (4)
        gcc -c output.c
```

Makefile을 위와 같이 구성하고 make를 수행시키면 다음과 같은 결과가 나온다.

▸▸▸ 예 9-4 make를 이용해 컴파일한다.

```
[ngsik@ngsnux iotest]$ make
gcc -c main.c
gcc -c input.c
gcc -c output.c
gcc -o iotest main.o input.o output.o
[ngsik@ngsnux iotest]$
```

위의 Makefile에는 4개의 규칙이 정의되어 있다. 첫 번째 규칙인 (1)에서 타겟 이름은 iotest이고, 이 타겟은 세 개의 목적 파일 main.o input.o output.o와 의존관계에 있다. 그래서 이 세 개의 목적 파일 중의 하나라도 변경되면 명령 부분에 있는 gcc 명령이 수행되어 실행 파일인 iotest를 다시 생성하게 된다.

(2)의 규칙에 의하면 main.o는 main.c와 iobuf.h에 의존하고 있어 이 두 개의 파일 중 하나라도 변경되면 명령부분의 gcc가 수행되어 main.o가 새로 생성된다. 이것은 결과적으로 iotest를 새로 생성하게 한다.

마찬가지로 input.o는 input.c와 iobuf.h에 의존적이고, output.o는 output.c에 의존적이다. 그러므로 만약에 iobuf.h가 변경되면 이에 의존적이 main.o와 input.o가 새로 생성되고 최종적으로 타겟 실행파일 iotest가 새로 생성된다.

Makefile을 작성하기 위해서는 소스 파일과 헤더 파일들 사이의 의존 관계를 정확하게 파악해야 한다. 그렇기 때문에 Makefile을 작성하기 전에 먼저 다음과 같은 의존 관계 표를 만들어 두는 것이 좋다.

〈표 9-1〉 의존 관계표

타겟 파일	의존 파일
iotest	main.o input.o output.o
main.o	main.c iobuf.h
input.o	input.c iobuf.h
output.o	output.c

make가 의존관계에 따라 어떻게 컴파일을 다시 하는지 보기 위해 실험적으로 iobuf.h를 다음과 같이 변경시켜 보자.

[프로그램] iobuf.h

```
// file : iobuf.h

#define BUFSIZE 80

int input(char *bp);
int output(char *bp);
```

이제 make를 수행시키면 [예 9-5]와 같은 결과가 나온다.

예 9-5 make는 수정된 파일과 그 파일에 의존적인 파일들간 다시 컴파일해서 실행파일을 만들어낸다.

```
[ngsik@ngsnux iotest]$ make
gcc -c main.c
gcc -c input.c
gcc -o iotest main.o input.o output.o
[ngsik@ngsnux iotest]$
```

make는 프로그램을 구성하는 전체 파일 중에서 iobuf.h가 변경된 사실을 알아내고 Makefile의 규칙에서 iobuf.h에 의존적인 타겟을 찾는다. 여기서는 main.o와 input.o가 iobuf.h에 의존적이므로 그 타겟의 명령부분이 실행되어 main.o와 input.o가 갱신된다. 이에 따라 main.o와 input.o에 의존적인 타겟인 iotest의 명령부분이 실행되어 최종적으로 실행 파일 iotest가 갱신된다.

이렇게 프로그램의 의존관계와 그에 따라 실행될 명령을 Makefile 내에 정의해 두면 어떤 파일의 내용이 변경되었을 때 make는 필요한 작업을 자동으로 수행한다. 처음 Makefile을 만드는 작업은 프로그램 개발 이외의 부가적인 작업이 될 수 있으나, 한번 만들어 두면 프로그램 개발 작업을 아주 효율적으로 진행할 수 있다.

9.2.4 매크로

몇 개의 파일로 구성되는 소규모 프로그램에 사용되는 Makefile은 위의 예처럼 파일 이름들을 직접 나열할 수 있다. 그러나 관련되는 파일이 수십 개인 경우에는 필요할 때마다 파일 이름을 모두 나열하는 것은 불편할 뿐 아니라 오류의 원인이 되기도 한다. 이 때에는 Makefile 구성 요소의 일부를 다른 이름으로 대치하는 매크로(macro)를 사용하는 것이 편리하다.

[프로그램] Makefile

```
# file : Makefile

CC=  gcc
CFLAGS=  -c

OBJS = main.o input.o output.o

iotest : $(OBJS)                                    # (1)
        $(CC) -o iotest  $(OBJS)

main.o : main.c iobuf.h                             # (2)
        $(CC) $(CFLAGS) main.c

input.o : input.c iobuf.h                           # (3)
        $(CC) $(CFLAGS) input.c

output.o : output.c                                 # (4)
        $(CC) $(CFLAGS) output.c
```

위에서 CC, CFLAGS, OBJS와 같이 다른 구성요소를 나타내는 이름을 매크로라 한다. 위와 같이 매크로를 사용하면 Makefile의 이식성을 높일 수 있을 뿐 아니라 새로운 파일의 추가도 쉽다. 예를 들어 컴파일러가 gcc에서 다른 것으로 변경될 경우에 CC의 정의 부분만 변경하면 된다. 마찬가지로 목적 파일이 추가될 경우에는 OBJS의 정의 부분에만 추가하면 된다. make에 대한 설명서들에는 매크로 이용의 다양한 예들을 제시하고 있다.

9.2.5 레이블

Makefile에서 타겟 부분이 파일 이름이 아니라 단순히 어떤 이름으로 사용될 때 이러한 타겟을 레이블(label)이라 한다. 타겟 필드가 레이블로 사용될 때에는 의존성 부분은 필요 없다.

[프로그램] Makefile

```
# file : Makefile

CC= gcc
CFLAGS= -c

OBJS = main.o input.o output.o

iotest : $(OBJS)                                    # (1)
        $(CC) -o iotest $(OBJS)

main.o : main.c iobuf.h                             # (2)
        $(CC) $(CFLAGS) main.c

input.o : input.c iobuf.h                           # (3)
        $(CC) $(CFLAGS) input.c

output.o : output.c                                 # (4)
        $(CC) $(CFLAGS) output.c

clean :                                             # (5)
        rm iotest $(OBJS)
```

위의 프로그램에서 (5)의 clean은 레이블인데, [예 9-6]과 같이 사용된다. 타겟 clean은 iotest와 OBJS에 포함된 세 개의 .o 파일을 삭제하는데 사용된다.

▸▸▸ 예 9-6 레이블은 단순히 어떤 이름을 나타낸다.

```
[ngsik@ngsnux iotest]$ make clean
rm  iotest main.o input.o output.o
[ngsik@ngsnux iotest]$
```

9.2.6 확장자 규칙

확장자 규칙(suffix rule)이란 make가 파일의 확장자를 보고 그에 따른 적절한 동작을 하는 규칙을 말한다. 여기에는 .SUFFIXES 매크로가 사용된다. 가장 많이 사용되는 확장자 규칙으로는 .c 파일을 자동으로 컴파일해서 .o 파일을 생성하게 하는 것이다. .c 파일은 C 언어로 된 소스파일이고 .o 파일은 이를 컴파일한 목적파일이라는 사실을 make도 알고 있는데, 이를 이용해 자동 컴파일을 하게 하려면 다음과 같이 적어주면 된다.

```
.SUFFIXES = .c .o
```

이 기능을 이용하면 Makefile을 다음과 같이 더 간단히 만들 수 있다. 각 타겟에 대해서 명령 부분을 적어주지 않아도 make는 확장자 규칙에 따라서 갱신된 .c 파일에 대해서는 자동으로 컴파일해서 .o 파일을 생성해 낸다.

[프로그램] Makefile

```
# file : Makefile

.SUFFIXES = .c .o

CC=  gcc
CFLAGS=  -c

OBJS = main.o input.o output.o

iotest : $(OBJS)                                          # (1)
        $(CC) -o iotest  $(OBJS)

main.o : main.c iobuf.h# (2)
input.o : input.c iobuf.h                                 # (3)
output.o : output.c                                       # (4)

clean : # (5)
        rm  iotest $(OBJS)
```

연 습 문 제

A. 다음 빈 칸에 적절한 용어를 채우시오.

1. 다음 빈 칸에 적절한 확장자를 쓰시오.
   C 프로그램의 소스 파일 : (　　　　)
   C 프로그램의 헤더 파일 : (　　　　)
   C++ 프로그램의 소스 파일 : (　　　　)
   어셈블리 프로그램의 소스 파일 : (　　　　)
   컴파일러가 생성한 목적 파일 : (　　　　)
2. gcc 컴파일러가 생성하는 실행파일의 이름은 디폴트로 (　　　　)이다.
3. gcc 컴파일러가 생성하는 실행파일의 이름을 지정하려면 (　　　　) 옵션을 사용한다.
4. make가 자동으로 수행할 작업의 대상과 그들 사이의 관계에 대한 정보는 디폴트로 (　　　　) 혹은 (　　　　) 파일에 정의되어 있다.
5. Makefile에서 구성 요소의 일부를 다른 이름으로 대치할 수 있게 한 것을 (　　　　)라 하는데, 이것들은 보통 Makefile의 앞 부분에 정의된다.
6. Makefile에서 의존성 부분이 없을 때의 타겟 필드를 (　　　　)이라 한다.

B. 다음 물음에 답하시오.

1. 일반적으로 자신의 디렉토리에서 만든 실행파일을 실행시킬 때에는 현재 디렉토리 표시를 해 준다. 예를 들면 "./a.out" 처럼 해야 한다. 일반적인 명령어처럼 이름만으로 즉, "a.out"과 같이 해서 실행시키려면 어떻게 해야 하는가?
2. Makefile의 구조를 설명하시오.
3. make의 의존성 파일을 makefile이 아닌 mymakefile로 작성하였다. 이러한 경우에 make는 어떻게 실행시켜야 하는가? 리눅스의 온라인 매뉴얼을 이용해 조사하시오.
4. 다음과 같은 의존성을 가진 프로그램에 필요한 Makefile을 구성하시오. 이때 목적파일 이름들은 매크로로 표현해야 한다.
   실행파일 이름 : prog
   소스 파일 : main.c　x.c　y.c　z.c
   x.c 와 y.c : x.h 를 include
   y.c 와 z.c : y.h 를 include

5. 4번 문제에서 다음과 같은 레이블을 추가하시오.
   clean : 모든 목적파일(.o)들과 실행파일 prog를 삭제하는데 사용한다.
6. 5번에서 생성된 Makefile에 다음과 같은 타겟을 추가하시오.
   install : 실행파일 생성해서 이를 /tmp 디렉토리에 복사한다.

CHAPTER

10 시스템 시작과 종료

시스템의 전원이 켜지고 나서 사용자가 시스템을 사용할 수 있을 때까지 시스템 내부에서 수많은 일들이 일어난다. 시스템은 관리자가 시스템의 운영 목적에 적합하게 미리 설정해준 대로 스스로를 초기화한 다음에 사용자의 로그인을 기다린다. 시스템의 사용이 종료되어 전원을 끌 때에는 먼저 메모리에 내려와 있던 내용들을 모두 디스크에 저장해 주어야 한다. 본 장에서는 이러한 과정에서 일어나는 일들과 관리자가 해야 할 일들을 설명한다.

10.1 부팅

부팅(booting)이란 시스템의 전원이 켜지거나 리셋 버튼이 눌리어졌을 때부터 시작해서 사용자가 시스템을 사용할 수 있는 정상 동작 상태까지 이르는 과정을 말한다. 리눅스의 경우에 부팅이 완료되면 로그인 가능한 상태가 된다.

시스템의 전원이 들어오거나 리셋 버튼이 눌리어지면 CPU는 미리 정해진 특정 주소의 명령을 수행하기 시작한다. PC의 경우에 이 주소는 ROM이나 플래쉬 메모리 상에 있는 BIOS(Basic Input/Output System)의 시작 주소이다. 여기서부터 시작해서 리눅스 커널이 실행되고 최종적으로 사용자가 로그인 가능한 상태까지가 부팅 과정이다. 이 과정은 〈그림 10-1〉과 같이 진행된다.

10.1.1 시스템 시작

전원이 새로 가해지거나 리셋 버튼이 눌리어지면 CPU는 미리 정해진 특정 주소에 있는 프로그램을 수행하기 시작한다. PC에서 주로 사용하는 Intel CPU는 이 주소가 0xFFFFFFF0 번지로 정해져 있다. PC의 이 번지에는 ROM이나 플래쉬 메모리가 있고, 여기에는 BIOS 프로그램이 저장되어 있다. 그러므로 PC에서 부팅은 BIOS 프로그램을 수행하는 것부터 시작한다.

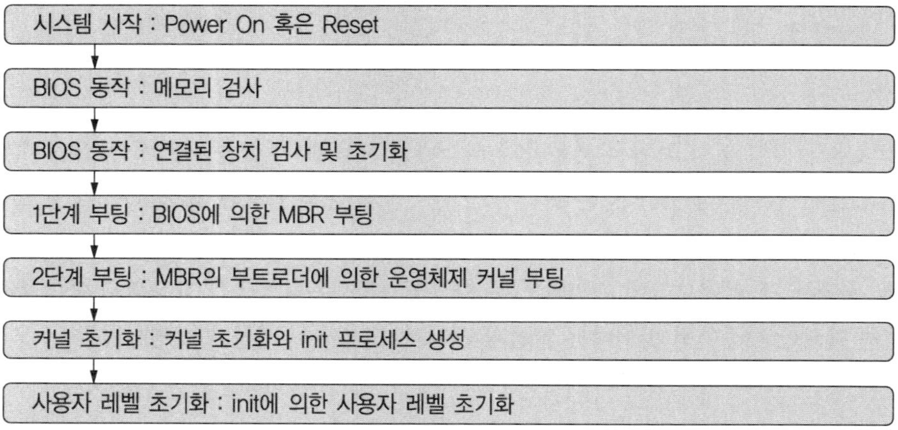

〈그림 10-1〉 부팅 절차

10.1.2 BIOS 동작

BIOS는 동작을 시작하면 다음과 같은 기능을 수행한다.

(1) 먼저 POST(Power-On Self Test)라는 기능을 수행하는데, 이 과정에서는 시스템에 장착된 하드웨어들을 검사한다.
(2) 시스템에 연결된 각 장치들을 구분해 내고 초기화 한다.
(3) 액티브 부팅 장치로부터 부트로더를 읽어와서 RAM에 저장하고 제어를 부트로더로 옮긴다.

부팅 장치는 플로피 디스크, CD-ROM, 하드 디스크, 네트워크 장치, USB 메모리 등이 있을 수 있다. BIOS는 CMOS에 저장되어 있는 부팅 우선순위 정보를 이용해 부팅 장치를 선택하고, 선택된 부팅 장치로부터 부트로더를 읽어온다.

리눅스는 보통 하드 디스크에서 부팅되는데, 하드 디스크의 MBR에 부트로더가 있다.

10.1.3 1단계 부팅

하드 디스크로부터 부팅될 경우에 BIOS가 디스크의 MBR을 읽어 와서 MBR의 일부인 부트로더를 실행시키는 것이 1단계 부팅이다. MBR(Master Boot Record)은 디스크의 첫 번째 섹터(head 0, cylinder 0, sector 1)에 저장되어 있다. MBR은 세 부분으로 구성되어 있고 전체 크기가 512 바이트인데 〈그림 10-2〉와 같은 구조를 가진다.

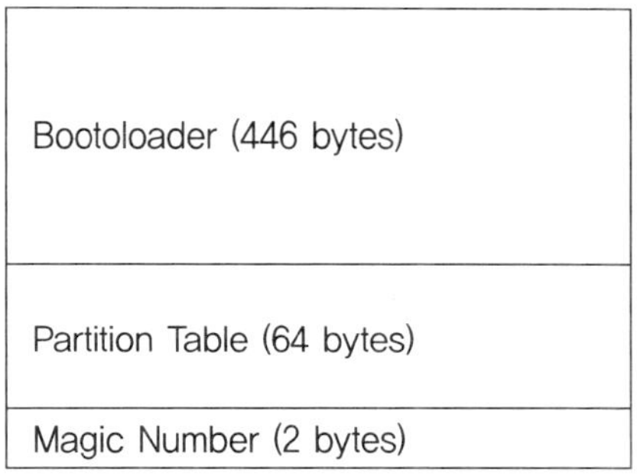

〈그림 10-2〉 MBR 구조

(1) 부트로더

446 바이트의 부트로더 프로그램 이미지인데, 대부분의 경우 여기에 GRUB이나 LILO라는 부트로더가 들어간다. 이 부트로더들은 디스크에 여러 종류의 운영체제가 있을 경우에 그들 중의 하나를 선택해서 부팅할 수 있게 해 준다.

(2) 파티션 테이블

그 다음 64 바이트는 파티션 테이블인데 하나에 16 바이트 씩 4개의 파티션 정보가 저장된다. 파티션이란 하드 디스크를 논리적으로 나눈 것을 말하는데, 각 파티션은 독립적인 디스크처럼 사용할 수 있다.

(3) 매직 넘버

마지막 2 바이트는 매직 넘버인 0xAA55라는 숫자가 저장되는데, 이 부분은 MBR의 유효성 검사를 위해 사용된다. BIOS는 이 위치에 이 값이 없으면 MBR이 손상되었거나 없어서 이 디스크가 부팅 가능한 장치가 아니라고 판단한다.

BIOS는 MBR을 읽어 와서 유효성을 검사하고, MBR이 유효하면 부트로더 부분을 RAM에 저장한 다음에 제어를 부트로더에게 넘긴다.

10.1.4 2단계 부팅

이 단계 없이 바로 다음 단계의 커널 부팅이 이루어질 수 있지만, 대부분의 PC에서는 이 단계가 있다. 하나의 컴퓨터에 두 개 이상의 다른 운영체제, 예를 들면 마이크로소프트의 윈도우즈와 리눅스가 함께 설치된 경우나, 같은 리눅스라 하더라도 다른 배포판 혹은 다른 버전의 리눅스가 함께 설치된 경우에 이들 중의 하나를 선택해서 부팅할 수 있도록 하기 위해 이 단계에서는 운영체제를 선택하고 부팅해 주는 로더가 수행된다.

이 단계에서 사용되는 로더는 GRUB과 LILO가 있는데, 최근에는 LILO보다는 GRUB을 더 많이 사용하는 추세이다. 두 가지 모두 운영체제를 선택할 수 있다는 점에서는 같지만, GRUB은 리눅스와 윈도우즈의 설치 순서에 따른 문제가 없다.

10.1.5 커널 부팅

커널 이미지는 두 부분으로 구성되어 있는데 크기가 작은 앞 부분은 실행 가능한 부분이고, 뒷 부분은 커널 이미지가 압축된 형태로 되어 있다. 먼저 앞 부분의 코드가 실행되면 최소한의 하드웨어를 초기화한 다음에 커널 이미지의 압축을 풀어 메모리에 배치한 다음 제어를 커널 코드 부분으로 넘긴다.

커널 코드의 수행이 시작되면 시스템 내의 모든 하드웨어를 초기화하고 커널내의 테이블과 변수들을 초기화한 다음에 커널 쓰레드를 생성하고 자신은 스케줄러가 되어 시스템이 종료할 때까지 무한 루프를 수행한다.

최초로 생성된 커널 쓰레드는 최초의 사용자 레벨 프로세스인 init을 수행한다. init은 보통 /sbin/init, /etc/init, /bin/init이라는 실행 파일로 존재한다. init은 필요한 사용자 레벨 초기화 기능을 수행한다.

10.2 init 프로세스와 사용자 레벨 초기화

커널이 부팅되어 초기화가 완료되면 마지막 단계에서 최초의 사용자 레벨 프로세스인 init이 생성되어 수행된다. init 프로세스는 프로세스 번호가 1번으로 모든 프로세스들의 조상이 된다. init이 수행하는 초기화 과정에는 보통 다음과 같은 내용들이 포함된다.

- 파일 시스템 검사
- 파일 시스템 마운트
- 각종 서버 프로세스 생성
- 로그인 준비

초기화를 마친 init은 정상 동작 상태에서는 종료된 시스템 프로세스들 중에서 필요한 프로세스를 다시 살리는 기능(respawn)을 수행한다.

10.2.1 시스템 실행 레벨

시스템의 실행레벨(run level)이란 시스템의 상태를 숫자로 나타낸 것으로 init이 시스템을 초기화할 때에 해야 할 일들을 그룹화하기 위해 사용하는 개념이다. 리눅스는 다음과 같은 7 가지 실행레벨을 정의하고 있다.

0 – 시스템 종료
1 – 단일 사용자 모드. 콘솔을 통해 root로만 사용할 수 있는 상태
2 – 네트워크 기능이 지원되지 않는 다중 사용자 모드

3 – 네트워크 기능이 지원되는 다중 사용자 모드
4 – 사용자 정의 모드. 특별한 용도가 지정되어 있지 않아 관리자가 임의로 정의해서 사용할 수 있는 모드
5 – GUI 모드. X 윈도우가 동작하고 있어 그래픽 인터페이스를 사용하는 모드
6 – 재부팅 모드

각 실행레벨마다 처리해야 할 작업들이 있으므로 어느 실행레벨로 동작을 시작할 때에 init은 그 레벨에서 수행해야할 각종 서버들을 동작시킨다. 마찬가지로 한 레벨에서 다른 레벨로 변경될 때에는 이전 레벨에서 수행시킨 모든 서버를 종료시킨 다음에 새로운 레벨에서 필요한 서버들을 시작시킨다. 각 실행 레벨에서 해야 할 일들은 /etc/inittab 파일에 정의되어 있다.

10.2.2 inittab 파일 구성

init은 /etc/inittab 파일의 내용을 참조해서 시스템 초기화 기능을 수행한다. inittab 파일에는 각 실행 레벨에 따라 init이 수행해야 할 일들이 정의되어 있다. inittab 파일의 각 라인은 다음과 같은 구조를 가진다.

id : runlevels : action : command

먼저 id는 각 라인을 다른 라인과 구분하기 위한 식별자인데, 이름 자체에는 특별한 의미가 없다. 모든 라인은 각각 다른 id 값을 가진다.

runlevels는 이 라인이 적용되는 실행레벨이다. 예를 들어 실행레벨이 3으로 되면 init은 inittab 파일에서 runlevels 필드에 3이 포함된 모든 라인을 처리한다. 여기에는 여러 실행레벨이 표시될 수도 있는데, 만약 2345라고 되어 있으면 실행레벨이 2, 3, 4, 그리고 5로 될 때 이 라인을 처리하라는 뜻이다.

command 필드는 init이 실행시킬 명령에 해당하는 실행 파일 이름과 인수가 들어가고, action 필드는 그 명령의 처리 방법을 나타낸다. action 필드에는 〈표 10-1〉과 같은 값들이 들어갈 수 있다.

〈표 10-1〉 action 값

action	동작
boot	시스템 부팅 시에 실행함
bootwait	부팅 시 실행하며, 프로세스 종료 시까지 기다림
ctrlaltdel	콘솔에서 CTRL-ALT-DEL 키를 누르면 실행됨
initdefault	정상 상태의 디폴트 실행레벨 지정
kbrequest	콘솔에서 특수 키의 조합이 눌리어지면 실행함
off	처리하지 않음
once	단 한번만 실행함
powerfail	SIGPWR 시그널이 발생하면 실행시킴
powerwait	powerfail과 같지만, 프로세스 종료시까지 기다림
respawn	프로세스가 종료되면 다시 시작시킴
sysinit	부팅시 가장 먼저 실행됨
wait	프로세스가 종료될 때까지 기다림

다음은 /etc/inittab 파일의 예이다.

▸▸▸ 예 10-1 /etc/inittab 파일의 내용

```
[root@ngsnux ~]# cat /etc/inittab
#
# inittab       This file describes how the INIT process should set up
#               the system in a certain run-level.
#
# Author:       Miquel van Smoorenburg, <miquels@drinkel.nl.mugnet.org>
#               Modified for RHS Linux by Marc Ewing and Donnie Barnes
#

# Default runlevel. The runlevels used by RHS are:
#   0 - halt (Do NOT set initdefault to this)
#   1 - Single user mode
#   2 - Multiuser, without NFS (The same as 3, if you do not have networking)
#   3 - Full multiuser mode
#   4 - unused
```

```
#  5 - X11
#  6 - reboot (Do NOT set initdefault to this)
#
id:5:initdefault:

# System initialization.
si::sysinit:/etc/rc.d/rc.sysinit

l0:0:wait:/etc/rc.d/rc 0
l1:1:wait:/etc/rc.d/rc 1
l2:2:wait:/etc/rc.d/rc 2
l3:3:wait:/etc/rc.d/rc 3
l4:4:wait:/etc/rc.d/rc 4
l5:5:wait:/etc/rc.d/rc 5
l6:6:wait:/etc/rc.d/rc 6

# Trap CTRL-ALT-DELETE
ca::ctrlaltdel:/sbin/shutdown -t3 -r now

# When our UPS tells us power has failed, assume we have a few minutes
# of power left.  Schedule a shutdown for 2 minutes from now.
# This does, of course, assume you have powerd installed and your
# UPS connected and working correctly.
pf::powerfail:/sbin/shutdown -f -h +2 "Power Failure; System Shutting Down"

# If power was restored before the shutdown kicked in, cancel it.
pr:12345:powerokwait:/sbin/shutdown -c "Power Restored; Shutdown Cancelled"


# Run gettys in standard runlevels
1:2345:respawn:/sbin/mingetty tty1
2:2345:respawn:/sbin/mingetty tty2
3:2345:respawn:/sbin/mingetty tty3
4:2345:respawn:/sbin/mingetty tty4
5:2345:respawn:/sbin/mingetty tty5
6:2345:respawn:/sbin/mingetty tty6

# Run xdm in runlevel 5
x:5:once:/etc/X11/prefdm -nodaemon
```

10.2.3 사용자 레벨 초기화 순서

init은 초기화 과정에서 /etc/rc.d 디렉토리 아래에 있는 스크립트 프로그램 파일들을 사용한다. /etc/rc.d 디렉토리 아래에는 다시 rcN.d 디렉토리들이 있는데, 여기서 N은 0 ~ 6 사이의 실행레벨 번호와 같다. 즉, 실행레벨이 5로 된다면 주로 rc5.d 디렉토리 아래에 있는 스크립트 프로그램들을 사용해서 시스템을 초기화시킨다.

▸▸▸ 예 10-2 다음은 /etc/rc.d 디렉토리 아래에 있는 파일과 디렉토리들이다.

```
[root@ngsnux rc.d]# ls /etc/rc.d
init.d  rc.foward  rc.sysinit  rc1.d  rc3.d  rc5.d
rc      rc.local   rc0.d       rc2.d  rc4.d  rc6.d
[root@ngsnux rc.d]#
```

init은 inittab을 참조해서 다음과 같은 순서로 사용자 레벨 초기화를 수행한다.

(1) action 필드 값이 sysinit인 다음 라인을 가장 먼저 처리한다.

```
si::sysinit:/etc/rc.d/rc.sysinit
```

즉, /etc/rc.d/rc.sysinit 파일을 가장 먼저 실행시킨다. 쉘 프로그램 파일인 rc.sysinit은 다음과 같은 일을 처리한다.

- 스와핑 시스템의 동작 시작
- 파일 시스템 점검
- 파일 시스템 마운트
- 시스템 시간을 CMOS 시간에 맞춤

(2) 그 다음으로 action 필드가 initdefault인 다음 라인을 참조한다.

```
id:5:initdefault:
```

이것은 디폴트 실행 레벨 즉, 시스템의 정상 상태 동작이 실행레벨 N=5에서 이루어진다는 것을 뜻한다.

(3) 현재 디폴트 실행 레벨 N이 5이므로 init은 inittab 파일 내에서 runlevels 필드에 5가 포함된 모든 라인을 처리한다. 예를 들면 이 시스템에는 다음과 같은 라인이 있다.

```
l5:5:wait:/etc/rc.d/rc 5
```

이것은 인수를 5로 해서 /etc/rc.d/rc 파일을 실행시키는데, 실행이 완료될 때까지 init이 기다려야 한다(wait)는 것을 뜻한다. 쉘 스크립트 파일인 rc는 먼저 인수로 주어진 숫자에 해당하는 디렉토리에 있는 모든 시작 파일들을 실행시킨다. 여기에서는 인수가 5이므로 /etc/rc5.d 디렉토리 아래에 있는 모든 시작 파일들을 실행시킨다.

(4) /etc/rc.d/rc.local 파일이 실행된다.

(5) 마지막으로 init은 inittab 파일에 있는 다른 라인들을 검사해서 runlevels에 N이 포함된 모든 라인들을 처리한다.

10.2.4 rcN.d 디렉토리

시스템의 실행레벨이 N으로 진입할 때 init이 실행시킨 rc는 /etc/rcN.d 디렉토리를 참조한다. 이 디렉토리에는 이름이 Snnxxxx나 Knnxxxx인 쉘 스크립트 파일들이 있는데 nn은 00 ~ 99까지의 숫자이고, xxxx는 서비스 이름이다. 여기서 S(Start)로 시작되는 파일은 서비스의 시작파일이고, K(Kill)로 시작되는 파일들은 서비스의 종료파일이다. 예를 들어 S10network나 K10network가 존재한다. 이때 S10network은 네트워크 서비스를 시작시키는 기능을 하고, K10network는 네트워크 서비스를 종료시키는 기능을 한다.

▸▸▸ 예 10-3 다음은 /etc/rc.d/rc5.d 디렉토리 아래에 있는 파일과 디렉토리들이다.

```
[root@ngsnux rc.d]# ls /etc/rc5.d
K02avahi-dnsconfd K35smb            K74ntpd          K99bootsplash
K05atd            K35winbind        K75netfs         K99sysstat
K05saslauthd      K36dhcp6s         K79cman          S05kudzu
K10dc_server      K36lisa           K85mdmonitor     S10network
K10hplip          K45arpwatch       K85mdmpd         S12syslog
K10psacct         K46radvd          K86nfslock       S13irqbalance
K12dc_client      K50snmpd          K87mcstrans      S22messagebus
K15gpm            K50snmptrapd      K87multipathd    S23system-tools-backends
K16rarpd          K50tux            K87portmap       S44acpid
K20bootparamd     K50vsftpd         K88auditd        S55cups
K20nfs            K50xinetd         K89iscsi         S90ConsoleKit
K20openais        K60crond          K89netplugd      S90xfs
K25sshd           K68rpcidmapd      K90restorecond   S98avahi-daemon
K28amd            K69rpcgssd        K91capi          S98haldaemon
K30sendmail       K69rpcsvcgssd K91isdn  S99local
K30spamassassin   K72autofs         K92ip6tables
K34dhcrelay       K74lm_sensors K92iptables
K35dhcpd          K74nscd           K94diskdump
[root@ngsnux rc.d]#
```

여기에 사용된 숫자 nn은 스크립트 파일들의 실행 순서를 나타낸다. 시스템이 어떤 실행레벨로 진입할 때에는 그 실행레벨 N에 해당하는 /etc/rcN.d 디렉토리 아래의 Snnxxxx들을 nn이 00에서 99까지 증가하는 순서대로 실행한다. 반대로 어떤 실행레벨에서 벗어날 때에는 Knnxxxx들을 nn이 99에서 00까지 감소하는 순서대로 실행한다.

10.2.5 rc.local

모든 rcN.d 디렉토리에는 S99local이 존재한다. S99local은 rc.local에 심볼릭 링크되어 있어 시스템 초기화의 마지막 단계에서는 항상 rc.local이 실행된다. rc.local은 특정 시스템에 국한된 서비스를 시작시키는 기능을 한다.

10.3 시스템 종료

시스템을 종료시키는 방법은 다음 세 가지가 있다.

- shutdown 명령을 이용하는 방법
- halt, reboot, poweroff 명령을 이용하는 방법
- init 명령을 이용하는 방법

10.3.1 shutdown 명령에 의한 종료

shutdown은 기본적으로 시스템을 단일 사용자 모드로 전환하는 명령으로 수퍼유저만 사용할 수 있다. 종료 전에 먼저 시스템에 로그인되어 있는 모든 사용자들에게 시스템이 다운될 것이라는 메시지가 전달되고, 더 이상의 로그인이 금지된다.

형식	shutdown time
기능	시스템 종료
옵션	-r : 종료 후에 재부팅한다. -P : 종료후 전원을 차단한다. -c : 진행 중인 종료 동작을 정지시킨다.

인수 time은 종료할 시간을 지정한다. 즉시 종료하려면 여기에 "now"를 준다. 빠르게 종료되기 때문에 즉시 화면이 사라지고 프로세스 종료 메시지가 나타나기 시작할 것이다.

▸▸▸ 예 10-4 다음은 시스템을 즉시 종료한다.

```
[root@ngsnux ~]# shutdown now
```

여기에 [예 10-5]와 같이 시간 정보를 줄 수도 있다. 시간 정보를 주는 방법은 두 가지가 있다. 먼저 현재 시간을 기준으로 상대적인 시간을 분단위로 지정할 수 있다.

▸▸▸ **예 10-5** 다음은 시스템을 10분 후에 종료시킨다. 종료 절차를 중단하려면 ^C를 입력하면 된다.

```
[root@ngsnux ~]# shutdown +10

Broadcast message from root (pts/0) (Fri Jul 20 14:17:47 2007):

The system is going DOWN to maintenance mode in 10 minutes!
```

이 경우에 시스템은 10분 후에 단일 사용자 모드로 전환한다. 종료 절차를 중단하고자 한다면 ^C를 입력하여 shutdown 프로세스를 종료시키면 된다.

종료 시간 정보는 [예 10-6]과 같이 (hh:mm) 형식의 절대 시간을 지정해서 줄 수도 있다.

▸▸▸ **예 10-6** 다음은 13시 00분에 시스템을 단일 사용자 모드로 전환시킨다.

```
[root@ngsnux ~]# shutdown 13:00
```

시스템을 단일 모드로 전환하지 않고 종료하려면 [예 10-7]과 같이 -h 옵션을 준다.

▸▸▸ **예 10-7** 다음은 시스템을 즉시 종료시킨다.

```
[root@ngsnux ~]# shutdown now -h
```

한편 -r 옵션을 이용하면 shutdown을 이용해서 시스템을 재부팅할 수도 있다.

▸▸▸ **예 10-8** 다음은 시스템을 즉시 재부팅시킨다.

```
[root@ngsnux ~]# shutdown now -r
```

10.3.2 halt, reboot, poweroff 명령에 의한 종료

이 명령들은 시스템을 종료하면서 /var/log/wtmp에 로그 기록을 남긴다.

▸▸▸ 예 10-9 다음은 시스템을 즉시 종료시킨다.

```
[root@ngsnux ~]# halt
```

▸▸▸ 예 10-10 다음은 시스템을 즉시 재부팅시킨다.

```
[root@ngsnux ~]# reboot
```

▸▸▸ 예 10-11 다음은 시스템을 즉시 종료시키고, 전원을 차단한다.

```
[root@ngsnux ~]# poweroff
```

10.3.3 init 명령에 의한 종료

init 명령에 실행레벨 번호를 주면 시스템은 현재 레벨에서 벗어나 그 레벨로 전환한다. 이러한 기능을 이용해서 인수로 0을 주면 시스템을 종료시킨다.

▸▸▸ 예 10-12 다음은 시스템을 즉시 종료시킨다.

```
[root@ngsnux ~]# init 0
```

10.4 GRUB과 LILO의 설치

GRUB(GRand Unified Bootloader)과 LILO(LInux LOader)는 하드 디스크의 MBR에 설치되어 운영체제를 부팅하는 기능을 가지고 있다. 이들은 멀티부팅(multi-booting) 즉, 시스템에 설치되어 있는 여러 운영체제들 중에서 하나를 선택해서 부팅하는 기능도 가지고 있어 대부분의 컴퓨터에서는 GRUB이나 LILO 중 하나를 사용한다.

LILO는 리눅스 파일 시스템의 구조를 모르기 때문에 하드 디스크 상에서 리눅스 커널이 있는 물리적 위치 즉, 섹터 번호를 알고 있어야 한다. 그러나 GRUB은 리눅스 파일 시스템의 구조를 알고 있어서 커널이 있는 파티션과 커널의 파일 이름만 알면 부팅할 수 있다. 따라서 LILO는 커널이 다시 설치될 때마다 LILO도 다시 설치해 주어야 하지만, GRUB의 경우에는 커널의 파일 이름만 바뀌지 않았다면 GRUB을 다시 설치할 필요가 없다.

시스템에 GRUB이나 LILO를 설치하는 것은 쉬운 과정이 아니며, 작은 실수가 있어도 부팅이 되지 않을 수 있으므로, 이들을 설치하고자 할 때에는 반드시 부팅 디스켓을 만들어 두어 문제에 대비해야 한다.

10.4.1 GRUB 설치

grub의 설정파일은 /boot/grub/grub.conf이다. 현재 컴퓨터에 grub이 설치되어 있다면 이 파일이 존재할 것이고, 그렇지 않다면 새로 만들어야 한다. grub을 설치하는 절차는 다음과 같다.

(1) 설정 파일에 부팅에 관련된 기본 파라메타를 설정한다.
(2) 설치된 각 운영체제에 대한 정보를 설정 파일에 추가한다.
(3) grub을 MBR에 설치한다.

grub은 리눅스와 조금 다른 하드 디스크 이름 구조를 사용한다.

리눅스에서 하드 디스크는 hda, hdb, ... 와 같은 식으로 이름 붙인다. 여기서 hd는 하드 디스크를 나타내고, a는 첫 번째 하드 디스크, b는 두 번째 하드 디스크, ... 이와 같은 식으로 이름을 정한다. 하드 디스크가 파티션되어 있을 때에는 각 파티션에 1번부터 차례로 번호를 부여한다. 따라서 hda1은 첫 번째 하드 디스크의 첫 번째 파티션이고, hda6은 첫 번째 하드 디스크의 6번째 파티션이다.

grub은 리눅스와 다른 이름구조를 가진다. 먼저 리눅스에서 이름에 해당하는 hda, hdb, ... 대신에 hd0, hd1, ... 과 같은 식으로 이름을 부여한다. 또한 파티션 번호도 0부터 번호를 부여한다. 따라서 grub에서 (hd0, 0)은 첫 번째 하드 디스크의 첫 번째 파티션이다. 리눅스의 hda6는 grub에서 (hd0, 5)로 표현된다.

10.4.1.1 기본 파라메타 설정

여기서는 타입아웃 값이나 바탕화면과 같은 grub 자체의 부팅 정보가 들어간다. 예를 들면, 다음과 같은 내용이 설정 파일의 시작 부분에 들어간다.

```
default=0
timeout=5
splashimage=(hd0,0)/boot/grub/splash.xpm.gz
```

여기서 timeout은 grub이 동작하고 나서 사용자의 운영체제 선택을 기다리는 시간이다. 이 시간 내에 사용자가 선택하지 않으면 grub은 자동으로 default에 지정된 운영체제를 선택하게 된다. default에는 현재 0이 있는데, 이는 아래에 title로 시작되는 첫 번째 운영체제를 디폴트로 부팅한다는 뜻이다.

splashimage는 grub이 동작할 때에 바탕화면으로 사용할 이미지 파일 이름이다. 파일 포맷은 .xpm.gz 형식인데 gimp 프로그램으로 제작할 수 있다.

10.4.1.2 부팅할 운영체제들에 대한 정보 설정

부팅할 운영체제마다 커널 이름과 커널 파라메타 정보를 등록해 주어야 한다. 각 운영체제 정보는 title로 시작한다. 먼저 리눅스의 경우에는 다음과 같이 등록한다.

```
title Asianux Open Edition 3 (2.6.19-10hs)
        root(hd0, 0)
        kernel /boot/vmlinuz-2.6.19-10hs ro root=LABEL=/
        initrd /boot/initrd-2.6.19-10hs.img
```

title 다음에 있는 것은 운영체제의 이름이고, 이 운영체제는 root로 지정된 파티션에 설치되어 있다. 여기서는 (hd0, 0)이므로 첫 번째 하드 디스크의 첫 번째 파티션에 있다는 뜻이다.

kernel은 커널 이미지 파일의 이름과 그 커널이 사용할 루트 디렉토리 이름이다. initrd는 초기화에 필요한 램 디스크 이미지의 이름이다.

마이크로소프트 윈도우즈의 경우에는 grub이 직접 부팅하지 않고 윈도우즈를 부팅할 수 있는 로더의 이름을 지정한다. 따라서 다음과 같이 해야 한다.

```
title Windows XP
        root(hd0, 5)
        chainloader (hd0, 5)+1
```

윈도우즈 XP는 첫 번째 하드 디스크의 6번째 파티션에 있고, 이를 부팅할 수 있는 로더는 그 파티션의 첫 번째 섹터(+1)에 있다는 뜻이다.

10.4.1.3 MBR 갱신

GRUB의 설정 파일이 완성되면 설정 파일의 내용을 디스크의 MBR에 기록해야 한다. MBR은 첫 번째 파티션 즉, /dev/hda에 있다.

```
$ grub-install /dev/hda
```

GRUB 설치가 완료되면 시스템을 종료하고 다시 부팅한다. 부팅이 시작되면 GRUB이 작동하여 운영체제를 선택할 수 있게 해준다.

10.4.2 LILO 설치

LILO의 설정 파일은 보통 /etc/lilo.conf이지만 리눅스 배포판에 따라 /boot/lilo.conf나 /etc/lilo/config를 사용하기도 한다. LILO를 설치하는 방법은 여러 가지가 있지만 주 하드 드라이브의 MBR에 설치하는 것이 가장 일반적인 방법이다. LILO 설치는 다음과 같은 순서로 한다.

(1) LILO 설정 파일에 부팅에 관련된 기본 파라메타를 설정한다.
(2) 부팅하려는 각 운영체제에 관련된 정보를 설정 파일에 추가한다.
(3) lilo 명령을 수행하여 MBR을 갱신한다.

10.4.2.1 기본 파라메타 설정

여기서는 부팅할 디스크의 MBR에 사용할 값들을 설정한다. 가장 일반적인 경우로 주 하드 드라이브에 LILO를 설치할 경우에는 다음과 같은 내용이 LILO 설정 파일의 앞 부분에 들어간다.

```
boot=/dev/hda
compact
install=/boot/boot.b
map=/boot/map
```

여기서 boot 파라메타는 LILO가 설치될 드라이브 이름으로 hda는 리눅스에서 주 하드 드라이브를 나타낸다. 그 아래의 compact는 LILO를 최적화해서 설치하라는 지시이므로 항상 적어 주는 것이 좋다. install은 MBR로 사용할 부트 섹터에 대한 정보를 담고 있는 파일 이름이고, map은 LILO가 설치될 때 생성되는 맵 정보를 저장할 파일 이름이다.

10.4.2.2 부팅할 운영체제들에 대한 정보 설정

설정 파일의 기본 파라메타 정보 아래에 부팅할 모든 운영 체제들에 관한 정보를 적어 준다. 리눅스의 경우에는 다음과 같은 내용이 필요하다.

```
# linux
image=/boot/vnlinuz-2.6.19-10hs
label=Asianux Open Edition 3
root=/dev/hda1
```

image는 운영체제 커널의 이미지 파일 이름이다. 리눅스 커널을 생성해서 인스톨하면 보통 vmlinuz 라는 이름으로 /boot 디렉토리 아래에 저장된다. label은 LILO가 표시해 주는 그 커널 이미지에 대한 설명이고, root는 루트 디렉토리가 있는 디스크 파티션의 이름이다.

다른 운영체제를 포함 하려면 같은 방식으로 그 아래에 적어준다. 예를 들어 윈도우즈 XP를 추가할 경우에는 다음과 같은 내용을 추가한다.

```
# windows XP
image=/dev/hda6
table=/dev/hda
label=Windows XP
```

여기서 table은 디스크 파티션 테이블이 있는 위치를 나타낸다. 파티션 테이블은 디스크의 첫 번째 섹터에 있으므로 /dev/hda 로 적어준다.

10.4.2.3 MBR 갱신

LILO의 설정 파일이 완성되면 lilo 명령을 이용해서 이 내용을 디스크의 MBR에 기록해야 한다.

```
$ lilo
```

LILO 설치가 완료되면 시스템을 종료하고 다시 부팅한다. 부팅이 시작되면 LILO가 작동하여 운영체제를 선택할 수 있게 해준다.

연 습 문 제

A. 다음 빈 칸에 적절한 용어를 채우시오.

1. (   )이란 시스템의 전원이 켜지고 난 후부터 시작해서 사용자가 시스템을 사용할 수 있는 정상 동작 상태에 이르는 과정을 말한다.
2. PC에서 ROM이나 플래쉬 메모리에 저장되어 있으면서 전원이 켜지면 첫 번째로 동작하는 프로그램은 (   )이다.
3. (   )은 디스크의 첫 번째 섹터에 들어 있는데 보통 (   )와 파티션 테이블로 구성되어 있다.
4. 한 시스템에 여러 운영체제가 설치되어 있는 경우에 운영체제를 선택적으로 부팅할 수 있는 멀티부팅에 사용되는 프로그램으로는 (   ), (   )가 있다.
5. 사용자 레벨의 초기화를 담당하며, 모든 사용자 레벨 프로세스의 조상이 되는 프로세스는 (   )이며 이것의 프로세스 번호는 (   )이다.
6. inittab 파일의 action 필드를 (   )로 하면 inittab 파일 내의 각 라인 중에서 가장 먼저 처리된다.
7. mingetty처럼 종료되면 다시 수행되어야 하는 프로세스의 경우에는 inittab의 action 필드를 (   )로 해야 한다.
8. 시스템의 동작 상태를 숫자로 나타낸 것으로 init이 시스템을 초기화할 때에 해야 할 일들을 그룹화 하기 위해 사용하는 것을 시스템의 (   )이라 한다.

B. 다음 물음에 답하시오.

1. 리눅스가 설치되어 있는 시스템의 부팅 절차를 설명하시오.
2. MBR은 어디에 있으며, 내부 구조는 어떻게 되어 있는가 설명하시오.
3. 리눅스 시스템의 실행 레벨에 대해 설명하시오.
4. /etc/rcN.d 디렉토리 아래에 있는 파일들의 이름 구조에 대해 설명하시오.
5. 시스템을 종료시키는 세 가지 방법을 쓰시오.
6. /etc/inittab 파일의 구조를 설명하시오.
7. init 프로세스의 기능을 설명하시오.
8. 어떤 리눅스 시스템을 부팅하면 자동으로 GUI 모드로 동작하게 하려고 한다. 어떻게 하면 되는가?
9. 한 실행레벨에서 다른 실행레벨로 변경할 때 사용하는 명령은 무엇이며, 이 명령을 사용하

였을 때 시스템에서는 어떠한 일들이 일어나는가?

10. GRUB이 LILO에 비해 어떤 점이 우수한지 설명하시오.
11. 하나의 하드 디스크를 가진 시스템에 다음과 같이 운영체제들이 설치되어 있다. 이들을 멀티부팅하기 위한 grub.conf 파일과 lilo.conf 파일을 구성하시오. 운영체제를 선택할 시간은 10초를 주며, 선택하지 않으면 윈도우즈 XP가 자동으로 부팅된다. 리눅스는 하나의 파티션에 필요한 디렉토리들이 모두 설치된다.

    첫 번째 파티션 : Windows XP
    두 번째 파티션 : Redhat Linux
        커널 : /boot/vmlinuz-9.1.1
        램디스크 이미지 : initrd-9.1.1
    세 번째 파티션 : 한컴 리눅스
        커널 : /boot/vmlinuz-2.6.19
        램디스크 이미지 : initrd-2.6.19

C. 다음 명령어의 기능을 설명하시오.

1. init
2. shutdown
3. halt
4. poweroff
5. reboot

CHAPTER

11 사용자 관리

리눅스는 다중 사용자 시스템이므로 한 시스템을 여러 사용자가 동시에 사용할 수 있다. 비록 혼자 사용하는 개인용 컴퓨터라 할지라도 일반적인 목적으로 사용할 때와 시스템 관리를 목적으로 사용할 때는 다른 권한을 가지고 사용한다. 특히 여러 사용자가 동시에 사용하는 서버의 경우에는 사용자 관리가 더욱 중요해진다. 이 장에서는 사용자 계정의 등록과 제거, 패스워드 파일과 쉐도우 파일의 구조, 그리고 패스워드의 관리 방법 등을 설명한다.

11.1 패스워드 파일

리눅스 시스템의 사용자는 자신이 사용할 리눅스 시스템에 사용자 계정(account)을 가지고 있어야 한다. 사용자의 계정은 다음 요소들로 구성된다.

- 로그인 이름
- 패스워드
- 홈 디렉토리
- 쉘
- 기타 정보

이 요소들 중에서 로그인 이름은 항상 필요하지만 특수 목적의 사용자에 대해서는 패스워드나, 홈 디렉토리, 쉘 정보 등은 생략될 수도 있다.

11.1.1 패스워드 파일 구조

/etc/passwd 파일은 시스템에 등록된 모든 사용자의 계정 정보를 가지며, 한 줄이 한 사용자의 정보를 가진다. 각 줄의 구조는 다음과 같다.

username:password:uid:gid:gecos:homedir:shell

(1) username

사용자의 이름으로 8자 이내로 제한된다. 로그인할 때 사용하는 로그인 이름이므로 시스템 내에서 사용자를 구분할 수 있도록 각 사용자들은 각각 다른 문자열로 된 이름을 사용해야 한다.

(2) password

사용자의 패스워드가 암호화된 문자열 형태로 저장된다. 다음에 설명할 쉐도우 파일을 사용할 경우에는 이 필드에 'x' 표시가 들어 있다.

(3) uid

시스템 내부적으로 사용할 숫자로된 사용자 식별자(user identifier)이다. 각 사용자는 중복되지 않은 유일한 uid 값을 가진다.

(4) gid

사용자가 소속된 그룹의 그룹 식별자(group identifier)이다. /etc/group 파일에 그룹 이름과 그룹 식별자 사이의 매핑 정보가 있다.

(5) gecos

사용자에 대한 설명으로 이름이나 주소, 소속 등의 정보가 들어가는데, 생략되기도 한다.

(6) homedir

사용자의 홈 디렉토리인데, usernamedm로 로그인했을 때 쉘이 최초로 위치하게 되는 디렉토리이다. 사용자의 전용 디렉토리이다.

(7) shell

사용자가 로그인 했을 때 사용하게 될 쉘의 실행 파일 이름이다. 리눅스에서는 /bin/bash를 주로 사용한다.

[예 11-1]은 패스워드 파일의 일부를 나타낸 것이다.

예 11-1 패스워드 파일 내용

```
[root@ngsnux ~]# cat /etc/passwd
root:x:0:0:root:/root:/bin/bash
bin:x:1:1:bin:/bin:/sbin/nologin
daemon:x:2:2:daemon:/sbin:/sbin/nologin
adm:x:3:4:adm:/var/adm:/sbin/nologin
lp:x:4:7:lp:/var/spool/lpd:/sbin/nologin
sync:x:5:0:sync:/sbin:/bin/sync
shutdown:x:6:0:shutdown:/sbin:/sbin/shutdown
halt:x:7:0:halt:/sbin:/sbin/halt
mail:x:8:12:mail:/var/spool/mail:/sbin/nologin
news:x:9:13:news:/etc/news:
uucp:x:10:14:uucp:/var/spool/uucp:/sbin/nologin
operator:x:11:0:operator:/root:/sbin/nologin
games:x:12:100:games:/usr/games:/sbin/nologin
gopher:x:13:30:gopher:/var/gopher:/sbin/nologin
ftp:x:14:50:FTP User:/var/ftp:/sbin/nologin
nobody:x:99:99:Nobody:/:/sbin/nologin
dbus:x:81:81:System message bus:/:/sbin/nologin
rpm:x:37:37::/var/lib/rpm:/sbin/nologin
rpc:x:32:32:Portmapper RPC user:/:/sbin/nologin
```

```
ais:x:39:39:openais Standards Based Cluster Framework:/:/sbin/nologin
mailnull:x:47:47::/var/spool/mqueue:/sbin/nologin
smmsp:x:51:51::/var/spool/mqueue:/sbin/nologin
avahi:x:70:70:Avahi daemon:/:/sbin/nologin
ntp:x:38:38::/etc/ntp:/sbin/nologin
vcsa:x:69:69:virtual console memory owner:/dev:/sbin/nologin
haldaemon:x:68:68:HAL daemon:/:/sbin/nologin
rpcuser:x:29:29:RPC Service User:/var/lib/nfs:/sbin/nologin
nfsnobody:x:65534:65534:Anonymous NFS User:/var/lib/nfs:/sbin/nologin
pcap:x:77:77::/var/arpwatch:/sbin/nologin
sshd:x:74:74:Privilege-separated SSH:/var/empty/sshd:/sbin/nologin
netdump:x:34:34:Network Crash Dump user:/var/crash:/bin/bash
ident:x:98:98::/home/ident:/sbin/nologin
xfs:x:43:43:X Font Server:/etc/X11/fs:/sbin/nologin
gdm:x:42:42::/var/gdm:/sbin/nologin
distcache:x:94:94:Distcache:/:/sbin/nologin
beaglidx:x:58:58:User for Beagle indexing:/var/cache/beagle:/sbin/nologin
radvd:x:75:75:radvd user:/:/sbin/nologin
nscd:x:28:28:NSCD Daemon:/:/sbin/nologin
fax:x:78:78:mgetty fax spool user:/var/spool/fax:/sbin/nologin
ngsik:x:500:501::/home/ngsik:/bin/bash
[root@ngsnux ~]#
```

username은 사용자의 이름인데, 로그인할 때에는 이 이름을 사용한다. 그러나 시스템은 내부적으로 문자열로 된 이름보다는 숫자로 된 식별자(identifier)를 사용한다. 패스워드 파일의 uid가 사용자를 구분하는 식별자이다.

uid는 0 ~ 65535 까지의 양의 정수인데 보통 다음과 같이 사용한다.

0 : 슈퍼 유저 즉, root
1 ~ 100 : 가상 사용자나 특수 목적의 예약된 사용자
500 ~ : 일반 사용자

가상 사용자는 패스워드 파일에 계정 정보는 가지지만 실행할 쉘은 가지고 있지 않다. 따라서 가상 사용자의 이름으로는 시스템에 로그인할 수 없다. 쉐도우 파일의 패스워드 필드에도 '*'로 되어 있어 접근을 막아두었다. 이들은 단지 자신과 관련된 프로세스가 사용할 목적

으로 만들어 둔 것이다. 리눅스에서 일반적으로 사용되는 가상 사용자는 다음과 같다.

daemon	시스템 서버 프로세스를 위한 사용자
bin	실행 파일을 소유한 사용자
sys	시스템 파일을 소유한 사용자
adm	계정을 관리하는 사용자
uucp	통신 기능인 uucp 프로세스를 소유한 사용자
lp	프린터에 관련된 파일을 소유한 사용자
nobody	웹이나 NFS 서비스를 사용하는 사용자

11.1.2 패스워드 변경

사용자의 패스워드는 사용자 자신이 변경할 수 있다. 하나의 패스워드를 너무 오래 사용하면 다른 사람들에게 노출될 염려가 있으므로 주기적으로 변경시키는 것이 좋다. 패스워드를 변경할 때는 passwd 명령을 사용한다.

예 11-2 패스워드는 다음과 같이 변경한다.

```
[ngsik@ngsnux ~]$ passwd
Changing password for user ngsik.
Changing password for ngsik
(current) UNIX password:
New UNIX password:
Retype new UNIX password:
passwd: all authentication tokens updated successfully.
[ngsik@ngsnux ~]$
```

오래 사용하지 않은 계정의 경우에는 계정의 주인이 자신의 패스워드를 잊어버리는 경우가 생긴다. 이때는 시스템 관리자가 사용자의 패스워드를 삭제해 주어야 한다. 패스워드가 없는 사용자는 로그인할 때 패스워드 입력 없이 바로 로그인할 수 있는데, 이렇게 로그인한 후에 passwd 명령을 사용해서 패스워드를 새로 만들면 된다.

관리자가 패스워드를 삭제하려면 /etc/passwd 파일을 열어 패스워드 필드의 모든 문자열을 지우면 된다. 쉐도우 메커니즘을 사용하는 경우에는 패스워드가 /etc/shadow 파일에 저장되므로 /etc/passwd 파일 대신에 /etc/shadow 파일의 패스워드 필드를 지워야 한다.

11.2 쉐도우 파일

패스워드 파일은 사용자 계정에 관련된 모든 정보를 가지고 있어서 사용자의 계정정보가 유출될 수도 있다. 사용자 패스워드는 원본 문자열이 아닌 암호화된 문자열 형태로 저장되어 있어서 비록 유출되더라도 알아볼 수는 없다. 그러나 최근에는 암호화된 문자열로부터 원본 문자열을 알아내는 해킹 툴들이 있어, 이를 이용해 손쉽게 원본 문자열을 알아낼 수 있다. 따라서 패스워드의 암호화된 문자열도 외부에 유출되지 않도록 해야 한다.

패스워드 파일인 /etc/passwd는 접근 권한이 rw-r--r-- 로 되어 있다. 즉, 누구든지 이 파일을 읽어서 다른 사용자의 계정 정보를 볼 수 있고, 해킹 툴을 이용하면 암호화된 패스워드 문자열로부터 패스워드의 원본 문자열을 알아낼 수도 있다. 이러한 문제를 해결하기 위해 암호화된 문자열조차도 볼 수 없게 하는 쉐도우 메커니즘을 사용한다.

쉐도우 메커니즘에서 사용자의 계정 정보는 /etc/passwd 파일과 /etc/shadow 파일에 나누어 저장된다. /etc/passwd 파일의 구조는 이 전과 동일하지만, 패스워드 필드에는 패스워드의 암호화된 문자열 대신에 'x' 문자를 가진다. 여기서 'x'는 암호화된 문자열이 /etc/shadow 파일에 저장되어 있다는 뜻이다. /etc/shadow 파일의 접근 권한은 rw------- 로 되어 있어 주인인 root 이외의 사용자는 그 내용을 볼 수 없게 되어 있다. /etc/passwd 파일의 접근 권한은 이전과 같이 rw-r--r-- 로 되어 있어 패스워드를 제외한 다른 계정 정보는 누구나 볼 수 있게 되어 있다.

11.2.1 쉐도우 파일 구조

쉐도우 파일은 패스워드 파일에 있던 패스워드의 암호화된 문자열을 포함해서 패스워드를 안전하게 관리하는데 필요한 필드들을 가지고 있다. /etc/shadow는 한 라인에 한 사용자의 정보를 가지는데, 각 라인은 다음과 같이 구성된다.

username:password:lastday:minday:maxday:warnday:expireday:disable:reserved

(1) username

사용자 이름으로 패스워드 파일에 있는 username 필드와 같은 값들을 가진다.

(2) password

패스워드의 암호화된 문자열로 패스워드 파일에 있던 값을 여기에 옮겨왔다. 이 필드가 '!!' 나 '*' 이면 로그인이 금지된 사용자이다.

(3) lastday

최근에 패스워드를 변경한 날짜로서, 1970년 1월 1일 이후 경과한 날짜 수로 표시된다.

(4) minday

최근에 패스워드를 변경한 날 이후 다시 패스워드를 변경할 수 있는 날까지 경과해야 하는 날 수이다. 예를 들어 이 값이 7이면, 패스워드를 변경한 다음 최소 7일이 경과해야 변경할 수 있다는 뜻이다. 이 값이 0이면 언제든지 변경할 수 있다는 뜻이다.

(5) maxday

최근에 패스워드를 변경한 날 이후 패스워드를 반드시 변경해야 하는 날 수이다. 예를 들어 이 값이 30이면, 패스워드를 변경한 후 30일이 경과하기 전에 반드시 새로운 패스워드로 변경해야 한다는 뜻이다. 이 값이 999999이면 영원히 변경할 필요가 없다는 뜻이다.

(6) warnday

패스워드 변경 만료일 즉, maxday 이전에 경고하는 날 수이다. 예를 들어 이 값이 5이면 maxday가 되기 5일 전부터 maxday가 될 때까지 패스워드를 변경하라는 경고문을 로그인할 때마다 보여준다.

(7) expireday

패스워드 유효기간이 경과한 날 수이다. 이 값이 3이면 패스워드 유효기간 즉, maxday로부터 3일 경과했다는 뜻이다. 따라서 이 패스워드는 더 이상 유효하지 않다.

(8) disable

계정이 사용 중지된 날로부터 경과한 날짜로서, 1970년 1월 1일 이후 경과한 날 수로 표현된다. 이 필드에 0이 아닌 값이 있으면 패스워드가 사용 중지되었음을 뜻한다.

다음은 쉐도우 파일의 예를 보여주고 있다.

▸▸▸ 예 11-3 쉐도우 파일 내용

```
[root@ngsnux ~]# cat /etc/shadow
root:$1$NPhMAMAp$Hcg0ERo47LDBa8WJENg4u0:13693:0:99999:7:::
bin:*:13691:0:99999:7:::
daemon:*:13691:0:99999:7:::
adm:*:13691:0:99999:7:::
lp:*:13691:0:99999:7:::
sync:*:13691:0:99999:7:::
shutdown:*:13691:0:99999:7:::
halt:*:13691:0:99999:7:::
mail:*:13691:0:99999:7:::
news:*:13691:0:99999:7:::
uucp:*:13691:0:99999:7:::
operator:*:13691:0:99999:7:::
games:*:13691:0:99999:7:::
gopher:*:13691:0:99999:7:::
ftp:*:13691:0:99999:7:::
nobody:*:13691:0:99999:7:::
dbus:!!:13691:0:99999:7:::
rpm:!!:13691:0:99999:7:::
rpc:!!:13691:0:99999:7:::
ais:!!:13691:0:99999:7:::
mailnull:!!:13691:0:99999:7:::
smmsp:!!:13691:0:99999:7:::
avahi:!!:13691:0:99999:7:::
```

```
ntp:!!:13691:0:99999:7:::
vcsa:!!:13691:0:99999:7:::
haldaemon:!!:13691:0:99999:7:::
rpcuser:!!:13691:0:99999:7:::
nfsnobody:!!:13691:0:99999:7:::
pcap:!!:13691:0:99999:7:::
sshd:!!:13691:0:99999:7:::
netdump:!!:13691:0:99999:7:::
ident:!!:13691:0:99999:7:::
xfs:!!:13691:0:99999:7:::
gdm:!!:13691:0:99999:7:::
distcache:!!:13691:0:99999:7:::
beaglidx:!!:13691:0:99999:7:::
radvd:!!:13691:0:99999:7:::
nscd:!!:13691:0:99999:7:::
fax:!!:13691:0:99999:7:::
ngsik:$1$wGJqpUwq$52jHjUonBU9x5PD1BwYUJ1:13714 0:99999:7:::
[root@ngsnux ~]#
```

11.2.2 패스워드 관리

앞에서 설명한 것과 같이 패스워드의 유효기간을 설정해 주는 것을 패스워드 에이징(password aging)이라 한다. minday로 패스워드의 최소 사용기간을 정해 두어서 패스워드가 유출되더라도 해커들이 임의로 변경하지 못하게 방지한다. 또한 maxday는 일정 기간이 경과하면 반드시 패스워드를 변경하게 함으로써, 너무 오래 같은 패스워드를 사용해서 발생하는 패스워드 유출을 방지한다.

패스워드 유효기간은 사용자 계정을 만들 때 디플드 값으로 설정되는데, 사용 중에도 동적으로 변경할 수 있다. 사용자 계정을 등록할 때 설정되는 디폴트 값은 /etc/login.defs 파일에 정의되어 있다. 그 중에서 패스워드 에이징에 관련된 값은 [예 11-4]와 같이 정의되어 있다.

▸▸▸ 예 11-4 다음은 /etc/login.defs 파일의 일부이다.

```
[root@ngsnux ~]# cat /etc/login.defs
#
# Password aging controls:
#
#       PASS_MAX_DAYS   Maximum number of days a password may be used.
#       PASS_MIN_DAYS   Minimum number of days allowed between password
changes.
#       PASS_MIN_LEN    Minimum acceptable password length.
#       PASS_WARN_AGE   Number of days warning given before a password expires.
#
PASS_MAX_DAYS   99999
PASS_MIN_DAYS   0
PASS_MIN_LEN    5
PASS_WARN_AGE   7
.
.
.
[root@ngsnux ~]#
```

사용자 계정을 등록한 다음에 패스워드 에이징에 관련된 값들을 바꾸려면 vi와 같은 에디터로 /etc/shadow 파일을 직접 편집해서 필요한 필드 값을 바꿀 수 있다. 다른 방법으로는 passwd 명령이나 chage 명령을 이용하는 방법이 있다. 이들을 이용해서 에이징 제어값을 바꾸는 것은 root만 할 수 있다. 주로 사용하는 chage 명령은 다음과 같이 사용한다.

형식	chage [option] [username]
기능	패스워드 에이징 관리
옵션	-l : 패스워드 에이징 정보를 보여줌 -m minday : 패스워드 최소 유효기간 설정 -M maxday : 패스워드 최대 유효기간 설정 -W warnday : 패스워드 만료 경고 시작일 -d lastday : 최근의 패스워드 변경일

여기서 -l 옵션은 사용자의 에이징 정보를 보여주는 것인데, 인수 없이 그냥 사용해도 에이징 정보를 보여준다.

▸▸▸ **예 11-5** 다음은 사용자 ngsik의 에이징 정보를 보여준다.

```
[root@ngsnux ~]# chage -l ngsik
마지막으로 암호를 바꾼 날            : 7월 20, 2007
암호 만료                           : 8월 19, 2007
암호 비활성화 기간                   : 안함
계정 만료                           : 안함
암호를 바꿀 수 있는 최소 날 수        : 7
암호를 바꿔야 하는 최대 날 수         : 30
엄호 만료 예고를 하는 날 수           : 5
[root@ngsnux ~]#
```

▸▸▸ **예 11-6** 다음은 에이징 정보를 설정한다.

```
[root@ngsnux ~]# chage -m 7 -M 30 -W 5 ngsik
[root@ngsnux ~]#
```

[예 11-6]의 chage 명령은 사용자 ngsik에 대해 minday를 7일로 하고 maxday를 30일로 하며, warnday를 5일로 설정한다.

11.3 그룹 파일

그룹은 프로젝트 공동 수행이나 프로그램 공동 개발 등을 위해 협력할 필요가 있는 사용자들을 관리하기 위한 개념이다. 시스템 내부적으르는 그룹을 숫자로 된 그룹 식별자인 gid(group identifier)로 사용하지만 사용자에게 보여줄 때에는 그룹 이름으로 보여준다.

▸▸▸ **예 11-7** "ls -l" 명령은 gid 대신에 그룹 이름을 보여준다.

```
[ngsik@ngsnux ~]$ ls -l /etc/passwd
-rw-r--r-- 1 root root 1865  7월 20 14:47 /etc/passwd
[ngsik@ngsnux ~]$
```

[예 11-7]의 "ls -l" 명령 실행 결과를 보면 /etc/passwd 파일은 root 그룹에 속한다. 파일 시스템은 이 파일이 속한 그룹을 그 번호인 0으로 기억하고 있지만 ls -l은 0이 아닌 root로 나타내준다. ls 명령은 /etc/group 파일에서 gid가 0인 그룹의 이름이 root라는 것을 알아내어 보여준다.

/etc/group 파일은 그룹 이름과 그룹 번호를 매핑하는 파일로 각 라인은 다음과 같이 구성된다.

groupname:gpassword:gid:memberlist

(1) groupname

문자열 형태로 된 그룹의 이름이다.

(2) gpassword

그룹의 패스워드인데 사용되지 않는다.

(3) gid

숫자로 된 그룹 식별자(group identifier)이다.

(4) memberlist

','로 구분된 그룹 구성원 리스트이다.

다음은 /etc/group 파일의 예이다.

▸▸▸ 예 11-8 그룹 파일

```
[root@ngsnux ~]# cat /etc/group
root:x:0:root
bin:x:1:root,bin,daemon
daemon:x:2:root,bin,daemon
sys:x:3:root,bin,adm
```

```
adm:x:4:root,adm,daemon
tty:x:5:
disk:x:6:root
lp:x:7:daemon,lp
mem:x:8:
kmem:x:9:
wheel:x:10:root
mail:x:12:mail
news:x:13:news
uucp:x:14:uucp
man:x:15:
games:x:20:
gopher:x:30:
dip:x:40:
ftp:x:50:
lock:x:54:
nobody:x:99:
users:x:100:
dbus:x:81:
rpm:x:37:
utmp:x:22:
rpc:x:32:
ais:x:39:
utempter:x:35:
mailnull:x:47:
smmsp:x:51:
avahi:x:70:
ntp:x:38:
floppy:x:19:
vcsa:x:69:
haldaemon:x:68:
rpcuser:x:29:
nfsnobody:x:65534:
pcap:x:77:
sshd:x:74:
netdump:x:34:
ident:x:98:
xfs:x:43:
gdm:x:42:
```

```
distcache:x:94:
beaglidx:x:58:
radvd:x:75:
nscd:x:28:
slocate:x:21:
fax:x:78:
prof:x:500:
ngsik:x:501:
[root@ngsnux ~]#
```

11.4 사용자와 그룹의 등록과 제거

사용자 계정을 등록하거나 제거하는 방법은 다음과 같은 세 가지가 있다.

- 첫째, 사용자 등록과 제거에 관련된 모든 과정을 관리자가 직접 해 주는 방법으로, 여기에는 계정에 관련된 파일을 편집하거나 홈 디렉토리를 생성하는 과정이 포함된다.
- 둘째, 사용자 관리를 위한 유틸리티 명령들을 이용해서 계정을 등록하거나 제거하는 방법이다.
- 셋째, GUI 환경의 사용자 관리 도구를 활용하는 방법이다.

첫 번째 방법은 복잡하고 실수의 가능성이 많기 때문에 잘 사용하지 않는다. 가장 손쉬운 방법은 GUI 환경의 관리도구를 활용하는 방법인데, 이 툴들은 보통 사용자와 그룹의 등록, 제거, 계정 정보 변경에 관련된 모든 기능을 제공한다. KDE 데스크 탑 환경의 사용자와 그룹 관리 툴인 KUser ([메뉴]->[설정]->[시스템설정]->[사용자와 그룹])는 사용자와 그룹을 등록하고, 제거하거나 관리하는 통합 기능의 도구로서 〈그림 11-1〉과 같다.

〈그림 11-1〉 사용자와 그룹을 관리하는 도구

11.4.1 사용자 정보 변경

등록된 사용자의 정보를 변경하려면 사용자 정보에 마우스 포인터를 위치시키고 더블 클릭한다. 그러면 〈그림 11-2〉와 같은 창이 나타나는데, 여기에서 정보를 변경하고 "확인" 버튼을 누르면 정보가 변경된다.

홈 디렉토리는 시스템이 디폴트로 결정한 값을 사용하는 것이 좋다. 그러나 로그인 쉘은 자신이 필요한 것을 선택할 수 있는데, 리눅스의 경우에는 더부분 bash를 사용한다.

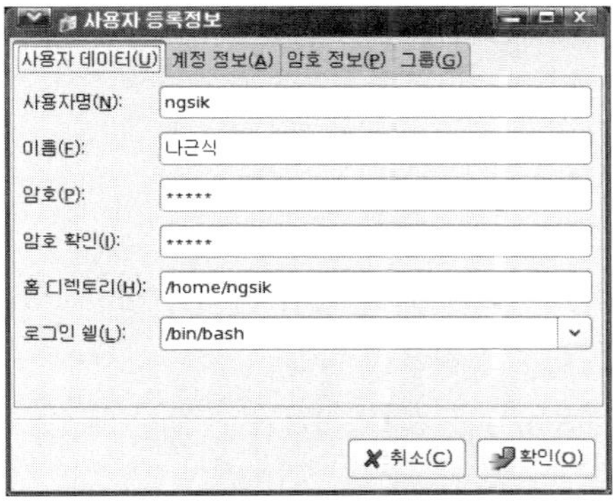

〈그림 11-2〉 사용자 등록 정보 조회 및 변경

11.4.2 사용자 등록

이 도구를 이용해서 사용자를 등록하려면 [사용자 추가] 메뉴를 선택하면 된다. 이때에는 〈그림 11-3〉과 같은 창이 나타나고 이를 통해 새로운 사용자를 등록할 수 있다.

사용자 식별자는 시스템이 디폴트 값을 할당하는데 이를 원하지 않으면 수동으로 지정할 수도 있다. 이때에는 다른 사용자와 같은 식별자를 사용하지 않는지 반드시 확인해야 한다.

그룹 번호도 시스템이 디폴트로 할당하는데, 이를 원하지 않으면 수동으로 지정할 수도 있다. 그룹 번호는 기존에 등록된 그룹 번호를 사용할 수도 있고, 새로운 그룹 번호를 생성한 후에 등록할 수도 있다.

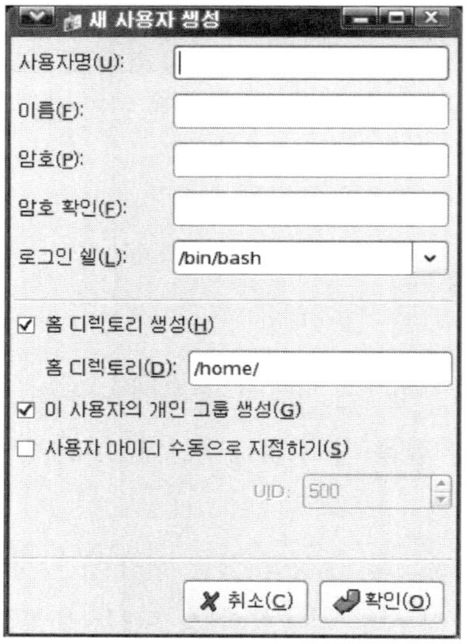

〈그림 11-3〉 사용자 등록

11.4.3 그룹 정보

[사용자 관리자] 창을 이용하면 그룹의 등록과 관리도 할 수 있다. 이 창을 이용해서 그룹 정보를 보려면 [그룹] 페이지 탭을 선택하면 된다.

〈그림 11-4〉에서 그룹 정보의 변경이나 새로운 그룹의 추가, 삭제는 사용자 정보에서와 같은 방법으로 할 수 있다.

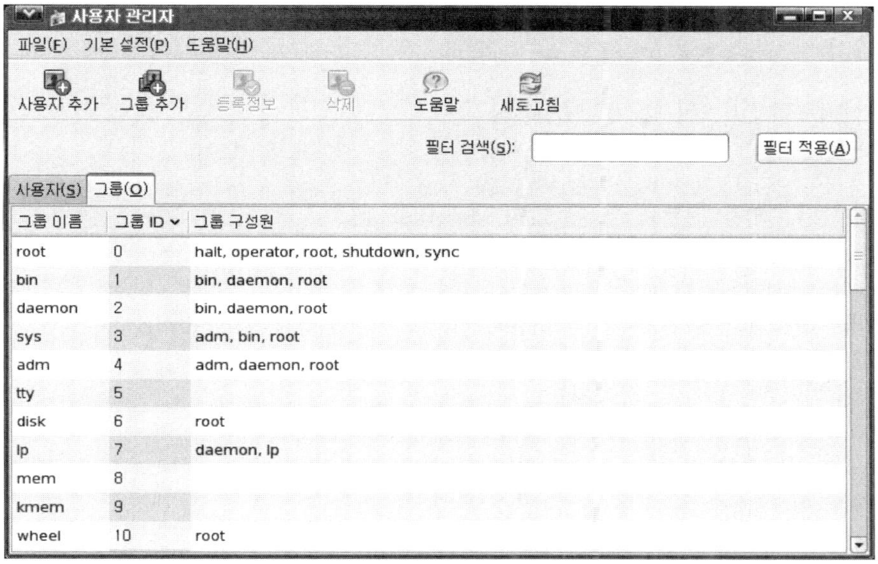

〈그림 11-4〉 그룹 정보

11.4.4 사용자 추가/삭제 명령

사용자의 추가 명령으로는 useradd가 있고, 사용자 삭제 명령으로는 userdel이 있다.

형식	useradd [option] username
기능	사용자 계정 등록
옵션	-d homedir : 홈 디렉토리 지정 -g group : 소속될 그룹 이름 -u uid : uid로 사용될 번호 -s shell : 사용할 쉘 -c comment : gecos 필드 사용될 주석

useradd로 사용자를 등록하면 사용자의 패스워드가 없다. 따라서 등록한 다음에 passwd 명령을 이용해서 패스워드를 만들어야 한다. 옵션을 주지 않고 useradd를 사용하면 모든 값들이 디폴트로 결정된다. 따라서 사용자 관리를 위해서는 보통 -g 옵션으로 그룹 값은 지정해 주는 것이 좋다.

▸▸▸ 예 11-9 useradd로 사용자 계정을 등록한다.

```
[root@ngsnux ~]# tail -10 /etc/passwd
netdump:x:34:34:Network Crash Dump user:/var/crash:/bin/bash
ident:x:98:98::/home/ident:/sbin/nologin
xfs:x:43:43:X Font Server:/etc/X11/fs:/sbin/nologin
gdm:x:42:42::/var/gdm:/sbin/nologin
distcache:x:94:94:Distcache:/:/sbin/nologin
beaglidx:x:58:58:User for Beagle indexing:/var/cache/beagle:/sbin/nologin
radvd:x:75:75:radvd user:/:/sbin/nologin
nscd:x:28:28:NSCD Daemon:/:/sbin/nologin
fax:x:78:78:mgetty fax spool user:/var/spool/fax:/sbin/nologin
ngsik:x:500:501::/home/ngsik:/bin/bash
[root@ngsnux ~]#
[root@ngsnux ~]# useradd gildong
[root@ngsnux ~]# tail -10 /etc/passwd
ident:x:98:98::/home/ident:/sbin/nologin
xfs:x:43:43:X Font Server:/etc/X11/fs:/sbin/nologin
gdm:x:42:42::/var/gdm:/sbin/nologin
distcache:x:94:94:Distcache:/:/sbin/nologin
beaglidx:x:58:58:User for Beagle indexing:/var/cache/beagle:/sbin/nologin
radvd:x:75:75:radvd user:/:/sbin/nologin
nscd:x:28:28:NSCD Daemon:/:/sbin/nologin
fax:x:78:78:mgetty fax spool user:/var/spool/fax:/sbin/nologin
ngsik:x:500:501::/home/ngsik:/bin/bash
gildong:x:501:502::/home/gildong:/bin/bash
[root@ngsnux ~]#
```

tail 명령을 사용해서 useradd 명령을 사용하기 전 · 후의 /etc/passwd 파일을 확인해 보면 사용자 gildong의 계정이 추가된 것을 볼 수 있다.

형식	userdel username
기능	사용자 계정 제거
옵션	-r : 홈 디렉토리까지 제거

userdel로 사용자 계정을 제거하면 홈 디렉토리는 그대로 남는다. 그래서 홈 디렉토리는 "rm -r" 명령어로 별도로 제거해야 한다. userdel로 사용자를 제거할 때 홈 디렉토리까지 한꺼번에 제거되게 하려면 -r 옵션을 사용한다.

▸▸▸ 예 11-10 userdel로 사용자 계정을 제거한다.

```
[root@ngsnux ~]# tail -10 /etc/passwd
ident:x:98:98::/home/ident:/sbin/nologin
xfs:x:43:43:X Font Server:/etc/X11/fs:/sbin/nologin
gdm:x:42:42::/var/gdm:/sbin/nologin
distcache:x:94:94:Distcache:/:/sbin/nologin
beaglidx:x:58:58:User for Beagle indexing:/var/cache/beagle:/sbin/nologin
radvd:x:75:75:radvd user:/:/sbin/nologin
nscd:x:28:28:NSCD Daemon:/:/sbin/nologin
fax:x:78:78:mgetty fax spool user:/var/spool/fax:/sbin/nologin
ngsik:x:500:501::/home/ngsik:/bin/bash
gildong:x:501:502::/home/gildong:/bin/bash
[root@ngsnux ~]#
[root@ngsnux ~]# userdel -r gildong
[root@ngsnux ~]# tail -10 /etc/passwd
netdump:x:34:34:Network Crash Dump user:/var/crash:/bin/bash
ident:x:98:98::/home/ident:/sbin/nologin
xfs:x:43:43:X Font Server:/etc/X11/fs:/sbin/nologin
gdm:x:42:42::/var/gdm:/sbin/nologin
distcache:x:94:94:Distcache:/:/sbin/nologin
beaglidx:x:58:58:User for Beagle indexing:/var/cache/beagle:/sbin/nologin
radvd:x:75:75:radvd user:/:/sbin/nologin
nscd:x:28:28:NSCD Daemon:/:/sbin/nologin
fax:x:78:78:mgetty fax spool user:/var/spool/fax:/sbin/nologin
ngsik:x:500:501::/home/ngsik:/bin/bash
[root@ngsnux ~]#
```

tail 명령을 이용해서 userdel 명령 사용 전, 후의 /etc/passwd 파일을 확인해 보면 사용자 gildong의 계정 정보가 제거된 것을 볼 수 있다.

11.4.5 그룹 추가/삭제 명령어

그룹을 등록하는 명령은 groupadd가 있고, 그룹을 제거하는 명령은 groupdel이 있다.

형식	groupadd [option] groupname
기능	그룹 등록
옵션	-g gid : 그룹 번호

형식	groupdel groupname
기능	그룹 제거
옵션	없음

▸▸▸ 예 11-11 groupadd로 사용자 그룹을 등록한다.

```
[root@ngsnux ~]# tail -10 /etc/group
xfs:x:43:
gdm:x:42:
distcache:x:94:
beaglidx:x:58:
radvd:x:75:
nscd:x:28:
slocate:x:21:
fax:x:78:
prof:x:500:
ngsik:x:501:
[root@ngsnux ~]#
[root@ngsnux ~]# groupadd -g 600 student2
[root@ngsnux ~]#
[root@ngsnux ~]# tail -10 /etc/group
gdm:x:42:
distcache:x:94:
beaglidx:x:58:
radvd:x:75:
nscd:x:28:
slocate:x:21:
fax:x:78:
prof:x:500:
ngsik:x:501:
student2:x:600:
[root@ngsnux ~]#
```

tail 명령의 이용해서 groupadd 전.후의 /etc/group 파일을 확인해 보면 그룹 student2의 정보가 등록된 것을 확인할 수 있다.

▸▸▸ 예 11-12 groupdel로 그룹을 제거한다.

```
[root@ngsnux ~]# tail -10 /etc/group
gdm:x:42:
distcache:x:94:
beaglidx:x:58:
radvd:x:75:
nscd:x:28:
slocate:x:21:
fax:x:78:
prof:x:500:
ngsik:x:501:
student2:x:600:
[root@ngsnux ~]#
[root@ngsnux ~]# groupdel student2
[root@ngsnux ~]#
[root@ngsnux ~]# tail -10 /etc/group
xfs:x:43:
gdm:x:42:
distcache:x:94:
beaglidx:x:58:
radvd:x:75:
nscd:x:28:
slocate:x:21:
fax:x:78:
prof:x:500:
ngsik:x:501:
[root@ngsnux ~]#
```

tail 명령을 이용해서 groupdel 명령 사용 전, 후의 /etc/group 파일을 확인해 보면 그룹 student2의 정보가 제거된 것을 확인할 수 있다.

연 습 문 제

A. 다음 빈칸에 적절한 용어를 채우시오.

1. 사용자는 문자열 형태의 로그인 이름으로 시스템에 로그인 하지만 시스템은 번호로 된 (   )로 사용자를 구분한다. 이에 대한 매핑 정보는 (   ) 파일에 들어 있다.
2. 패스워드 파일에 계정정보는 가지고 있지만 실행할 쉘은 가지고 있지 않은 사용자를 (   )라 한다.
3. 패스워드의 유효기간을 설정해서 패스워드가 유출되는 것을 방지하는 메커니즘을 (   )이라 한다.
4. 사용자 계정을 등록할 때 사용되는 디폴트 값들은 (   ) 파일에 정의되어 있다.
5. 사용자 계정 정보 중에서 반드시 필요한 것은 (   )이다.
6. 수퍼 유저의 uid 는 반드시 (   )으로 해야 한다.
7. 사용자의 그룹 이름과 gid의 매핑 정보는 (   ) 파일에 있다.
8. 패스워드 파일의 패스워드 필드에 (   ) 표시가 있으면 쉐도우 메커니즘을 사용한다는 뜻이고, 쉐도우 파일의 패스워드 필드에 (   ) 표시가 있으면 로그인이 금지된 사용자라는 뜻이다.
9. /etc/shadow 파일의 (   ) 필드는 패스워드의 최대 사용기간을 정한 것으로 이 날짜를 경과할 때까지 패스워드를 변경하지 않은 사용자는 로그인이 금지된다.

B. 다음 물음에 답하시오.

1. /etc/passwd 파일의 구조를 설명하시오.
2. 쉐도우 파일은 어떤 문제를 해결하기 위한 것이며, 그 문제를 어떻게 해결하는가?
3. 쉐도우 파일의 구조를 설명하시오.
4. 패스워드 에이징이란 어떤 문제를 해결하기 위한 것이며, 어떻게 문제를 해결하는가?
5. 자신의 패스워드는 변경일로부터 10일이 되어야 변경할 수 있도록 하고, 15일이 될 때까지는 반드시 변경해야 하게 하려고 한다. 또한 변경 만료일 3일 전부터 로그인할 때에 경고 메시지가 나오도록 하려고 한다. 이때에 필요한 명령을 쓰시오.
6. 시스템에 사용자의 계정을 등록하는 방법은 세 가지가 있다. 각 방법을 설명하시오.
7. 사용자 gildong이 자신의 패스워드를 잊어 버렸다고 한다. 그래픽 툴을 사용하지 않고 그 사용자의 패스워드를 지우려고 한다. 어떻게 해야 하는가?

C. 다음 명령어의 기능을 설명하시오.

1. passwd
2. chage
3. useradd
4. userdel
5. groupadd
6. groupdel

CHAPTER

12 파일 시스템 관리

파일 시스템(file system)이란 저장 장치에 저장할 데이터의 형식을 정의하고, 데이터를 저장할 파일 기능과 파일의 계층 구조를 형성하기 위한 디렉토리 기능을 제공하는 운영체제의 핵심부분이다. 여기서 저장 장치는 주로 하드 디스크이지만 다른 어떠한 저장 장치도 파일 시스템의 대상이 된다.

파일 시스템은 프로그램과 데이터를 저장하고 있기 때문에 이들이 손상되지 않도록 신뢰성이 있어야 한다. 또한 파일 시스템의 성능이 시스템 전체 성능에 큰 영향을 주기 때문에 항상 최적의 성능을 나타낼 수 있도록 잘 관리되어야 한다.

본 장에서는 파일 시스템과 관련되어 관리자가 이해하고 있어야 할 내용 즉, 파일 시스템의 마운트와 언마운트, 파일 시스템 검사, 디스크 사용량 검사 등에 대해 설명한다.

12.1 리눅스 파일 시스템

리눅스 파일 시스템은 VFS(virtual file system)라는 개념을 도입해서 파일 시스템의 데이터 저장에 관련된 물리적 부분과 사용자 인터페이스에 관련된 논리적 부분을 분리함으로써 하나의 시스템에서 여러 종류의 물리적 파일 시스템들을 동시에 지원한다. 리눅스가 지원하는 대표적인 파일 시스템은 〈표 12-1〉과 같다.

〈표 12-1〉 리눅스가 지원하는 대표적인 파일 시스템 타입

파일 시스템	설 명
ext2, ext3	리눅스 고유의 파일 시스템
sysv	유닉스 시스템 V의 파일 시스템
minix	minix 운영체제의 파일 시스템
iso9660	CD-ROM에서 사용하는 표준 파일 시스템
nfs	네트워크에 연결된 다른 컴퓨터와 파일을 공유
msdos	마이크로소프트의 MSDOS 파일 시스템
FAT32	마이크로소프트의 윈도우즈 95/98
NTFS	마이크로소프트의 윈도우즈 NT/2000/XP
VFAT	마이크로소프트의 윈도우즈 XP
ROMFS	ROM이나 플래쉬 메모리에서 사용하는 파일 시스템

〈표 12-1〉의 파일 시스템 이외에도 리눅스는 사실상 현재까지 나와 있는 모든 파일 시스템들을 지원한다고 볼 수 있다.

12.2 파일 시스템 마운트

리눅스의 파일 시스템은 단일 트리의 계층적 디렉토리 구조를 가진다. 즉, 시스템 내에서 루트 디렉토리는 단 하나만 존재한다. 반면 마이크로소프트사의 운영체제들에서는 각 드라이브마다 루트 디렉토리가 별도로 있다. 리눅스는 마운트 개념을 사용해서 여러 개의 트리 구조를 하나의 트리도 통합한다.

12.2.1 마운트 개념

시스템에 여러 개의 디스크나 기타 보조 기억장치가 있거나, 하나의 하드 디스크라도 여러 파티션으로 나누어져 있을 경우에는 각 장치 혹은 파티션마다 독립적인 파일 시스템이 존재

한다.

마운트(mount)는 각 장치 혹은 파티션에 있는 파일 시스템들을 계층적으로 연결하여 단일 트리 구조의 계층 구조를 만들어내는 것을 말한다. 즉, 한 파일 시스템의 루트 디렉토리가 다른 파일 시스템의 어떤 디렉토리에 연결되어 단일 트리를 만들어 낸다.

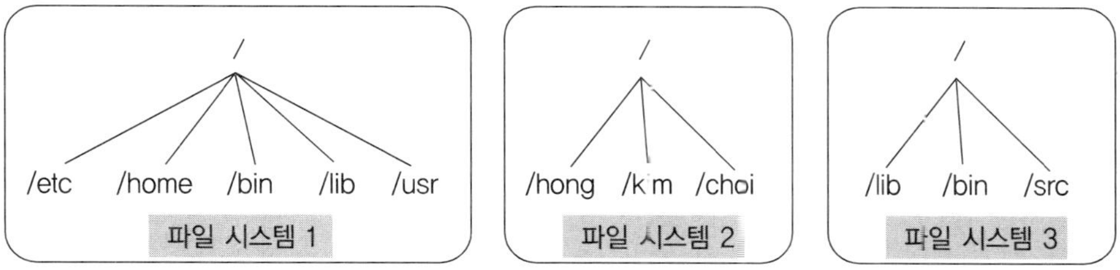

〈그림 12-1〉 마운트 되기 전의 구조

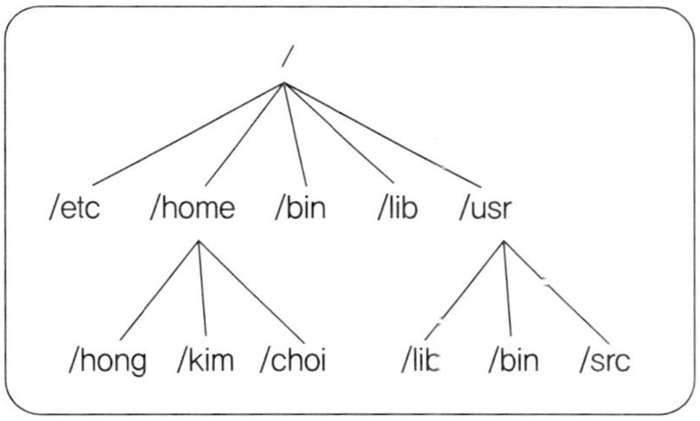

〈그림 12-2〉 마운트 된 후의 구조

〈그림 12-2〉에서 파일 시스템 2와 파일 시스템 3의 르트 디렉토리가 파일 시스템 1의 /home 디렉토리와 /usr 디렉토리에 연결되어 전체적으로 하나의 트리 구조를 형성하고 있다. 이때 파일 시스템 2와 파일 시스템 3이 파일 시스템 1의 /home 디렉토리와 /usr 디렉토리에 마운트 되었다고 한다.

12.2.2 mount 명령

파일 시스템을 마운트하는 명령은 mount이다.

형식	mount device mountpoint
기능	파일 시스템 마운트 (수퍼유저만 사용 가능)
옵션	-t fstype : 파일 시스템 타입 지정 -a : /etc/fstab 파일에 정의된 모든 파일 시스템들을 마운트

여기서 device는 마운트할 파일 시스템이 들어 있는 장치 파일의 이름이고 mountpoint는 마운트될 디렉토리의 이름이다. 리눅스에서 usb로 연결되는 플로피 디스크의 장치 이름은 /dev/sda인데 플로피 디스크를 /mnt/floppy라는 디렉토리에 마운트하려면 다음과 같이 한다.

▸▸▸ **예 12-1** 장치에 들어 있는 파일 시스템을 마운트 할 수 있다. 마운트 할 파일 시스템이 ext 타입이 아니면 타입을 지정해 주어야 한다. 여기서 vfat는 윈도우즈용 파일 시스템이다.

```
[root@ngsnux /]# mkdir /mnt/floppy
[root@ngsnux /]# ls /mnt/floppy
[root@ngsnux /]#
[root@ngsnux /]# mount -t vfat /dev/sda /mnt/floppy
[root@ngsnux /]#
```

이렇게 하여 마운트가 되면 마운트 포인트를 통해서 마운트 된 파일 시스템에 접근할 수 있다.

▸▸▸ **예 12-2** 어떤 파일 시스템을 마운트하면 그 파일 시스템 내의 파일이나 디렉토리에 접근할 수 있다.

```
[root@ngsnux /]# cd /mnt/floppy
[root@ngsnux floppy]# ls
ch11  ch12
[root@ngsnux floppy]# cd ch11
[root@ngsnux ch11]#
```

파일 시스템 타입이 리눅스의 ext2나 ext3가 아닐 경우에는 타입을 지정해야 할 수도 있다.

한 장치는 단 한번만 마운트되어 있을 수 있다. 현재 마운트되어 있는 장치들에 대한 정보를 보려면 mount 명령을 인수 없이 사용하면 된다.

▸▸▸ 예 12-3 현재 마운트되어 있는 파일 시스템을 볼 때에도 mount 명령을 인수 없이 사용한다.

```
[root@ngsnux ~]# mount
/dev/hda1 on / type ext3 (rw)
proc on /proc type proc (rw)
sysfs on /sys type sysfs (rw)
devpts on /dev/pts type devpts (rw,gid=5,mode=620)
tmpfs on /dev/shm type tmpfs (rw)
none on /proc/sys/fs/binfmt_misc type binfmt_misc (rw)
[root@ngsnux ~]#
```

현재 마운트된 장치에 대한 정보는 /etc/mtab 파일에 저장되어 있는데, [예 12-3]의 mount 명령은 그 내용을 보여준 것이다.

/etc/fstab 파일은 마운트해야 할 모든 파일 시스템과 관련된 상세한 정보를 가지고 있는데, 다음은 fstab의 내용을 보여준다.

▸▸▸ 예 12-4 /etc/fstab 파일은 시스템이 부팅할 때 마운트해야 할 모든 파일 시스템에 대해 정의하고 있다.

```
[root@ngsnux ~]# cat /etc/fstab
LABEL=/            /            ext3      defaults             1 1
devpts             /dev/pts     devpts    gid=5,mode=620       0 0
tmpfs              /dev/shm     tmpfs     defaults             0 0
proc               /proc        proc      defaults             0 0
sysfs              /sys         sysfs     defaults             0 0
LABEL=SWAP-hda2    swap         swap      defaults             0 0
[root@ngsnux ~]#
```

“mount -a” 명령은 /etc/fstab 파일에 있는 모든 파일 시스템들을 마운트한다. 이 명령은 보통 시스템 초기화 과정에서 수행되는 스크립트 파일인 rc.sysinit 파일에 들어 있다. 이렇게 해서 시스템에 부착된 모든 장치에 있는 파일 시스템들이 시스템이 초기화되는 과정에서 마운트 된다.

현재 시스템에 마운트 되어 있는 파일 시스템 정보는 /etc/mtab 파일에 저장되어 있다.

▸▸▸ 예 12-5 /etc/mtab 파일은 현재 마운트 된 파일 시스템들의 정보를 가지고 있다.

```
[root@ngsnux ~]# cat /etc/mtab
/dev/hda1 / ext3 rw 0 0
proc /proc proc rw 0 0
sysfs /sys sysfs rw 0 0
devpts /dev/pts devpts rw,gid=5,mode=620 0 0
tmpfs /dev/shm tmpfs rw 0 0
none /proc/sys/fs/binfmt_misc binfmt_misc rw 0 0
[root@ngsnux ~]#
```

mount 명령은 장치가 접근 가능할 때에만 성공한다. 따라서 플로피 디스크나 USB 메모리 장치, cdrom과 같은 장치는 시스템 초기화 시에는 마운트될 수가 없다. 그러므로 이러한 장치들은 필요할 때에 개별적으로 마운트해서 사용해야 한다.

12.2.3 umount 명령

mount 명령의 반대는 umount 명령이다. 이 명령은 현재 마운트되어 있는 장치를 언마운트한다. umount 명령은 다음과 같은 세 가지 방법으로 사용할 수 있다.

형식	umount device umount mountpoint umount -a
기능	파일 시스템 언마운트 (수퍼유저만 사용 가능)
옵션	-a : /etc/mtab 파일에 정의된 모든 파일 시스템들을 언마운트

첫 번째 방법은 장치 이름을 주는 것인데 이때는 해당 장치가 언마운트된다.

▸▸▸ **예 12-6** umount 명령은 마운트된 파일 시스템을 언마운트 한다.

```
[root@ngsnux ~]# umount /dev/sda
[root@ngsnux ~]#
```

두 번째 방법은 마운트 포인트의 디렉토리 이름을 주는 것인데, 이때는 그 디렉토리에 마운트된 장치가 언마운트 된다.

▸▸▸ **예 12-7** 디렉토리 이름으로도 언마운트할 수 있다.

```
[root@ngsnux ~]# umount /mnt/floppy
[root@ngsnux ~]#
```

마운트되어 있는 파일 시스템 내의 파일이나 디렉토리 중에서 현재 사용 중인 것이 하나라도 있으면 그 파일 시스템은 언마운트될 수 없다. 여기서 파일이 사용중이라는 것은 그 파일을 열어서 읽기나 쓰기를 하고 있다는 뜻이고, 디렉토리를 사용중이라는 것은 그 디렉토리를 현재 작업 디렉토리로 하고 있다는 뜻이다. 예를 들어 플로피 디스크를 마운트시켜 놓고 [예 12-8]과 같이 해보자.

▸▸▸ **예 12-8** 언마운트할 파일 시스템을 사용하고 있는 프로세스가 있을 때에는 언마운트가 되지 않는다.

```
[root@ngsnux ch11]# pwd
/mnt/floppy/ch11
[root@ngsnux ch11]# umount /dev/sda
umount: /mnt/floppy: device is busy
umount: /mnt/floppy: device is busy
[root@ngsnux ch11]# cd
[root@ngsnux ~]# pwd
/home/root
[root@ngsnux ~]# umount /dev/sda
[root@ngsnux ~]#
```

[예 12-8]의 umount 명령이 실패한 이유는 쉘의 현재 디렉토리가 플로피 디스크에 있는 파일 시스템 내에 있는 디렉토리인 /mnt/floppy/ch11이기 때문이다. 따라서 umount를 실행하기 전에는 반드시 해당 파일 시스템 내의 파일이나 디렉토리가 사용 중인가 확인해야 한다.

12.3 파일 시스템 검사와 복구

시스템 사용 도중에 갑자기 전원이 나가는 것과 같은 예외적인 상황이 발생하면 파일 시스템에 문제가 발생한다. 이것은 주로 메모리에 와 있던 디스크 블록의 일부가 디스크에 업데이트되지 못해서 파일 시스템의 일관성(consistency)이 깨어졌기 때문에 발생한다. 이런 문제가 발생하면 파일 시스템의 이상 여부를 점검하고 복구해야 한다. 리눅스에서 파일 시스템을 검사하고 복구하는 명령은 fsck이다.

형식	fsck [option] devicefile
기능	파일 시스템 검사 (수퍼유저만 사용 가능)
옵션	-A : /etc/fstab 파일에 등록된 모든 파일 시스템 검사 -a : 문제 발생 시에 관리자에게 문의 없이 복구 -y : fsck의 문의에 자동으로 'y' 응답

리눅스는 여러 파일 시스템을 동시에 지원하기 때문에 검사하는 파일 시스템의 타입을 지정해 주어야 한다. 지정해 주지 않으면 리눅스의 디폴트 파일 시스템 타입이라고 인식한다.

fsck는 에러를 발견할 뿐 아니라 즉시 복구하는 기능까지 제공한다. 발견된 에러에 대해 복구할 것인가를 물어볼 때에는 yes로 답해서 복구하게 해야 한다. 그렇게 하지 않으면 부팅할 때마다 파일 시스템 검사를 다시 하고, 복구 여부를 물어보게 된다.

fsck 명령을 수행하기 전에 해당 파일 시스템을 언마운트해주는 것이 좋다. 만약 마운트된 상태에서 fsck를 수행해서 에러가 발견되고 복구되었다면 반드시 시스템을 재부팅해 주어야 한다.

리눅스 시스템은 부팅될 때에 자동으로 /etc/fstab에 있는 파일 시스템들에 대해 파일 시스템 검사를 한다. 이것은 초기화 시에 수행되는 rc.sysinit 스크립트 파일에서 fsck를 실행시켜 주기 때문이다. 그러나 부팅할 때마다 검사를 하면 부팅 시간이 많이 걸리므로 일정 횟수의 부팅 때마다 검사하거나, 정전 발생 후 다시 부팅할 때에만 검사하도록 되어 있다.

예 12-9 fsck는 파일 시스템을 검사하고, 문제가 있는 경우에 문제를 해결한다. 여기서는 오류가 없기 때문에 바로 종료한다.

```
[root@ngsnux ~]# fsck /dev/sda
fsck 1.39 (29-May-2006)
e2fsck 1.39 (29-May-2006)
/dev/sda: clean, 11/184 files, 47/1440 blocks
[root@ngsnux ~]#
```

[예 12-9]에서 첫 번째 fsck는 파일 시스템에 오류가 없기 때문에 바로 종료했다. 오류는 주로 마운트된 상태에서 전원이 꺼질 때에 발생한다.

예 12-10 파일 시스템에 문제가 있을 경우에는 이를 복구한다. 여기서는 고의적으로 오류를 발생시키기 위해서 플로피 디스크가 마운트되어 있는 상태에서 디스켓을 제거하고 디스켓이 없는 상태에서 언마운트 한 후에 다시 삽입했다. 플로피 디스크에게 이것은 마운트된 상태에서 정전이 발생한 것과 같은 효과를 준다.

```
[root@ngsnux ~]# mount /dev/sda /mnt/floppy
...
디스켓 제거
...
[root@ngsnux ~]# unmount /dev/sda
[root@ngsnux ~]# fsck /dev/sda
fsck 1.39 (29-May-2006)
e2fsck 1.39 (29-May-2006)
/dev/sda was not cleanly unmounted, check forced.
Pass 1: Checking inodes, blocks, and sizes
Pass 2: Checking directory structure
Pass 3: Checking directory connectivity
Pass 4: Checking reference counts
Pass 5: Checking group summary information
/dev/sda: 11/184 files (9.1% non-contiguous), 47/1440 blocks
[root@ngsnux ~]#
```

[예 12-10]에서 보듯이 fsck는 오류가 발생하면 스스로 복구한다. 전체 복구 과정은 오류의 종류에 따라서 5 단계 혹은 6 단계이다.

12.4 파일 시스템 만들기 : mkfs

보조 기억 장치에 데이터를 저장할 수 있으려면 보조 기억 장치가 리눅스가 인식할 수 있는 구조로 되어 있어야 한다. 리눅스에서 이 작업은 mkfs(make file system) 명령이 한다.

형식	mkfs [option] devicefile
기능	파일 시스템 생성
옵션	-t fstype : 생성할 파일 시스템 타입

디스크에 파일 시스템을 만들 때는 파일 시스템 타입에 따라서 각각의 명령들이 있는데 mkfs는 이들에 대한 프론트 엔드(front end) 역할을 한다. 예를 들어 ext2 파일 시스템을 생성하는 명령은 mke2fs이다. 따라서 플로피 디스크에 ext2 파일 시스템을 만들려면 "-t ext2" 옵션으로 파일 시스템 타입을 지정해 주면 mkfs가 내부적으로 mke2fs를 수행시킨다.

파일 시스템 타입을 지정하지 않으면 시스템의 디폴트 파일 시스템을 생성한다. 리눅스의 경우에 이것은 ext2 혹은 ext3 파일 시스템이다.

▸▸▸ 예 12-11 mkfs는 파일 시스템을 생성한다. 파일 시스템 타입을 지정하지 않았기 때문에 여기서는 디폴트 파일 시스템인 ext2 파일 시스템을 생성한다.

```
[root@ngsnux ~]# mkfs /dev/sda
mke2fs 1.39 (29-May-2006)
/dev/sda is entire device, not just one partition!
Proceed anyway? (y,n) y
Filesystem label=
OS type: Linux
Block size=1024 (log=0)
```

```
Fragment size=1024 (log=0)
184 inodes, 1440 blocks
72 blocks (5.00%) reserved for the super user
First data block=1
Maximum filesystem blocks=1572864
1 block group
8192 blocks per group, 8192 fragments per group
184 inodes per group

Writing inode tables: done
Writing superblocks and filesystem accounting information: done

This filesystem will be automatically checked every 22 mounts or
180 days, whichever comes first.  Use tune2fs -c or -i to override.
[root@ngsnux ~]#
```

디스크를 포맷하거나 파일 시스템을 새로 생성하면 디스크에 저장되어 있는 모든 자료가 지워진다. 따라서 중요한 정보가 저장된 디스크를 포맷하는 것은 신중하게 결정해야 한다. 특히 하드 디스크에는 수많은 정보가 저장되어 있으므로 더욱 조심해야 한다.

리눅스를 설치할 때에는 설치 프로그램이 필요한 하드 디스크의 파티션들을 모두 포맷하고 파일 시스템을 생성해주므로 관리자는 별도로 mkfs를 사용할 필요가 없을 것이다. 그러나 하드 디스크가 손상되어 복구가 불가능할 경우에나 새로운 하드 디스크를 시스템에 추가할 경우에는 mkfs를 사용해야 할 필요가 있다.

12.5 파일 시스템 사용량 검사

디스크 관리를 위해서는 각 디스크 혹은 파티션 별로 얼마나 여유가 있는가를 확인할 필요가 있다. df(disk free) 명령은 현재 마운트되어 있는 파일 시스템들의 사용량에 대한 정보를 제공한다.

형식	df [option] [files]
기능	사용 가능한 디스크 용량 표시
옵션	-t fstype : ext 타입이 아닌 파일 시스템에서 타입 지정 -i : inode 수 표시

df 명령이 제공하는 정보는 다음과 같다.

- Filesystem : 파일 시스템이 들어 있는 장치의 이름
- Blocks : 전체 용량으로 1K 바이트 단위 혹은 1M 바이트 단위
- Used : 사용되고 있는 블록 수 (1K 바이트 혹은 1M 바이트 단위)
- Available : 사용 가능한 블록 수 (1K 바이트 혹은 1M 바이트 단위)
- Use% : 사용률 (전체 중에서 사용되고 있는 블록의 비율)
- Mounted on : 마운트 된 디렉토리 이름

▸▸▸ 예 12-12 "df -m"은 메가 바이트 단위로 디스크 사용량을 보여준다.

```
[ngsik@ngsnux ~]$ df -m
Filesystem      1M-blocks     Used   Available   Use% Mounted on
/dev/hda1           72931     3407       65760     5% /
tmpfs                 252        0         252     0% /dev/shm
[ngsik@ngsnux ~]$
```

[예 12-12]의 실행 예에서 -m 옵션은 디스크 크기를 나타낼 때 Mbytes 단위로 나타내게 한다. 만약 Kbytes 단위로 나타내려면 옵션 없이 사용한다.

▸▸▸ 예 12-13 df는 디폴트로 킬로 바이트 단위로 디스크 사용량을 보여준다.

```
[ngsik@ngsnux ~]$ df
Filesystem      1K-blocks     Used   Available   Use% Mounted on
/dev/hda1        74680688  3488600    67337296     5% /
tmpfs              257452        0      257452     0% /dev/shm
[ngsik@ngsnux ~]$
```

파일 시스템 전체가 아니라 디렉토리가 차지하고 있는 디스크 용량을 보려면 du(disk usage) 명령을 사용한다.

형식	du [option] [dir-lists]
기능	디렉토리의 디스크 사용정보 표시
옵션	-s : 요약 정보만 표시

du 명령은 인수로 디렉토리 이름을 주는데, 인수가 없으면 현재 디렉토리 정보를 보여준다.

예 12-14 du는 디렉토리의 디스크 사용량을 보여 준다. 디폴트 단위는 1024 바이트 크기의 블록 단위이다.

```
[ngsik@ngsnux ~]$ du /etc
96      /etc/mono/2.0
88      /etc/mono/1.0
420     /etc/mono
32      /etc/pki/tls/misc
4       /etc/pki/tls/private
436     /etc/pki/tls/certs
.
.
.
212     /etc/X11
260     /etc/sane.d
28      /etc/ghostscript
16      /etc/rpm
4       /etc/rwtab.d
12      /etc/axtu
67436   /etc
[ngsik@ngsnux ~]$
```

[예 12-14]의 결과에서 /etc/mono/2.0 데렉토리는 96 블록 즉, 96 * 1024 = 96 Kbytes의 디스크를 차지하고 있다는 뜻이다. 마지막 줄을 보면 /etc 디렉토리는 위의 모든 디렉토리를 포함해서 67436 블록 즉, 67 Mbytes의 디스크 공간을 차지하고 있다는 것을 알 수 있다.

연 습 문 제

A. 다음 빈 칸에 적절한 용어를 채우시오.

1. 리눅스 파일 시스템은 사용자 인터페이스와 물리적 데이터 저장 부분을 분리하는 (　　　　) 라는 개념을 이용해서 한 시스템에서 여러 종류의 물리적 파일 시스템들을 동시에 지원한다.
2. 각 물리적 저장장치 혹은 파티션에 있는 파일 시스템들을 계층적으로 연결하여 단일 트리를 만드는 것을 (　　　　)라 한다.
3. 시스템이 자동으로 마운트할 파일 시스템에 대한 정보는 (　　　　) 파일에 들어 있고, 현재 마운트되어 있는 파일 시스템에 대한 정보는 (　　　　) 파일에 들어 있다.
4. 저장장치에 저장할 데이터의 형식을 정의하고 데이터를 저장하는 파일 기능과 파일의 계층 구조를 형성하는 디렉토리 기능 등을 제공하는 운영체제의 한 부분을 (　　　　)이라 한다.

B. 다음 물음에 답하시오.

1. 어떤 리눅스 시스템을 설치할 때에 /usr과 /home 디렉토리를 별도의 파티션에 설치했다. 이 시스템이 마운트되기 전의 파일 시스템 구조와 마운트 된 후의 파일 시스템 구조를 그림으로 그려서 설명하시오.
2. 마운트 명령을 사용했을 때에 "device is busy"라는 오류 메시지가 나왔다. 원인이 무엇이며, 어떻게 하면 언마운트시킬 수 있는가?
3. 리눅스 파일 시스템의 오류는 어떤 경우에 주로 발생하며, 파일 시스템을 검사하고 복구하는 명령 fsck는 어떤 단계로 동작하는가?
4. 어떤 시스템에서 df 명령을 사용했을 때에 다음과 같은 결과가 나왔다. 명령의 수행 결과를 설명하시오.

```
$ df -m
Filesystem      1M-blocks    Used   Available   Use% Mounted on
/dev/hda1           72931    3407       65760      5% /
$
```

5. 현재 일반 사용자로 로그인해 있는 어떤 사용자가 마이크로소프트의 윈도우즈에서 플로피 디스크에 저장한 모든 파일을 자신의 홈 디렉토리 아래에 있는 MS라는 디렉토리 아래로 복사하고 난 후에 디스크를 꺼내려고 한다. 이 작업 과정을 명령어들을 나열해서 실행하시오.

C. 다음 명령어의 기능을 설명하시오.

1. mount
2. unmount
3. fsck
4. mkfs
5. df
6. du

CHAPTER

13 기타 시스템 관리

시스템 관리자는 시스템의 동작에 대해서 자세히 알아야 할 뿐 아니라, 시스템의 보안 유지, 중요한 데이터의 백업, 소프트웨어 업그레이드 등과 같이 시스템을 안정적으로 운영하기 위한 기능들도 잘 이해하고 있어야 한다. 본 장에서는 이와 같이 시스템 관리를 위해 필요한 기능들을 설명한다.

13.1 로그 관리

시스템에서 발생한 문제나 시스템의 중요한 활동은 시스템 로그에 기록된다. 리눅스의 시스템 로그는 보통 /var/log 디렉토리 혹은 /var/run 디렉토리 아래에 있는 로그 파일들에 기록된다. 리눅스의 중요한 로그는 wtmp, utmp, 그리고 syslogd가 기록하는 로그들이다. 그 외에도 각 응용 서비스마다 별도의 로그를 남기는 것들도 있다.

13.1.1 wtmp

/var/log/wtmp 파일은 시스템의 부팅 기록과 사용자의 로그인 기록을 담고 있는 이진 파일이다. 이진 파일이기 때문에 cat이나 vi 같은 명령으로 직접 내용을 볼 수는 없고, last 명령을 사용해서 볼 수 있다. last 명령은 다음과 같이 wtmp 파일 중에서 최근의 로그 기록들을 보여준다.

▸▸▸ 예 13-1 다음은 wtmp 파일에 있는 최근 10개의 내용을 보여준다.

```
[root@ngsnux ~]# last -10
root     pts/1         :0.0          Mon Jul 23 14:44   still logged in
root     pts/0         :0.0          Mon Jul 23 14:43   still logged in
root     pts/0         :0.0          Mon Jul 23 11:32 - 14:43  (03:10)
root     :0                          Mon Jul 23 11:32   still logged in
reboot   system boot   2.6.19-10hs   Mon Jul 23 11:31          (04:06)
root     pts/1         :0.0          Fri Jul 20 16:38 - 16:38  (00:00)
root     pts/0         :0.0          Fri Jul 20 14:37 - 16:38  (02:00)
root     :0                          Fri Jul 20 14:37 - 16:38  (02:00)
reboot   system boot   2.6.19-10hs   Fri Jul 20 14:32          (02:05)
root     pts/0         :0.0          Fri Jul 20 14:17 - down   (00:08)

wtmp begins Wed Jun 27 16:55:09 2007
[root@ngsnux ~]#
```

13.1.2 utmp

/var/run/utmp 파일은 현재 시스템에 로그인되어 있는 사용자의 정보를 담고 있는 이진 파일이다. 이 파일은 who나 w와 같은 명령을 이용해 현재 로그인되어 있는 사용자들의 로그인 시간, 수행중인 명령, CPU 사용시간 등의 정보를 알 수 있게 한다.

▸▸▸ 예 13-2 w는 utmp 파일의 내용 즉, 현재 로그인한 사용자가 수행한 명령에 대한 정보를 보여준다.

```
[root@ngsnux ~]# w
15:39:10 up  4:07,  2 users,  load average: 0.00, 0.00, 0.00
USER     TTY      FROM              LOGIN@   IDLE   JCPU   PCPU WHAT
root     pts/0    :0.0              14:43    0.00s  0.06s  0.00s w
root     pts/1    :0.0              14:44    54:54  0.01s  0.00s man last
[root@ngsnux ~]#
[root@ngsnux ~]# who
root     pts/0        2007-08-05 14:43(:0.0)
root     pts/1        2007-08-05 14:44(:0.0)
[root@ngsnux ~]#
```

/var/log/lastlog 파일도 utmp와 유사한 정보를 담고 있는데, 이 정보들은 finger 명령에서 사용한다.

▸▸▸ **예 13-3 finger는 현재 로그인한 사용자의 정보를 보여준다.**

```
[root@ngsnux ~]# finger
Login          Name      Tty      Idle  Login Time        Office    Office Phone
root           root      pts/0          Jul    23 14:43 (:0.0)
root           root      pts/1    55    Jul    23 14 44 (:0.0)
[root@ngsnux ~]#
```

13.1.3 syslogd

syslogd는 커널이나 응용 프로세스들의 요청에 따라 경고 메시지를 내보내거나 시스템 로그를 기록하는 데몬 프로세스이다. syslogd는 시스템 부팅 시에 rc 파일에서 수행이 시작되는데, 설정 파일 /etc/syslog.conf에 명시된 대로 시스템 로그를 기록한다. syslog.conf 파일의 각 라인은 다음과 같은 구조를 가진다.

facility.level[;facility.level]　logfile

각 라인은 두 필드로 구성되며 필드 사이는 공백으로 구분된다. 첫 번째 필드인 facility.level은 기록하려는 로그 메시지의 종류이며, 두 번째 필드인 logfile은 로그 메시지를 기록할 파일 이름이다.

facility는 메시지를 생성하는 응용 서비스나 시스템 기능을 나타내고, level은 메시지 등급을 나타낸다. facility는 다음과 같은 것들이 있을 수 있다

kern	커널
cron	cron 데몬
user	사용자 프로그램
auth	login이나 su와 같은 인증 프로그램
mail	이메일 데몬
*	기타 모든 기능

level은 메시지의 등급인데, 오름차순으로 다음과 같은 것들이 있다.

debug	프로그램의 디버깅 목적
info	단순히 시스템 정보를 제공함
notice	정상적이지만 중요한 정보
warnning	경고 메세지
err	오류에 대한 설명
crit	긴급한 상황 발생
alert	즉시 처리되어야 할 사건 발생
emerg	시스템 사용이 불가능한 사건 발생

다음은 /etc/syslog.conf 파일의 예를 보인 것이다.

▸▸▸ 예 13-4 다음은 /etc/syslog.conf의 예이다.

```
[root@ngsnux log]# cat /etc/syslog.conf
# Log all kernel messages to the console.
# Logging much else clutters up the screen.
#kern.*                                         /dev/console

# Log anything (except mail) of level info or higher.
# Don't log private authentication messages!
*.info;mail.none;authpriv.none;cron.none        /var/log/messages

# The authpriv file has restricted access.
authpriv.*                                      /var/log/secure

# Log all the mail messages in one place.
mail.*                                          -/var/log/maillog

# Log cron stuff
cron.*                                          /var/log/cron

# Everybody gets emergency messages
*.emerg                                         *
```

```
# Save news errors of level crit and higher in a special file.
uucp,news.crit                                  /var/log/spooler

# Save boot messages also to boot.log
local7.*                                        /var/log/boot.log
[root@ngsnux log]#
```

[예 13-4]에서 모든 info 등급의 메시지는 /var/log/messages 파일에 기록된다. 메일에 관계된 모든 메시지는 /var/log/maillog 파일에 기록되고, 모든 emerg 메시지는 로그인된 모든 사용자의 화면에 나타난다.

syslogd가 기록하는 로그 메시지는 하나의 메시지가 한 줄로 기록되는데, 각 줄에는 로그 기록 시간, 로그를 발생시킨 기능이나 서비스 이름이 기록된다.

▸▸▸ **예 13-5** 다음은 messages 파일의 내용이다.

```
[root@ngsnux log]# cat /var/log/messages
Jun 27 16:55:11 ngsnux syslogd 1.4.1: restart.
Jun 27 16:55:11 ngsnux kernel: klogd 1.4.1, log source = /proc/kmsg started.
.
.
.
.
Jul 23 15:41:15 ngsnux kernel: sda: Write Protect is off
Jul 23 15:41:15 ngsnux kernel: sda: assuming drive cache: write through
Jul 23 15:41:15 ngsnux kernel:  sda: sda1
Jul 23 15:41:15 ngsnux kernel: sd 6:0:0:0: Attached scsi removable disk sda
Jul 23 15:41:15 ngsnux kernel: sd 6:0:0:0: Attached scsi generic sg0 type 0
Jul 23 15:42:47 ngsnux kernel: FAT: utf8 is not a recommended IO charset for FAT
filesystems, filesystem will be case sensitive!
Jul 23 15:42:47 ngsnux hald: mounted /dev/sda1 on behalf of uid 0
Jul 23 15:42:54 ngsnux hald: unmounted /dev/sda1 from '/media/disk' on behalf of uid
0
Jul 23 15:42:55 ngsnux kernel: usb 2-2: USB disconnect, address 8
[root@ngsnux log]#
```

13.2 예약 작업 처리 : cron

시스템을 운영하다 보면 어떤 반복적인 작업이 필요한 경우가 있다. 예를 들면 매주 월요일에는 파일 시스템 검사를 한다거나, 매월 1일에는 파일 시스템 내의 불필요한 core 파일들을 지우는 일 등이 있을 수 있다. 반복적인 작업이 아니더라도 미래의 어느 시점에 어떤 작업이 수행될 수 있도록 하는 작업 예약 기능이 필요할 수도 있다.

cron은 이러한 주기적인 반복 작업이나 예약 작업을 처리해 주는 데몬 프로세스로 프로그램 이름은 crond이다. crond는 시스템 초기화 과정에서 생성되어 /etc/crontab 파일과 /var/spool/cron 디렉토리 아래에 있는 파일들에서 작업 스케줄을 읽어 처리한다.

시스템에 따라 crond 데몬이 동작하고 있지 않을 수도 있는데, 이때에는 crond를 다음과 같이 동작시켜야 한다.

▸▸▸ 예 13-6 다음은 crond 데몬을 시작시키는 방법이다.

```
[root@ngsnux ch13]# service crond start
Starting crond:                                    [ OK ]
[root@ngsnux ch13]#
```

13.2.1 cron 사용자 제한

cron과 관련된 작업은 주로 시스템 관리자인 root가 설정하지만, 일반 사용자도 cron을 사용할 수 있다. 그러나 cron의 사용은 시스템 부하에 큰 영향을 줄 수 있기 때문에 일반 사용자의 cron 사용을 제한할 필요가 있다.

사용자의 cron 사용 권한은 /etc/cron.allow 파일과 /etc/cron.deny 파일에 의해 제한된다. /etc/cron.allow 파일은 cron을 사용할 수 있는 사용자의 id를 저장하고 있고, /etc/cron.deny 파일은 cron을 사용할 수 없는 사용자의 id를 저장하고 있다. 이 파일들은 다음과 같은 원칙에 따라 cron 사용 권한을 제한한다.

(1) /etc/cron.allow 파일이 존재하고 /etc/cron.deny 파일이 존재하지 않으면, /etc/cron.allow 파일 안에 사용자 id가 있는 사용자만 cron을 사용할 수 있다.

(2) /etc/cron.allow 파일이 존재하지 않고 /etc/cron.deny 파일이 존재하면, /etc/cron.deny 파일 안에 사용자 id가 없는 사용자만 cron을 사용할 수 있다.
(3) 두 파일이 모두 존재하면 /etc/cron.deny 파일에 id가 존재하지 않고, /etc/cron.allow 파일에 id가 존재하는 사용자만 cron을 사용할 수 있다.
(4) 두 파일이 모두 존재하지 않으면 시스템 설정에 따라 다르지만, 보통은 누구나 cron을 사용할 수 있다.

13.2.2 crontab 파일

/etc/crontab 파일은 시스템 예약 작업을 처리하기 위한 것으로 각 라인은 다음과 같은 구조로 되어 있다.

min hour day mon weekday user command

min : 분 단위 (0 ~ 59)
hour : 시간 단위 (0 ~ 23)
day : 일 단위 (0 ~ 31)
mon : 월 단위 (0 ~ 12)
weekday : 요일 단위 (0 ~ 7, 0과 7은 일요일))
user : 프로그램을 실행시킬 사용자
command : 실행시킬 명령

각 필드에는 다음과 같은 특수 문자들을 사용할 수 있다.

* : 전체를 의미한다. 예를 들어 day 필드가 '*' 이면 '매일' 을 뜻한다.
- : 범위를 나타낸다. 예를 들어 day 필드가 3-5이면, 3일과 4일, 5일을 나타낸다.
, : 여러 값을 나타낼 때 사용한다. 예를 들어 day 필드에 3, 4, 5가 있으면 3일과 4일, 5일을 나타낸다.

/etc/crontab은 원래 모든 예약 작업들의 정보를 저장하기 위한 목적으로 사용되었으나, 레드햇 계열의 리눅스는 이를 시스템 예약 작업용으로만 사용하고, 일반 예약작업은 /var/spool/cron 디렉토리를 이용한다. 이때 /etc/crontab 파일에는 [예 13-7]과 같은 내용이 들어 있다.

▸▸▸ 예 13-7 다음은 /etc/crontab 파일의 내용이다.

```
[root@ngsnux log]# cat /etc/crontab
SHELL=/bin/bash
PATH=/sbin:/bin:/usr/sbin:/usr/bin
MAILTO=root
HOME=/

# run-parts
01 * * * * root run-parts /etc/cron.hourly
02 4 * * * root run-parts /etc/cron.daily
22 4 * * 0 root run-parts /etc/cron.weekly
42 4 1 * * root run-parts /etc/cron.monthly
[root@ngsnux log]#
```

/etc/crontab의 예약 작업은 4종류가 있다.

(1) 매시 1분에 수행할 작업

/etc/cron.hourly 디렉토리 아래의 모든 실행 파일들은 매시 1분에 자동으로 수행된다.

(2) 매일 4시 2분에 수행할 작업

/etc/cron.daily 디렉토리 아래의 모든 실행 파일들은 매일 4시 2분에 자동으로 수행된다.

(3) 매주 일요일 4시 22분에 수행할 작업

/etc/cron.weekly 디렉토리 아래의 모든 실행 파일들은 매주 일요일 4시 22분에 자동으로 수행된다.

(4) 매월 1일 4시 42분에 수행할 작업

/etc/cron.monthly 디렉토리 아래의 모든 실행 파일들은 매월 1일 4시 42분에 자동으로 수행된다.

따라서 매시, 매일, 매주, 혹은 매월 주기적으로 실행할 프로그램이 있으면 해당 디렉토리에 그 프로그램을 복사해 두거나 링크를 걸어두면 된다. 4종류의 예약 작업의 실행 시간을 매시 1분, 4시 2분, 22분, 42분으로 한 이유는 동일한 시간에 므든 예약 작업을 한꺼번에 처리하지 않기 위해서이다. 동일한 시간에 모든 예작 작업을 처리하면 시스템 브하가 일시적으로 크게 증가하게 될 것이다.

일반적인 예약 작업은 /var/spool/cron 디렉토리 아래에 사용자 id와 같은 이름의 파일에 저장한다. crontab 명령은 일반 예약 작업과 관련된 기능을 수행한다.

형식	crontab
기능	crontab 파일의 편집
옵션	-l : 사용자의 예약 작업 정보를 출력 -r : 사용자의 예약 작업들을 삭제 -e : 사용자의 예약 작업을 편집

crontab -e 명령을 실행하면 vi 에디터 화면이 나타나는데, 여기에서 예약 작업을 편집하면 된다. 이때 각 라인은 /etc/crontab 파일의 라인과는 달리 user 필드가 없다. 즉, 다음과 같은 구조를 가진다.

min hour day mon weekday command

▸▸▸ 예 13-8 다음 내용을 "crontab -e" 명령을 이용하서 예약작업을 편집하고 등록한다. 현재 시간이 11:00이므로 시간을 05로 했다. 이렇게 설정하려면 "crontab -e" 명령으로 4분 이내에 편집을 완료해야 한다.

```
[root@ngsnux ch13]# date
2007. 07. 24. (화) 11:00:11 KST
[root@ngsnux ch13]#
[root@ngsnux ch13]# crontab -e

05 * * * *  date >> /home/ngsik/ch13/ctestfile
05 * * * *  who >> /home/ngsik/ch13/ctestfile

crontab: installing new crontab
[root@ngsnux ch13]#
```

▸▸▸ **예 13-9** "crontab -l"로 현재 등록된 내용을 확인한다.

```
[root@ngsnux ch13]# crontab -l
05 * * * *  date >> /home/ngsik/ch13/ctestfile
05 * * * *  who >> /home/ngsik/ch13/ctestfile
[root@ngsnux ch13]#
```

▸▸▸ **예 13-10** 05분 01초에 예약 작업이 수행되므로 05분이 되면 다음과 같이 확인한다.

```
[root@ngsnux ch13]# date
2007. 07. 24. (화) 11:01:11 KST
[root@ngsnux ch13]#
[root@ngsnux ch13]# ls -l
합계 0
[root@ngsnux ch13]#
[root@ngsnux ch13]# date
2007. 07. 24. (화) 11:05:32 KST
[root@ngsnux ch13]#
[root@ngsnux ch13]# ls -l
합계 4
-rw-r--r-- 1 root root 113  7월 24 11:05 ctestfile
[root@ngsnux ch13]#
[root@ngsnux ch13]# cat ctestfile
Tue Jul 24 11:05:01 KST 2007
root     pts/0        Jul 24 09:58 (:0.0)
root     pts/1        Jul 24 10:49 (:0.0)
[root@ngsnux ch13]#
```

[예 13-10]에서 시각이 01분일 때에는 "ls -l"로 확인했을 때 파일이 없었다. 시각이 05분 32초일 때 "ls -l"의 결과를 보면 ctestfile이 존재하고 이 파일은 11시 05분에 만들어졌다는 것을 알 수 있다. cat으로 그 내용을 확인해 보면 첫 줄은 date 명령의 결과이고, 그 아래의 두 줄은 who 명령의 결과임을 알 수 있다. 이 명령들은 05분에 cron이 실행한 것이다.

cron은 /var/log/cron 파일에 작업 내용에 대한 로그를 남긴다. [예 13-11]의 로그 파일 내용을 보면 cron이 언제, 어떤 작업을 했는지 알 수 있다.

▸▸▸ **예 13-11** 다음은 crond가 남긴 로그 파일의 일부이다.

```
[root@ngsnux ch13]# cat /var/log/cron
Jul 24 10:59:33 ngsnux crond[2831]: (CRON) STARTUP (V5.0)
Jul 24 10:59:45 ngsnux crontab[2833]: (root) BEGIN EDIT (root)
Jul 24 10:59:47 ngsnux crontab[2833]: (root) END EDIT (root)
Jul 24 11:00:54 ngsnux crontab[2842]: (root) LIST (root)
Jul 24 11:01:01 ngsnux crond[2831]: (root) RELOAD (cron/root)
Jul 24 11:01:01 ngsnux crond[2844]: (root) CMD (run-parts /etc/cron.hourly)
Jul 24 11:01:41 ngsnux crontab[2845]: (root) BEGIN EDIT (root)
Jul 24 11:02:09 ngsnux crontab[2845]: (root) REPLACE (root)
Jul 24 11:02:09 ngsnux crontab[2845]: (root) END EDIT (root)
Jul 24 11:02:27 ngsnux crontab[2850]: (root) LIST (root)
Jul 24 11:03:01 ngsnux crond[2831]: (root) RELOAD (cron/root)
Jul 24 11:05:01 ngsnux crond[2977]: (root) CMD (date >> /home/ngsik/ch13/ctestfile)
Jul 24 11:05:01 ngsnux crond[2979]: (root) CMD (who >> /home/ngsik/ch13/ctestfile)
[root@ngsnux ch13]#
```

13.3 시스템 백업

하드웨어의 안정성이 크게 향상되기는 했지만, 그래도 여전히 시스템에 문제가 발생할 가능성은 있고, 이로 인해 시스템 정보나 사용자 데이터가 손상될 가능성은 있다. 문제의 원인은 크게 보면 하드웨어 고장, 소프트웨어 버그, 사람의 실수, 자연 재해 등이 있을 수 있다. 어떤 원인에 의해서든 시스템에 문제가 발생하면 시스템에 저장된 정보가 손상될 가능성이 있다. 이때 손상된 정보를 복구할 수 있으려면 시스템에 저장된 정보를 별도의 저장 매체에 담아서 보관하는 백업(backup)을 해야 한다. 시스템 백업은 일정 시간 간격으로 무조건적으로 할 수도 있고, 중요한 변경 내용이 발생할 때마다 할 수도 있다.

13.3.1 백업할 내용

백업이 필요한 대상은 시스템의 사용 목적에 따라 다르지만, 일반적으로 다음과 같은 디렉토리들을 백업해야 한다.

- /home 디렉토리 : 일반 사용자들의 홈 디렉토리 내용
- /root 디렉토리 : 시스템 관리자의 홈 디렉토리 내용
- /etc 디렉토리 : 시스템 설정이나 응용 서비스들에 대한 설정 정보
- /var 디렉토리 : 각종 응용 서비스의 로그 파일이나 시스템 로그 파일들
- 기타 각종 응용 서비스들을 위한 데이터가 저장된 디렉토리들

13.3.2 백업 방법

백업 방법에는 전체 백업(full backup)과 증분 백업(incremental backup)이 있다. 전체 백업은 백업 대상 전체를 백업하는 것으로 더 안전한 방법이기는 하지만 많은 시간이 소요되고 백업용 미디어의 저장 공간을 많이 차지한다.

증분 백업은 지난번 백업한 이후에 변경된 내용만 백업하는 방법으로 짧은 시간 내에 수행할 수 있고, 저장 공간도 작게 차지하지만 안정성에 문제가 있을 수 있다.

13.3.3 백업 도구 : tar

전문적인 백업을 위해서는 특정 목적에 맞게 개발된 상용 백업 도구들을 사용하지만 리눅스는 일반적으로 사용할 수 있는 백업 도구들도 제공한다.

tar는 여러 개의 파일이나 디렉토리를 하나로 묶거나, 묶인 것을 푸는 기능을 한다. 이것은 Tape ARchive의 약자로 원래 테이프 저장 장치에 사용할 목적으로 만든 것이지만 일반적으로 여러 개의 파일이나 디렉토리를 압축하여 하나로 묶거나 푸는데 사용할 수도 있다. tar의 형식은 다음과 같다.

형식	tar [option] tar-file [target-files]
기능	파일 압축
옵션	-c : 파일이나 디렉토리를 묶어 하나의 압축 파일을 만듬 -x : 묶인 파일을 풀어 원래 파일이나 디렉토리어 복원 -t : 묶인 파일 내에 있는 파일 이름들을 보여줌 -z : 압축하거나 풀 때 gzip 기능을 이용 -v : 진행 상황을 자세히 표시 -f : 압축 파일 이름을 지정

tar를 이용해 파일이나 디렉토리를 압축해서 하나로 묶으려면 [예 13-12]와 같이 한다.

▸▸▸ 예 13-12 자신의 홈 디렉토리의 전체 내용을 myhome.tar르 묶어서 하나로 만들어 보자. .tar 파일을 새로 생성할 때에는 c 옵션을 사용한다.

```
[ngsik@ngsnux ~]$ cd
[ngsik@ngsnux ~]$ pwd
/home/ngsik
[ngsik@ngsnux ~]$ tar cvf myhome.tar /home/ngsik
tar: Removing leading '/' from member names
/home/ngsik/
/home/ngsik/Pictures/
/home/ngsik/ch3/
/home/ngsik/ch3/prog3.c
/home/ngsik/ch3/testfile.c
/home/ngsik/ch3/prog4.c
.
.
.
.
/home/ngsik/ch7/
/home/ngsik/.bash_profile
[ngsik@ngsnux ~]$
```

[예 13-12]의 명령은 /home/ngsik 디렉토리 아래에 있는 모든 파일이나 디렉토리를 압축해서 myhome.tar라는 압축 파일을 생성하는 것이다. /home/ngsik 디렉토리를 백업하려면 이렇게 만들어진 myhome.tar를 다른 저장 매체에 백업하면 된다.

▸▸▸ 예 13-13 myhome.tar에 어떤 내용이 있나 보려면 t 옵션을 사용한다.

```
[ngsik@ngsnux ~]$ tar tvf myhome.tar
drwx------ ngsik/ngsik       0 2007-07-24 12:06:49 home/ngsik/
drwxr-xr-x ngsik/ngsik       0 2007-03-27 17:21:32 home/ngsik/Pictures/
drwxr-xr-x ngsik/ngsik       0 2007-07-09 16:31:15 home/ngsik/ch3/
-rw-r--r-- ngsik/ngsik     112 2007-07-06 11:36:21 home/ngsik/ch3/prog3.c
-rw-r--r-- ngsik/ngsik      30 2007-07-02 16:30:26 home/ngsik/ch3/testfile.c
-rw-r--r-- ngsik/ngsik     306 2007-07-09 14:32:28 home/ngsik/ch3/prog4.c
.
.
.
.
drwxr-xr-x ngsik/ngsik       0 2007-06-29 14:08:45 home/ngsik/ch7/
-rw-r--r-- ngsik/ngsik     191 2006-12-05 18:21:46 home/ngsik/.bash_profile
[ngsik@ngsnux ~]$
```

이렇게 만들어진 압축 파일을 풀어 복원하려면 [예 13-14]와 같이 한다.

▸▸▸ 예 13-14 myhome.tar를 풀어서 원래 내용을 복원하려면 x 옵션을 사용한다.

```
[ngsik@ngsnux ~]$ tar xvf myhome.tar
home/ngsik/
home/ngsik/Pictures/
home/ngsik/ch3/
home/ngsik/ch3/prog3.c
home/ngsik/ch3/testfile.c
home/ngsik/ch3/prog4.c
.
.
.
.
home/ngsik/ch7/
home/ngsik/.bash_profile
[ngsik@ngsnux ~]$
```

13.4 /proc 파일 시스템

/proc 파일 시스템은 어떤 저장매체에도 존재하지 않는 가상적인 파일 시스템이다. /proc 파일 시스템은 리눅스 커널이 사용자들에게 시스템 내부 정보를 보여주거나, 관리자가 이를 통해 시스템 파라메타를 설정할 수 있도록 하기 위해 커널이 만들어 둔 것이다. 가상적인 파일 시스템이지만 다른 파일 시스템처럼 디렉토리 체계와 파일 구조를 가지고 있어 다른 파일 시스템과 동일한 방법으로 사용할 수 있다. 시스템 정보를 보여주는 많은 명령어들이 사실은 /proc 파일 시스템 정보를 읽어서 보여주는 것이다.

/proc 디렉토리에는 현재 시스템내에 존재하는 프로세스 번호에 해당하는 디렉토리와 시스템 정보 제공을 위한 디렉토리들이 있다.

예 13-15 /proc 디렉토리 아래에는 현재 수행되는 프로세스과 시스템 정보들에 대한 내용이 들어 있다.

```
[root@ngsnux ~]# ls -CF /proc
1/      1715/  1976/  2115/  2754/  asound/       ioports    schedstat
1194/   1827/  2/     2118/  2831/  buddyinfo    irq/       scsi/
1199/   1843/  2011/  2124/  2878/  bus/         kallsyms   self@
137/    1844/  2047/  2126/  3/     cmdline      kcore      slabinfo
138/    1859/  2075/  2127/  3144/  cpuinfo      key-users  splash
141/    1860/  2076/  2128/  330/   crypto       keys       stat
143/    1866/  2079/  2139/  341/   devices      kmsg       swaps
1560/   1874/  2080/  2142/  3419/  diskstats    loadavg    sys/
1563/   1882/  2082/  2149/  364/   dma          locks      sysrq-trigger
1594/   1891/  2085/  2151/  398/   driver/      mdstat     sysvipc/
163/    1892/  2086/  2153/  4/     execdomains  meminfo    tty/
164/    1893/  2088/  2160/  5/     fb           misc       uptime
165/    1894/  2090/  2169/  55/    filesystems  modules    version
166/    1895/  2093/  2172/  56/    fs/          mounts@    vmcore
1667/   1896/  2095/  2173/  6/     ide/         mtrr       vmstat
1684/   1897/  2109/  2189/  986/   interrupts   net/       zoneinfo
1700/   1972/  2111/  2203/  acpi/  iomem        partitions
[root@ngsnux ~]#
```

[예 13-15]에서 숫자는 현재 시스템에 존재하는 프로세스들의 번호에 해당한다. 시스템이 동작중일 때에는 프로세스들이 수시로 생성되고 소멸되는데, 프로세스 번호는 프로세스들이 생성될 때 시스템 내에서 현재 사용되고 있지 않는 번호로 할당되므로 /proc 디렉토리 아래에서 ls를 수행시키면 항상 다른 결과가 나온다.

각 프로세스에 대한 상세한 정보가 프로세스 번호 디렉토리 아래에 있다. 예를 들어 프로세스 번호 2173번의 정보를 보면 [예 13-16]과 같다.

▸▸▸ 예 13-16 /proc/2173 디렉토리 아래에는 프로세스 2173번에 대한 정보가 들어 있다.

```
[root@ngsnux ~]# ps
PID TTY          TIME CMD
2173 pts/0    00:00:00 bash
3418 pts/0    00:00:00 ps
[root@ngsnux ~]#
[root@ngsnux ~]# ls -CF /proc/2173
attr/     cwd@     fd/       mem          oom_adj     schedstat  statm    wchan
auxv      environ  loginuid  mounts       oom_score   smaps      status
cmdline   exe@     maps      mountstats   root@       stat       task/
[root@ngsnux ~]#
```

모든 프로세스에 대해 [예 13-16]과 같은 파일들이 존재한다. 이 파일들에는 〈표 13-1〉과 같은 정보가 들어 있다.

〈표 13-1〉 각 프로세스에 대한 정보

파일이름	내 용
cmdline	명령어 라인 인수들
CPU	최근에 수행되고 있는 CPU (다중처리기 시스템을 위한 정보)
cwd	현재 작업 디렉토리에 대한 링크
environ	환경 변수 값들
exe	이 프로세스의 실행 파일에 대한 링크
fd	모든 파일 디스크립터들을 담고 있는 디렉토리
maps	실행 파일과 라이브러리 파일의 메모리 맵
mem	이 프로세스가 차지하고 있는 메모리

root	이 프로세스의 루트 디렉토리에 대한 링크
stat	프로세스 상태 정보
statm	프로세스의 메모리 상태 정보
status	읽기 가능한 폼으로 나타낸 상태 정보
wchan	프로세스가 기다리고 있는 사건

이 파일들은 cat과 같은 명령으로 그 내용을 볼 수 있다. 예를 들어 [예 13-17]과 같이 프로세스 2173번에 대한 정보를 볼 수 있다.

▸▸▸ 예 13-17 프로세스 2173번의 현재 디렉토리와 명령어 인수는 다음과 같이 알 수 있다.

```
[root@ngsnux ~]# ls -l /proc/2173/cwd
lrwxrwxrwx 1 root root 0  7월 24 09:58 /proc/2173/cwd -> /root
[root@ngsnux ~]#
[root@ngsnux ~]# pwd
/root
[root@ngsnux ~]# cat /proc/2173/cmdline
bash
[root@ngsnux ~]#
```

[예 13-17]에서 /proc/2173/cwd는 /root에 심볼릭 링크되어 있다. 이는 프로셋 2173의 현재 작업 디렉토리가 /root임을 의미한다. 이것은 pwd 명령으로도 확인할 수 있다.

[예 13-18]의 status 파일 내용은 마치 ps 명령을 수행시켰을 때 나오는 결과와 유사하다.

▸▸▸ 예 13-18 /proc/2173/status 파일은 프로세스 2173번에 대한 모든 정보를 가지고 있다.

```
[root@ngsnux ~]# cat /proc/2173/status
Name:   bash
State:  S (sleeping)
SleepAVG:       98%
Tgid:   2173
Pid:    2173
PPid:   2169
TracerPid:      0
Uid:    0       0       0       0
Gid:    0       0       0       0
FDSize: 256
Groups: 0 1 2 3 4 6 10
VmPeak:     5964 kB
VmSize:     5960 kB
VmLck:         0 kB
VmHWM:      1584 kB
VmRSS:      1584 kB
VmData:      344 kB
VmStk:        88 kB
VmExe:       596 kB
VmLib:      1468 kB
VmPTE:        36 kB
StaBrk: 080e7000 kB
Brk:    090e0000 kB
StaStk: bf9d3ba0 kB
ExecLim:        080dd000
Threads:        1
SigQ:   0/8189
SigPnd: 0000000000000000
ShdPnd: 0000000000000000
SigBlk: 0000000000010000
SigIgn: 0000000000384004
SigCgt: 000000004b813efb
CapInh: 0000000000000000
CapPrm: 00000000fffffeff
CapEff: 00000000fffffeff
[root@ngsnux ~]#
```

/proc 디렉토리 아래에는 프로세스에 대한 정보뿐 아니라, 커널 내부 정보를 보여주는 파일들도 있다. 〈표 13-2〉는 커널 정보를 보여주는 /proc 디렉토리 아래에 있는 파일들이다. 이 파일들은 커널 구성이나, 사용되고 있는 커널 모듈에 따라 조금씩 다를 수 있다.

〈표 13-2〉 status 파일의 내용

파일 이름	내용
apm	전원 관리 정보
buddyinfo	커널의 메모리 할당 정보
buf	시스템 버스와 관련된 정보를 담고 있는 디릭토리
cmdline	커널의 명령어 라인
cpuinfo	CPU와 관련된 정보
devices	사용 가능한 장치들
filesystem	지원되는 파일 시스템
interrupts	인터럽트 사용량
ioports	I/O 포트 사용량
kcore	커널의 메모리 이미지
kmsg	커널 메시지로 syslog 파일에도 기록됨
ksyms	커널 내의 심볼들
loadavg	최근 1분, 5분, 15분간의 평균 부하
meminfo	메모리 사용량에 대한 정보
modules	커널에 로드되어 있는 모듈들
mounts	마운트되어 있는 파일 시스템
net	네트워크 정보를 담고 있는 디렉토리
partitions	시스템이 알고 있는 파티션 정보
rtc	실시간 클록
self	프로세스 자신의 정보
stat	일반적인 통계 정보
sys	커널 파라메타를 담고 있는 디렉토리
sysvipc	메시지 큐, 세마포, 공유 메모리 정보
tty	tty 드라이버 정보
uptime	시스템이 부팅된 후 경과한 시간
version	커널 버전

연 습 문 제

A. 다음 빈 칸에 적절한 용어를 채우시오.

1. 시스템의 부팅 기록과 사용자의 로그인 기록은 (　　　) 파일에 기록된다.
2. 현재 로그인되어 있는 사용자에 대한 정보는 (　　　) 파일에 있다.
3. 커널이나 응용 프로세스들의 요청에 따라 경고를 내보내거나 로그를 기록하는 시스템 프로세스는 (　　　)이고, 이 프로세스의 동작에 관한 설정은 (　　　)에 있다.
4. 시스템에 문제가 발생하여 데이터가 손상될 경우를 대비하여 별도의 저장 매체에 담아서 보관하는 것을 (　　　)이라 한다.
5. 백업 대상 전체를 백업하는 것을 (　　　)이라 하고, 지난번 백업한 이후에 변경된 내용만 백업하는 것을 (　　　)이라 한다.
6. 리눅스의 파일 시스템 중에서 (　　　) 파일 시스템은 어떤 저장 매체에도 존재하지 않는 가상적인 파일 시스템이다.
7. cron은 (　　　)에 자신의 로그 기록을 남긴다.
8. crond와 같은 데몬 프로그램을 종료한 후에 다시 실행시키려면 (　　　) 명령을 사용한다.
9. 일반 사용자의 cron 사용 권한은 두 개의 파일 (　　　)와 (　　　)에 의해 결정된다.
10. crond는 (　　　) 파일과 (　　　) 디렉토리 아래에 있는 모든 파일에서 예약 작업 정보를 읽어서 처리한다.
11. (　　　) 명령은 여러 개의 파일이나 디렉토리를 하나로 묶거나 푸는 기능을 하는데 주로 c 옵션과 x 옵션을 사용한다.
12. (　　　) 파일 시스템은 리눅스 커널이 사용자들에게 시스템 내부 정보를 보여주거나 관리자가 이를 통해 시스템의 파라메타를 설정할 수 있도록 하기 위해 커널이 만들어 둔 것이다.

B. 다음 물음에 답하시오.

1. cron.allow와 cron.deny 파일과 관련된 일반 사용자의 cron 사용 제한에 대해 설명하시오.
2. crond가 처리하는 시스템 예약 작업과 일반 예약 작업은 어디에 어떤 형식으로 저장되어 있는가? 각각의 예약 작업이 있는 위치와 예약 작업 표현 형식, 그리고 예약 작업을 구성하는 각 필드의 기능을 설명하시오.
3. 리눅스에서 백업이 필요한 대상과 그 이유를 설명하시오.
4. 매일 12시 05분 07초에 시스템에 있는 core 파일을 찾아서 제거하는 cron 작업의 형식을 쓰시오.

5. mount 명령의 사용도 syslogd에 의해 기록된다. 플로피 디스크를 마운트하고, 다시 언마운트한 다음에 어느 로그 파일에 어떻게 기록되었는지 조사하시오.
6. /etc/crontab 파일을 보면 예약된 4개의 작업의 min 필드 값이 1, 2, 22, 42로 모두 다르다. 이렇게 한 이유는 무엇인가?
7. 전체 백업과 증분 백업의 장단점을 설명하시오.
8. /proc 파일 시스템 아래의 어떤 숫자로 된 디렉토리 아래에 다음과 같은 이름의 파일들이 있었다. 그 의미를 설명하시오.

   (1) cmdline

   (2) CPU

   (3) cwd

   (4) environ

   (5) exe

   (6) root

   (7) stat

   (8) mem

C. 다음 명령어의 기능을 설명하시오.

1. last
2. finger
3. w
4. crontab
5. service
6. tar

찾아보기

[기타]

저자 약력

나근식

고려대학교 전자공학과(공학박사)
현재 : 한신대학교 컴퓨터공학부 교수
〈저서〉 데이터통신과 인터넷

리눅스 시스템

2008년 7월 21일 1판 1쇄 발행
2015년 6월 15일 1판 3쇄 발행

저 자 / 나근식
발행자 / 오판근
발행처 / 교우사

주 소 / 서울특별시 동대문구 약령시로 8 교우빌딩 2층
전 화 / 925-2861(代), 편집부 / 925-2825, 홈쇼핑 / 969-5762
팩 스 / 925-2860

이메일 / kyowoo@kyowoo.co.kr
홈페이지 / http://www.kyowoo.co.kr
북스토어(쇼핑몰) / http://www.kyowoo.co.kr

등록번호 / 1994년 3월 24일 제6-0256호

ISBN 978-89-8172-752-9 (93560)

값 22,000원